QIYE ZHISHICHANQUAN
GUANBIAO SANBUQU

企业知识产权
贯标三部曲

成胤 杨丽萍 主编
王军 余平 李扩拉 叶静 罗笛 副主编

知识产权出版社
全国百佳图书出版单位

图书在版编目（CIP）数据

企业知识产权贯标三部曲 / 成胤，杨丽萍主编 . —北京：知识产权出版社，2018.6

ISBN 978-7-5130-5572-7

Ⅰ.①企… Ⅱ.①成…②杨… Ⅲ.①企业—知识产权—研究—中国 Ⅳ.①D923.404

中国版本图书馆 CIP 数据核字（2018）第 099985 号

责任编辑：刘　睿　邓　莹　　　　　责任校对：潘凤越
文字编辑：邓　莹　　　　　　　　　责任印制：刘译文

企业知识产权贯标三部曲

成　胤　杨丽萍　主编
王　军　余　平　李扩拉　叶　静　罗　笛　副主编

出版发行：知识产权出版社 有限责任公司		网　　址：http://www.ipph.cn	
社　　址：北京市海淀区气象路 50 号院		邮　　编：100081	
责编电话：010-82000860 转 8346		责编邮箱：dengying@cnipr.com	
发行电话：010-82000860 转 8101/8102		发行传真：010-82005070/82000893	
印　　刷：北京嘉恒彩色印刷有限责任公司		经　　销：各大网上书店、新华书店及相关专业书店	
开　　本：720mm×960mm　1/16		印　　张：24.5	
版　　次：2018 年 6 月第 1 版		印　　次：2018 年 6 月第 1 次印刷	
字　　数：400 千字		定　　价：86.00 元	
ISBN 978-7-5130-5572-7			

出版权专有　侵权必究
如有印装质量问题，本社负责调换。

编委会

名誉主编： 程建国　咸阳市人民政府副市长
主　编： 成　胤　咸阳市科技局（市知识产权局）
　　　　　杨丽萍　北京杨丽萍咨询有限责任公司
副主编： 王　军　咸阳市知识产权局
　　　　　余　平　中知（北京）认证有限公司
　　　　　李扩拉　中国杨凌农业知识产权信息中心
　　　　　叶　静　陕西华林知识产权管理有限公司
　　　　　罗　笛　西安弘理专利事务所

成　员： 袁　恽　王美莉　刘　静　张　战
　　　　　章洪流　李　曦　李文辉　康　立
　　　　　伍艳梅　陈雪艳　李　娅　王小凡
　　　　　成奕萱　庞永俊　李金辉　余　敏
　　　　　晁阿娟　刘少颖　李海燕　李艳平
　　　　　毛航超　曾庆喜　杨洪艺　冯　伟

目 录

基础篇

第一章 企业知识产权贯标工作简介 （3）
 一、企业知识产权贯标工作的三大原则 （3）
 二、企业知识产权贯标工作的意义 （4）
 三、企业知识产权贯标工作流程 （5）

第二章 企业知识产权贯标启动前的准备 （8）
 一、了解资助政策 （8）
 二、明确企业知识产权贯标工作负责人 （9）
 三、选取适合的辅导机构 （9）
 四、签署贯标辅导协议 （10）

第三章 企业知识产权贯标启动会的召开 （12）
 一、启动会的目的 （12）
 二、启动会前期策划 （12）
 三、参加人员 （13）
 四、启动会内容 （13）
 五、启动会召开方式和注意事项 （14）

第四章 企业知识产权贯标诊断会的召开 （15）
 一、诊断前的准备 （15）
 二、诊断实施 （16）

第五章 企业知识产权贯标文件编写 （20）
 一、编撰体系文件之前的调查诊断 （20）

二、体系文件的构建 …………………………………………（20）
第六章　企业知识产权贯标宣贯 ………………………………（29）
　　一、宣贯会的目的 …………………………………………（29）
　　二、宣贯会的前期准备 ……………………………………（29）
　　三、宣贯会的程序 …………………………………………（30）
　　四、宣贯会注意的问题 ……………………………………（31）
第七章　企业知识产权贯标内部审核 …………………………（32）
　　一、内部审核概论 …………………………………………（32）
　　二、内部审核流程 …………………………………………（33）
　　三、内部审核涉及的记录 …………………………………（36）
第八章　企业知识产权贯标管理评审 …………………………（41）
　　一、管理评审的开展形式 …………………………………（41）
　　二、管理评审内容即输入 …………………………………（41）
　　三、管理评审阶段 …………………………………………（42）
　　四、管理评审输出 …………………………………………（43）
　　五、管理评审的时机和周期 ………………………………（43）
　　六、管理评审流程 …………………………………………（43）
　　七、管理评审涉及的记录 …………………………………（44）
第九章　企业知识产权管理体系审核概论 ……………………（49）
　　一、审核及有关概念 ………………………………………（49）
　　二、知识产权管理体系审核 ………………………………（56）
　　三、知识产权管理体系认证流程 …………………………（60）
第十章　企业知识产权管理体系初次审核 ……………………（64）
　　一、业务受理 ………………………………………………（64）
　　二、审核启动 ………………………………………………（65）
　　三、文件评审 ………………………………………………（71）
　　四、现场审核前的准备 ……………………………………（76）
　　五、现场审核活动的实施 …………………………………（80）
　　六、审核报告和审核完成 …………………………………（88）

七、审核后续活动的实施 ……………………………………………（90）

第十一章　知识产权管理体系监督审核 ………………………（93）
一、监督活动 ……………………………………………………（93）
二、监督审核 ……………………………………………………（93）

第十二章　企业知识产权管理体系再认证审核和特殊审核 …（97）
一、再认证审核 …………………………………………………（97）
二、特殊审核 ……………………………………………………（98）

第十三章　企业知识产权管理体系暂停、撤销或缩小认证范围 …（100）
一、认证暂停 ……………………………………………………（100）
二、认证撤销或缩小认证范围 …………………………………（100）

专题篇

第十四章　企业贯标中的诊断技巧 ……………………………（105）
一、诊断关联因素 ………………………………………………（105）
二、诊断形式 ……………………………………………………（105）
三、诊断技巧 ……………………………………………………（106）

第十五章　企业贯标中的重中之重——检索 …………………（108）

第十六章　企业贯标中如何做好专利检索分析 ………………（111）

第十七章　企业贯标中如何做好知识产权风险管控 …………（115）

第十八章　企业贯标中知识产权海外预警工作如何落实 ……（125）

第十九章　企业贯标中商业秘密保护如何落实 ………………（128）

第二十章　企业贯标中重大专项知识产权风险分析评议工作如何落实 …（133）
一、重大专项知识产权风险分析评议工作简介 ………………（133）
二、《企业知识产权管理规范》要求 ……………………………（134）

第二十一章　企业贯标中信息资源利用工作如何落实 ………（136）

第二十二章　企业贯标中"互联网+"的应用 …………………（140）
一、知识产权行业的"互联网+" ………………………………（140）
二、知识产权服务特点 …………………………………………（141）

三、知识产权贯标与"互联网+" ……………………………… (142)

第二十三章　企业贯标中审核相关实务 ……………………… (145)
 一、知识产权贯标工作对企业的直接作用和影响 …………… (145)
 二、企业在知识产权贯标中存在的突出问题 ………………… (146)
 三、体系运行环节存在问题的解决对策 ……………………… (149)

第二十四章　企业贯标中管理者代表的作用和意义 ………… (151)
 一、管理者代表的职责 ………………………………………… (152)
 二、如何选择合适的管理者代表 ……………………………… (153)
 三、如何做好管理者代表 ……………………………………… (153)

第二十五章　企业贯标中保密及竞业限制条款如何签订 …… (156)

第二十六章　企业贯标中知识产权管理手册如何编写 ……… (159)

第二十七章　企业贯标中商标国际注册的启动和实施 ……… (163)
 一、知识产权具有专有性、地域性、时间性的特征，某些知识产权的权利获得需要法定程序 ………………………………… (163)
 二、适时进行商标国际注册，可以实现企业的自我保护 …… (164)
 三、防止被他人抢注 …………………………………………… (164)
 四、树立品牌形象，提升品牌价值，打造国际品牌 ………… (164)
 五、商标品牌是企业重要的无形资产 ………………………… (164)

第二十八章　企业贯标中优秀辅导人员是怎样练成的 ……… (166)
 一、贯标辅导人员应具备的能力 ……………………………… (167)
 二、贯标辅导机构的作用 ……………………………………… (169)
 三、知识产权贯标的真正意义 ………………………………… (170)

第二十九章　企业贯标中如何撰写出具有可操作性的贯标方案 … (172)
 一、组织机构 …………………………………………………… (172)
 二、实施方案及计划安排 ……………………………………… (173)
 三、示　例 ……………………………………………………… (175)

第三十章　企业贯标中管理评审环节的常见问题 …………… (180)
 一、评审输入材料常见问题 …………………………………… (180)
 二、评审输出常见问题 ………………………………………… (182)

三、管理评审环节存在问题的解决对策 …………………………（183）

第三十一章　企业贯标中第三方认证时不符合项如何整改 ………（184）
　　一、不符合项 ………………………………………………………（184）
　　二、一般不符合项与严重不符合项 ………………………………（185）
　　三、不符合项整改步骤 ……………………………………………（185）
　　四、示　例 …………………………………………………………（187）

第三十二章　企业贯标中多场所问题如何处理 ……………………（189）

实践篇

第三十三章　案例一　陕西省推动知识产权工作的模式和举措 …（195）
　　一、基本情况 ………………………………………………………（195）
　　二、加强部门横向协同，引导企业开展知识产权贯标 …………（195）
　　三、完善贯标工作机制，稳步推进知识产权贯标工作 …………（196）
　　四、主要效果 ………………………………………………………（197）

第三十四章　案例二　"一带一路"起点咸阳的知识产权贯标工作 ……（198）
　　一、严格筛选企业 …………………………………………………（198）
　　二、扎实学习业务 …………………………………………………（199）
　　三、辅导机构选择 …………………………………………………（200）
　　四、贯标的全过程跟进与管理 ……………………………………（201）
　　五、资金和项目扶持 ………………………………………………（204）
　　六、经验交流和推广 ………………………………………………（205）
　　七、企业、高校和科研机构贯标齐抓共管 ………………………（205）
　　八、继续探索贯标工作的新模式 …………………………………（206）

第三十五章　案例三　陕西摩美得制药有限公司案例 ……………（207）
　　一、领导重视 ………………………………………………………（207）
　　二、选择重点环节重点培养 ………………………………………（208）

第三十六章　案例四　咸阳泾渭茯茶有限公司案例 ……………… (210)
第三十七章　案例五　陕西派诚科技有限公司案例 ………………… (212)
　　一、设立知识产权部 …………………………………………………… (213)
　　二、加强培训，增强人员知识产权意识和能力 …………………… (213)
　　三、制定激励奖励政策 ………………………………………………… (213)
第三十八章　案例六　陕西斯瑞新材料股份有限公司案例 ………… (215)
　　一、规范信息资源管理 ………………………………………………… (216)
　　二、提高自我保护意识 ………………………………………………… (216)
　　三、加强合同知识产权管理 …………………………………………… (217)
　　四、规范立项、研究开发管理 ………………………………………… (217)

附　录

附录1　《企业知识产权管理规范》（GB/T 29490—2013） …………… (221)
附录2　咸阳市知识产权贯标工作管理操作程序 …………………… (236)
附录3　《企业知识产权管理规范》体系文件模版样例 ……………… (243)
参考文献 ……………………………………………………………………… (381)

基础篇

第一章　企业知识产权贯标工作简介

企业知识产权贯标是指企业以 GB/T 29490—2013《企业知识产权管理规范》（以下简称《规范》）为标准，建立一整套管理体系，将所有与知识产权活动有关的行为进行规范化管理，使企业规避面临的知识产权风险；同时最全面地挖掘、保护并利用企业自有的知识产权，使企业立于不败之地。

一、企业知识产权贯标工作的三大原则

（一）战略导向

企业统一部署经营发展、科技创新和知识产权战略，使三者互相支撑，互相促进，达到战略层面的有效联动和高度统一，以使得知识产权工作能够在企业的经营发展中充分有效地发挥其支撑和促进作用。

（二）领导重视

最高管理者是知识产权管理体系的第一责任人，凡是最高管理者重视的贯标工作，在企业内部推行起来都较为顺畅。企业领导对这项工作如果不了解、不重视、不参与，仅仅是为了完成政府项目申报或为了拿证而开展贯标工作，员工则很难认真对待，体系负责人在推动联合其他部门人员建立和实施体系过程中，将会非常困难。所以，如果一个企业想落实好规范，领导在启动会、诊断会、管理评审等关键节点必须要参与并监督检查工作效果。

最高管理者的支持和参与是知识产权管理的关键，最高管理层应全面负责知识产权管理工作。

（三）全员参与

在知识产权体系建设中，通常要将与规范实施相关的部门都纳入进来。最主要的，应该将体系管理部门纳入牵头部门，将对体系了解的人员作为主要参与人员。知识产权是一项专业性很强的工作，专利的申请、维护、运用，尤其是检索分析和预警等工作，属于具有较高难度的专业工作，需要长期的经验积累和学习，其他人员短期内很难做到游刃有余。因此，必须将知识产权部门纳入牵头部门、管理部门和知识产权部门人员共同作为体系建设主力队员，再充分调动其他部门人员共同学习、参与、落实规范要求，按步骤落实贯标工作的启动、诊断、策划、文件编写、内审、管理评审、外审等，效果会更好。

知识产权涉及企业各业务领域和环节，应充分发挥全体员工的创造性和积极性。

二、企业知识产权贯标工作的意义

（一）提升企业核心竞争力，创造附加价值

通过贯标可以全面系统保护和管理知识产权，企业高附加值的新产品、新技术会不断地涌现出来，并通过转让许可获得丰厚的经济收益。

（二）激励创新，改善市场竞争地位

通过贯标可以灵活运用知识产权，改善巩固市场的竞争地位；产品在销售中受到法律的保护，在巩固销售市场的同时，进一步扩大市场的占有份额，从而提高企业的市场竞争优势。

（三）规避知识产权风险

通过贯标使企业在知识产权保护方面达到有章可循，有据可依。及时发现和监控知识产权风险，帮助企业制定知识产权风险规避方案，既主动维护企业自身权益，又避免侵犯他人知识产权；及时跟踪和调查行业相关知识产权资

讯，有针对性地建立知识产权应对机制。

（四）激发创新意识

知识产权贯标体系的实施可为企业培养出专业的知识产权人才，为企业员工提供更多的培训机会，使知识产权工作人员掌握更多的知识产权技能和经验；可切实激发员工的创新精神和知识产权保护意识，在一定程度上降低企业的成本。

（五）享受各种优惠条件

通过贯标的企业，在科技类、知识产权类和其他相关项目申报、招投标等各方面将会获得优势地位，享受一定的政策倾斜。

（六）形成知识产权文化

通过贯标在企业内部培养了一批熟悉了解知识产权工作的人员，形成浓厚的企业知识产权文化，使企业持续健康发展。

三、企业知识产权贯标工作流程

企业知识产权贯标大致可分为以下几个阶段：贯标启动、调查诊断、体系建设、宣贯、试运行、内部审核、管理评审、申请认证、认证审核、通过认证、监督审核和再认证。

（一）贯标启动

企业组织召开贯标启动会，意味着贯标工作正式开始。启动会应包括以下内容：成立知识产权贯标工作小组（最高管理者任组长），任命管理者代表（最高管理者在最高管理层中指定一名人员担任）；发布企业知识产权方针与目标；对《规范》进行解读和相关培训；发布贯标工作计划，明确贯标过程中各部门职责及工作安排等。

（二）调查诊断

依据《规范》，对企业目前知识产权管理现状进行调查。调查内容包括：企业知识产权管理机构、相关资源配置、知识产权管理制度、程序文件与记录文件等。梳理出各部门与各环节存在的问题，出具诊断报告，为编制体系文件奠定基础。

（三）体系构建

根据《规范》要求，结合诊断报告编制体系文件。企业知识产权管理体系包括：知识产权方针、目标、知识产权手册、相关程序文件与记录文件。

（四）宣贯

召开宣贯大会，颁布企业知识产权管理手册、制度、程序文件、记录表单、开展企业知识产权宣贯培训，指导各个部门、人员正确理解和执行知识产权管理规范要求。

（五）试运行

企业按照知识产权管理体系的要求实施相关活动，是企业全员贯彻执行知识产权管理制度、程序文件与记录要求的过程。试运行期不少于3个月。

（六）内部审核

试运行结束后，企业对其自身的知识产权管理体系是否符合《标准》要求进行审核，出具内审报告，并对审核中的不符合项采取纠正和改进措施，以确保体系符合《标准》要求。内审每年不少于一次。

（七）管理评审

企业最高管理者就企业知识产权管理体系的适宜性、有效性以及方针和目标的贯彻落实情况进行评审，并出具管理评审报告。管理评审每年不少于一次。

（八）申请认证

依照第三方审核认证机构的要求，准备审核认证所需的材料，向第三方认证机构提交认证申请。目前全国只有两家知识产权管理体系认证机构：中知（北京）认证有限公司与中规（北京）认证有限公司。

（九）认证审核

认证审核包括文件审核及现场审核两部分。认证机构受理认证申请，与企业签订认证合同，企业向认证机构支付相关费用后，认证机构开始对企业知识产权管理体系进行文件审核。审核通过后，认证机构和企业沟通确定现场审核的时间及审核计划，按照审核计划委派审核员到企业现场实地审核。现场审核的时间长短根据企业具体情况与审核员人数而定，一般大型企业时间较长（一般为3~6天），中小型企业时间较短（一般为2~3天）。

（十）通过认证

第三方审核认证机构对企业知识产权管理体系进行现场审核，根据审核计划对最高管理者、管理者代表和企业各部门进行面谈、查阅、现场查看等多种形式的审核后，做出通过认证、有条件通过或不通过认证的决定。

（十一）监督审核

监督审核通常在认证证书有效期（3年）内定期进行，应至少每年进行一次。认证机构会提前给企业发布监督审核通知，告知企业监审人日、费用、时间及有关监督审核要求。监督审核共两次，初次认证后的第一次监督审核应在第二阶段现场审核最后一天起12个月内进行。

（十二）再认证

认证证书的有效期一般为3年。认证证书有效期届满时，如果该组织想要继续保持其认证注册资格，可以向认证机构重新提出认证申请，认证机构受理后，派出审核组对企业的知识产权管理体系进行再认证审核。

第二章 企业知识产权贯标启动前的准备

企业知识产权贯标工作是一项系统工程，周期长、环节多、参与人员多，因此前期的准备工作尤为重要，企业在进行贯标工作前应该做好如下准备。

一、了解资助政策

"十三五"以来，国家越来越重视知识产权贯标。为大力推动知识产权贯标，各省、市、区政府为企业贯标工作提供配套经费支持。例如陕西省连续5年对企业贯标工作有经费支持政策：陕西省知识产权局对贯标企业每家给予2万元启动经费支持，并会同各市（区）知识产权管理机构对按期完成贯标并通过验收的企业给予5万元补助（其中省知识产权局补助3万元，市知识产权管理机构或县区配套补助2万元），对通过第三方认证机构认证的企业给予8万元补助（其中省知识产权局补助5万元，市知识产权管理机构或县区配套补助3万元）。再如长沙市知识产权局对贯标试点期满后经市知识产权局验收合格的单位，给予5万元经费支持。历年试点企业自从贯标资助政策实施之日起通过第三方认证机构认证的，在企业已获经费支持的基础上，按照支持总额10万元的标准予以补足。对未纳入市知识产权局贯标试点，自从贯标资助政策实施之日起自行通过第三方认证机构认证的企业，一次性给予10万元经费支持。有了一定的经费支持，企业在贯标过程中的辅导费用、认证费用就会得到一定的补贴，减少企业的支出成本，因此，企业在贯标之前，务必了解一下所在省市区的贯标政策，以及享受政策需要的必要条件，有些地方需要先提前备案，启动后才能享受资助，有些则有名额限制，比如深圳，每年拿到证书时间排名靠前的企业才能获得资助，企业需要尽可能详细了解情况。

二、明确企业知识产权贯标工作负责人

企业知识产权贯标工作能够顺利推进，还需要企业最高管理者重视。最高管理者制定知识产权方针和目标为企业知识产权工作指引方向；明确知识产权管理职责和权限，确保有效沟通；保障资源配备，确保有序进行。由最高管理者任命管理者代表，管理者代表确保全体员工理解知识产权方针和目标；确保知识产权管理体系的建立、实施和保持；协调、落实各项资源；确保外部沟通的有效性。管理者代表要调动各部门负责人和联络员的积极性，确保知识产权管理体系全面落实。主要负责的部门和人员也要确定，确定之后才能牵头组织大家召开启动会、诊断会、编写文件及后面一系列工作。否则便如同一盘散沙，很难形成统一合力。

三、选取适合的辅导机构

《规范》于 2013 年 3 月 1 日发布实施。全国各地都在推行，参与贯标辅导的机构也日益增多，有部分辅导机构于 2012 年《规范》试行阶段就着手从事辅导工作。如何选择优秀的辅导机构，是企业贯标前应做的主要工作之一。优秀的辅导机构可以从机构的辅导年限、业界口碑、业绩、辅导人员的能力和辅导经验着手考察。辅导机构的好坏，直接影响着企业贯标工作的落实程度。

对辅导机构的考察主要体现在以下几点。

（一）是否具有合格的辅导人员

知识产权管理规范与其他的体系比较而言，专业性较强，没有一定数量的专业辅导人员，是无法开展辅导工作的。辅导人员不仅要对《规范》理解透彻，具备知识产权信息分析能力，还需要有一定的知识产权工作经验，将《规范》的要求与企业实际情况深度融合，制定出最适合企业情况的知识产权管理体系，顺利完成贯标辅导工作。

（二）辅导人员是否具备专利检索分析能力

《规范》中 6.4 信息资源：a）建立信息收集渠道，及时获取所属领域、竞争对手的知识产权信息；b）对信息进行分类筛选和分析加工，并加以有效利用。7.1 获取：b）在获取知识产权前进行必要的检索和分析。8.1 立项：a）分析该项目所涉及的知识产权信息，包括各关键技术的专利数量、地域分布和专利权人信息等。8.2 研究开发：a）对该领域的知识产权信息、相关文献及其他公开信息进行检索，对项目的技术发展状况、知识产权状况和竞争对手等进行分析。8.5 销售和售后：a）产品销售前，对产品所涉及的知识产权状况进行全面审查和分析，制定知识产权保护和风险规避方案等多个方面提及对知识产权进行检索和分析。但是，由于知识产权检索和分析是企业知识产权工作的薄弱环节，因此，要求辅导人员要给企业做好知识产权检索和分析培训，手把手指导企业员工学会检索和分析知识产权，这样才能把知识产权工作真正融入企业的实践，如果辅导人员不懂得检索技巧，辅导工作很难深入进行下去。

（三）辅导机构或辅导人员辅导的企业数量和典型案例

企业知识产权管理规范体系建设是一项新生事物，如果辅导机构或人员完全没有经验，就很难准确把握标准。每家企业的规模、组织管理架构、业务流程和工作侧重点不一样，贯标的需求情况就会不一样，如果没有辅导过一定数量、各种规模的企业，辅导机构很难游刃有余地带领企业顺利完成体系建设工作。

四、签署贯标辅导协议

企业与辅导机构签订贯标辅导协议时应注意审查协议内容，最重要的是双方的权利和义务、保密和知识产权权属条款。

明确企业和辅导机构的权利义务要求，企业要全力配合辅导机构全程咨询工作，咨询协议的服务周期应该是从贯标启动开始到获得体系证书的整个流程。辅导机构还要积极指导知识产权管理体系建设的进行；除了搭建体系外，还要培训指导企业运行知识产权管理体系，不能半途而废；此外是保密和知识产权权属条款，《企业知识产权管理规范》（GB/T 29490—2013）7.5 合同管理："b）对……管理咨询等知识产权对外委托业务应签订书面合同，并约定知识产权权属、保密等内容。"条款明确要求管理咨询合同应约定知识产权权属、保密等内容。

企业与辅导机构应约定责任分担，比如因为辅导机构不专业、不尽职辅导导致企业未通过体系认证，责任应该由辅导机构承担，退还相应的辅导费用。实践中很多企业喜欢将是否拿到政府资助作为辅导机构的义务，有些不尽合理。因为资助主要针对的是企业，辅导机构作为贯标工作辅导责任的承担者，很难履行此项职责。

此外，辅导过程中辅导人员来回差旅费的支付应该在协议中明确。因为贯标工作辅导周期长，辅导次数多，尤其是异地辅导的，差旅费不菲，如果前期约定不清，后期容易产生偏差，影响双方的积极性。

贯彻落实《企业知识产权管理规范》的好处不言而喻，真正落实并融入企业实际运行中却是难上加难。企业做好知识产权贯标的前期工作准备，才能为知识产权管理体系建设打下坚实的基础。

第三章　企业知识产权贯标启动会的召开

《企业知识产权管理规范》体系建设中启动会的召开，意味着贯标工作全面开展。

一、启动会的目的

贯标启动会的召开标志着企业知识产权体系建设工作正式开始，是规范企业内部知识产权管理的基础，也是企业重视知识产权的体现。启动会作为知识产权贯标第一环节，企业应上好知识产权贯标的第一课，形成战略导向、领导重视和全员参与的意识。在启动会上最高管理者要向企业员工传达知识产权贯标的重要性，并对知识产权贯标的工作计划与相关任务进行安排，使知识产权贯标工作能够顺利进行。

二、启动会前期策划

(1) 确定启动会召开的时间和地点。

(2) 确定参会人员。参会人员包括企业最高管理者和管理者代表（董事长、总经理、分管副总）、各部门负责人（经理、主管）、体系编写人员（知识产权专员、质量体系及其他体系内审员、各部门联络员）。如条件允许，还可号召全员参与。

此外，还包括其他参会人员，如相关知识产权部门人员（如所在地知识产权局负责人）及其他特邀嘉宾、知识产权贯标服务机构辅导人员。

（3）准备好培训课件、会议室、电脑、投影设备，发放贯标资料，以便顺利进行启动宣讲。

（4）确定管理者代表任命书、成立贯标领导小组等文件。

（5）准备签到表，安排专人拍照、录像，记录会议过程，会议完成后形成会议记录（培训记录）。

（6）企业需要留存的记录文件：签到表、会议记录、培训课件、现场照片或视频资料等。

具体会议安排可结合企业实际情况总体考虑。

三、参加人员

必须参加启动会的通常有以下人员：公司一把手、管理者代表、知识产权部门负责人及工作人员、体系负责人，与贯标工作关系密切的其他部门领导及部门联络员，以上人员原则上都要参加。尤其是企业一把手如果能参加启动会，将意味着企业从上到下对贯标工作的支持，一把手重视，其他部门人员才能够充分重视。另外，其他部门参加人员要考虑周全，商标、专利、版权、商业秘密管理人员，公司制度管理人员、财务人员、人力资源人员、销售人员、采购人员、研发、生产、法务人员等都会涉及相应的职责和要求，都需要参加，反复对照规范条款，防止主要人员遗漏。

四、启动会内容

贯标启动会虽然时间不长，但意义非同寻常，尤其对贯标工作能否得到企业所有人员的重视至关重要。因此，只要没有非常特殊的情况，启动会必须召开。

召开前，辅导人员需要充分了解该企业行业状况、竞争态势、国内外典型案例，在启动会上，向企业领导及全体参会人员传递出重视知识产权对该类企业的意义、贯标工作的重要性、贯标工作国家和地方政策支持和资金扶持情况、贯标工作的几个阶段、每阶段工作内容、各部门如何配合，尤其是规范解读环节，应该充分运用案例，分别介绍在人力资源、财务、采购、销售、研发、生产、出口、应用等方面出现的典型问题、热点案例、规范的要求，及如何配合。只有讲解生动、透彻、清晰、全面，每个部门才会认识到贯标工作与自己息息相关，如果不积极配合，就会给企业造成较大损失，这样就不会仅仅被动等待安排工作或消极抵抗此项工作。

启动会结束之前，一把手的讲话至关重要，要体现出公司对该项工作支持的决心和要求，以及对于配合不力人员的相关措施，这无异于一次鼓舞士气的动员和号召。

五、启动会召开方式和注意事项

启动会最好现场召开，召集所有人员参加现场会议。

在会议中，由企业负责人明确指定贯标工作的牵头部门、配合部门和协助部门。避免贯标工作中相互推诿，影响贯标工作的推进效率。如果一个企业有专门的体系负责部门，最好将体系部门纳入牵头部门，与知识产权部门一起进行文件编写，知识产权管理体系来源于质量管理体系，各种要求和形式与该体系非常接近，对于熟悉这套体系的人来说，做知识产权管理体系文件会轻车熟路、事半功倍。如果由知识产权人员现学体系的内容，隔行如隔山，等学会体系的规则，再做知识产权的文件，会耗时耗力。如果两个部门配合相得益彰，文件编写工作将事半功倍。

总之，启动会的圆满召开，拉开了贯标工作的序幕，也直接决定贯标工作能否顺畅有效地进行，"良好的开端，是成功的一半"，企业应充分重视。

第四章 企业知识产权贯标诊断会的召开

企业知识产权管理是一套自上而下的规范知识产权的管理体系，涉及企业方方面面的管理问题。没有对企业知识产权管理做出调查和诊断就开始编制体系文件，会在企业文件实施的时候碰到诸多问题，偏离实际需求。没有进行调研诊断，就无法把握知识产权管理体系建设的重点与难点，就无法编制切实可行的体系文件。贯标诊断是对照《规范》标准条款要求，识别企业自身问题的过程。诊断是贯标流程中重要的一环。

一、诊断前的准备

贯标启动会已确定管理者代表，成立贯标领导小组，对员工已进行《规范》基础内容培训。在启动会中最高管理者对员工进行知识产权贯标动员，确保各部门之间及时沟通。

诊断前期需要对企业现有资料进行收集，包括以下几个方面。

（1）企业组织架构。和企业沟通确认知识产权管理体系覆盖的组织架构，确定是否要将各分公司、子公司和所有部门都纳入进来，是否需要将不包含在知识产权管理体系范围内的部门排除在外。此外，全面了解企业的组织架构，在后续的策划环节才能确定机构设置、人员配备及部门职责。

（2）知识产权管理现状。包括企业知识产权管理机构、管理人员数量及构成；知识产权管理相关制度；企业现有的知识产权类型、数量及其法律状态；知识产权台账（包括专利、商标、著作权）。

（3）企业现有的各种体系文件及运行情况。很多企业管理比较成熟，建立了质量、环境、安全、保密等多种体系。各种体系之间需要相互协调和相辅相成，因此，对企业其他体系的运行情况全面了解非常必要，否则会降低员工的工作效率，体系之间针对同一问题经常会产生冲突。

二、诊断实施

（一）编制诊断计划

现场诊断提纲非常重要，要尽可能全面覆盖规范条款，防止遗漏重要条款。提纲内容要通俗易懂，便于被调研者提前理解和准备，现场交流时可沿着提纲适当发挥。

例如，人力资源部调研提纲可以包含以下内容：

（1）部门职责、知识产权工作涉及的内容分别有哪些？

（2）企业知识产权工作人员设立情况如何？

（3）人力资源是如何支撑公司知识产权战略实施和体系有效运行的？

（4）公司现有知识产权管理岗位人员的设立情况如何？是否明确了知识产权工作人员的任职条件？

（5）是否采取了适当措施，确保从事知识产权工作的人员满足相应的工作要求？

（6）是否制定并执行了分层次（知识产权工作人员、中高层管理人员、全体员工、与知识产权关系密切人员）的知识产权培训？

（7）人事合同中是否与员工约定了知识产权权属及保密条款？是否明确了发明创造人员享有的权利和负有的义务？

（8）是否对新入职员工进行适当的知识产权背景调查？对于研究开发等与知识产权工作密切相关的新入职员工，是否签署过知识产权声明文件？

（9）是否对新入职人员进行保密教育培训？是否有相关制度规定？

（10）是否对离职的员工进行相应的知识产权事项提醒？涉及核心知识产权的员工离职时，是否签署了离职知识产权协议或执行竞业限制协议？

（11）涉密人员是否与企业签订《保密协议》或《竞业限制协议》，对竞业限制和补偿条款是如何约定的？

（12）涉密人员转岗、离岗脱密期是如何规定的？在脱密期内采用哪些保密措施？

（13）是否明确了员工知识产权创造、保护和运用的奖励和报酬？奖励或报酬能否满足国家最低标准？

（14）是否明确了员工造成知识产权损失的责任？如何处理？

（二）确定诊断形式

诊断形式一般为书面诊断和现场诊断。书面诊断是以书面形式要求企业提供知识产权相关制度、流程和要求等内容。书面诊断比较严谨，但也有其表达的有限性，容易僵化和片面，没有现场诊断深入。现场诊断是指辅导机构与企业体系负责人员约定调研时间、地点、拟定调研提纲、确定参与调研的人员，与接受调研人员逐一进行约谈的方式。这种方式相对于书面调研，形式灵活、交流及时，表达不会出现歧义，在交流时还容易引导被调研者提供深层次的内容并挖掘存在的问题。在现场诊断过程中适当讲解规范，也容易使其全面了解规范，协助建立体系，在后期体系运行过程中积极配合，不流于形式。

（三）调研者的确定

诊断过程中，调研者通常由以下人员参与：

（1）企业的管理者代表。管理者代表作为企业体系建设中代表公司负责统揽全局的人，必须深入了解企业知识产权管理现状、存在的问题、各部门在体系建设中的诉求，因此，应该将管理者代表纳入诊断调研组。

（2）辅导人员。辅导机构是最熟悉《规范》和体系建设流程的人，在诊断中能准确迅速地了解管理现状、存在问题，并引导被调研人员将需要解决的问题提出来，因此，辅导人员是诊断的必要人员。

（3）企业知识产权部门负责人员。企业知识产权部门负责人员主要解决企业在知识产权管理体系中的各种管理问题，因此，知识产权部门作为主要责任部门和牵头部门，必须全程参与诊断过程，了解整个公司管理现状和存在问题。

(4) 其他体系负责人员。知识产权管理体系与质量管理体系等其他体系在形式要求上存在很大共性，在其他体系建设中，公司有部分人员和部门参与了体系建设工作，对该项工作较为熟悉。同时，为了防止体系之间针对同一问题产生冲突，有必要将其他体系负责人作为调研人员，共同参与诊断工作。

(四) 被调研者的确定

(1) 企业一把手。诊断过程中，最好将一把手列入被调研者。贯标工作能否得到足够重视，体系建立后能否有效运行，人财物能否落实到位，取决于一把手的重视程度，规范中的三大原则之一是"领导重视"。与一把手交流还能了解到企业知识产权管理体系建设的重点和方向。因此，让一把手参与到调研诊断过程，能为知识产权体系建设定下基调。

(2) 各部门负责人和联络员。各部门负责人全面掌握部门的运行情况，能站在部门管理者的高度提出宏观问题。联络员是处于一线的工作人员，对流程需求比较明确具体。二者相互结合，诊断会更深入，体系建立和运行会更顺畅。

(3) 其他必要人员。有些公司有法律顾问，知识产权合同条款的审核和合同的完善，都需要法律顾问参与，因此，在这种情形下，将这类人员列入其中是必要的。

通过面对面沟通的方式了解企业现有的知识产权管理方式，在诊断过程中发现问题，如实做好记录。

(五) 编写诊断报告

基于诊断记录，对不清楚的地方不要主观猜测，可进一步沟通；企业存在的问题应以《规范》为准做出判断；诊断报告初稿完成后应与各部门联络员进行沟通、交流，确定存在的问题或者落实模糊点，诊断完成后应及时形成诊断报告。

在资料收集和人员访谈后，需要对收集到的信息进行分析，发现企业知识产权管理中存在的问题。诊断报告应发给各相关部门，各部门根据诊断报告的问题进行提问，并对诊断报告进行完善。

诊断是为了评价公司知识产权管理现状（包括过程设计、职责划分、资源配置、执行能力和应变能力等），发现企业在知识产权管理中的问题，为后期体系建设工作指明方向；诊断能够充分了解企业知识产权管理现状，针对现状，制定企业知识产权管理的方针、目标，搭建知识产权管理体系，编制管理手册和相关文件。因此，企业应做好诊断工作，为后期建立科学的知识产权管理体系奠定基础。

企业能否建立适合企业自身的知识产权管理体系，诊断是基础。对照《规范》要求，只有准确把脉，找出"病因"才能为企业知识产权管理开出"良方"。

第五章 企业知识产权贯标文件编写

在企业贯标中,文件编写及整理工作占整个贯标工作量的一半以上,而文件编写质量,又直接关系企业贯标工作的成败。因此,编写一套细致、完整、符合要求的贯标文件,是贯标顺利完成的基础。

《规范》是整理编写贯标文件的依据,同时,文件编写也应当符合企业的实际情况。贯标文件的编撰步骤,建议按照以下步骤和方式进行。

一、编撰体系文件之前的调查诊断

通过调查诊断,全面了解企业自身基本情况,包括企业现有的发展目标、管理体系,同时需明确现有的体系是否需要和贯标体系文件融合,了解企业涉及的业务范围和各部门的规章制度;此外,进一步了解企业的知识产权管理现状,即对涉及知识产权的部门,分部门进行详细诊断,罗列出现有的规章制度并与《规范》初步对比。

经过调查诊断后,企业需根据自身发展状况,分别制定长期目标、分解目标、3~5年短期目标、企业方针、知识产权兼职或者专职部门,根据上述内容制定适宜本企业的知识产权管理手册、对应的相关知识产权程序以及运行程序中可能产生的记录表单。

二、体系文件的构建

根据《规范》以及调查诊断的情况,编撰企业知识产权管理手册,规范包括以下三个部分,如表5-1所示。

表 5-1 企业知识产权管理手册内容构成

第一部分	前言	
第二部分	引言	
第三部分	正文	范围
		规范性引用文件
		术语和定义
		知识产权管理体系
		管理职责
		资源管理
		基础管理
		实施和运行
		审核和改进

其中，引言部分主要介绍基于过程方法的企业知识产权管理模型，该管理模型指导企业建立策划、实施、检查和改进的知识产权管理体系，该体系能满足企业的开发新产品、提供产品附加值、防范知识产权风险、提高生产率等经营发展中的知识产权管理需求。企业知识产权管理体系在构建过程中应该遵循战略导向、领导重视和全员参与的指导原则，综合考虑经济社会发展状况、企业规模、所属行业等影响因素。引言部分的知识产权管理体系作为全文的基础，为下文提供了严谨的指导思想。

（一）知识产权管理体系部分的构建

1. 总体要求

应确保知识产权管理者代表组织各职能部门，按《规范》的要求建立、实施和保持知识产权的管理，编制和完善管理手册、程序文件及其他管理、技术标准，加以实施并持续改进，保持其有效性。

2. 文件要求

文件要求总体包括三级文件：第一级为纲领性文件，通过诊断得到知识产权方针、目标（长期目标、短期目标、分解目标）；第二级为对知识产权的总体活动进行控制的知识产权手册；第三级为各部门对知识产权获取、维护或运用和保护过程中的依据或者形成的程序文件，以及产生的记录。

企业需要提供知识产权管理总则程序文件，以及文件清单、文件发放回收记录表、文件借阅登记表等记录。

对于文件控制部分，企业需按照自身的制度，提供规范程序——知识产权文件控制程序；对于知识产权手册，要保持其有效性和全面性；对于外来文件和记录文件，需要制定各自分管部门，在进行处理时，需提供文件的名称、内容、签发送时间等，具体需形成的有：知识产权记录控制程序、知识产权文件控制程序、记录清单台账、文件处理审批单、记录归档移交单、外来文件登记表、文件签收记录表。

在职责、权限和沟通部分，最高管理者需要通过颁布令指定知识产权管理者代表，确保体系的顺利运行。明确企业内部机构及其知识产权机构的职责，特别是涉及知识产权方面的职责划分，制定职能分配表。

（二）管理职责部分的构建

在管理职责部分，最高管理者应做到领导重视的原则，并且通过责任制划分：确定自己为知识产权的第一责任人，保证体系的有效性。同时需要明确自身的责任，对于方针目标的制定和审批，目标应形成年度知识产权目标分解及考核记录，对于各部门职责的划分以及负责人的确认等，对于企业内部各部门之间的资源配比协调，对于体系运行中的内审以及管理评审的确保等，以此确保企业知识产权的顺利运行。

在体系策划过程，需综合考虑企业内部和外部知识产权环境，对内应确保商标管理制度、专利管理制度、企业著作权管理制度、知识产权管理总则、商业秘密管理制度的建立并运行，对外需明确企业的知识产权法律、法规控制程序、法律法规及其他要求一览表，确保知识产权的合法性，避免造成知识产权的纠纷等。

企业在运行知识产权体系过程中，最高管理者应定期组织实施管理评审，以确保体系持续的适宜性、充分性和有效性。在评审过程中，需要按照知识产权管理评审程序实施，制定知识产权管理评审计划，评审结束后形成知识产权管理评审报告，并对评审出的问题通过知识产权管理体系改进表进行改正实施。

（三）资源管理部分的构建

最高管理者应为知识产权管理体系运行配备资源，主要是指配备人力资源、基础设施、财务资源和信息资源。

最高管理者在人力资源的配置上应该从任职条件、教育培训、人事合同、奖励机制等方面进行控制。应该明确知识产权岗位的任职条件，可以通过岗位任职要求或岗位职责说明书中的岗位名称、职责、任职条件、薪资等内容进行审批，保证相应的人员有足够的能力胜任知识产权岗位。同时对员工按照不同岗位、不同业务、管理层级、与知识产权关系密切程度进行知识产权培训，促进员工对知识产权的认识，增强知识产权意识。人力资源部要在员工的人事合同、劳动合同或劳务合同中约定知识产权权属及保密条款。员工入职时进行知识产权调查，离职前进行知识产权事项提醒，并根据情况签署知识产权协议。最高管理者还应该依据《规范》要求制定知识产权奖惩制度，最大限度激励员工的创造力，明确奖励与惩罚的依据。

最高管理者应该为知识产权部门及知识产权工作人员提供开展工作所必需的办公场所、办公用品以及软硬件设备。

为了知识产权工作的顺利进行，最高管理者还应该配备财务资源，应设立知识产权日常工作经费及专项经费。日常工作经费用于部门的正常运行，专项经费用于知识产权申请、注册、登记、维持、检索、分析、评估、诉讼和培训以及知识产权激励等事宜。如果条件允许也可以设立知识产权风险准备金。建立知识产权费用预算表、知识产权费用支出表，对费用的预算及支出进行记录并保存。

最高管理者还应该批准建立收集信息的渠道，使相关部门和人员能及时获取所属领域、竞争对手的知识产权信息，对收集到的信息进行分类和分析加工，得到对自己有用的信息。可以通过一些官方网站、杂志期刊、图书或者其他出版物，也可以通过专业的数据库收集信息。

(四) 基础管理部分的构建

基础管理是以知识产权本身为对象的管理活动，包括对知识产权的获取、维护、运用、保护四个环节，除此之外还包括企业各类合同的知识产权条款管理及保密信息的管理。

(1) 获取。企业应当根据自身的实际需求，制定知识产权获取目标，并明确知识产权获取方式。获取之前应该进行相应的检索，以保证申报的有效性，申报的整个过程应该保留原始记录。另外要保证相应发明人、设计人员的署名权。通过以下文件进行获取环节的控制：立项研发知识产权控制程序、知识产权申请控制程序、知识产权检索控制程序、知识产权检索申请表、知识产权检索报告、知识产权申请审批表、知识产权申请台账、知识产权引进项目台账。

(2) 维护。知识产权的维护主要包括知识产权的日常维护、评估以及后续措施。对于已经拥有的知识产权，应建立知识产权管理档案，依据知识产权的种类进行分类管理，建立管理台账，如专利管理台账、商标管理台账。另外企业在日常管理中应该定期对知识产权进行评估，根据评估结果考虑继续维护还是放弃。如果条件允许，可以对知识产权进行分级管理，如专利的管理过程中可以按照其对企业的贡献程度等因素以重大级、重要级、普通级分级管理。通过知识产权评估控制程序、知识产权维护控制程序、知识产权管理台账（包括专利、商标、著作权等）、知识产权有效性评估报告、知识产权变更放弃申报审批表等文件进行控制。

(3) 运用。知识产权的运用是指企业将其拥有的知识产权应用于本企业的生产经营活动或者将知识产权转化为其他经济利益，以实现知识产权的价值。

对知识产权的运用体现为实现知识产权经济价值和市场价值，主要有实施、许可和转让三种方式。每一种方式在实施之前都应该进行相应的知识产权评估，对运用过程进行有效监控。有转让或者许可的时候应该审查相关合同或者协议。

在企业进行投融资、企业重组、标准化、参加联盟及相关组织活动之前，应关注相关目标地域和目标机构的知识产权法律、政策及其他知识产权信息。

对于运用方面，通过知识产权实施、许可和转让控制程序、知识产权评估控制程序、知识产权维护控制程序、知识产权实施、转让和许可申请表、知识产权评估报告、知识产权变更放弃申报审批表、知识产权运营相关的手续文本和相应的记录、标准化知识产权信息检索报告、标准化工作程序、联盟参与程序、联盟组建程序等文件进行控制。

（4）保护。知识产权保护是指企业通过一定手段对拥有的知识产权采取保护措施，保护自身的合法权益。知识产权保护主要包含两个方面，一是控制企业侵犯他人知识产权的风险；二是一旦有知识产权侵权行为发生，也就是他人侵犯我方的知识产权的情况，如何有效处理争议。风险管理方面要采取有效措施，避免或降低生产设备、办公设备及软件等侵犯他人知识产权的风险，定期监控产品可能涉及他人知识产权的状况，分析可能产生的纠纷及其对企业的损害程度，制定防范预案。当发生知识产权争议时，企业应当按照应急预案的相关规定，根据评估诉讼、仲裁、和解等不同处理方式对企业的影响，选择最适宜的争议处理方式。通过以下文件进行控制：知识产权风险管理控制程序、知识产权应急方案、知识产权市场监控信息表、知识产权调查报告、知识产权争议处理控制程序、检索控制程序、检索申请表知识产权应急方案、知识产权纠纷记录台账。

由于经济全球化的不断加快，很多企业会涉及对外贸易活动，因此知识产权保护也更加复杂。根据《规范》要求，在产品进入国外销售前，应对技术或产品在目的地的知识产权状况、所涉及法律法规、政策及其执行情况等进行调查，同时了解行业的相关诉讼，分析可能产生的知识产权风险。在产品销售前，应该适时在目的地进行知识产权申请、注册和登记。在向境外销售产品或输出相关技术前，应了解相关的边境保护措施，包括本国及目的国的相关法律规定，在必要时采取边境保护措施。形成的文件有输出国（地区）法律法规状况报告、知识产权海关备案记录。

合同中的知识产权管理指的是对合同中的知识产权条款的管理。要求企业在签订任何合同的时候都要考虑其对企业知识产权的影响和可能产生的风险。并且应该对知识产权条款进行审查，形成记录。合同管理通过技术合同管理办法、合同知识产权审查表、保密控制程序、保密责任书等文件进行控制。

企业在日常运行过程中会产生很多保密信息，根据《规范》的要求，保密管理的对象包括人员、设备、信息和区域。人员方面要明确涉密人员，设定保密等级和接触权限。设备方面对可能造成知识产权流失的设备，规定使用目的、人员和方式。信息方面要明确涉密信息，规定保密等级、期限和传递、保存及销毁的要求。区域方面明确涉密区域，规定客户及参访人员活动范围等。保密通过知识产权保密控制程序、商业秘密管理制度、保密要害部门、部位来访登记表、保密责任书、涉密载体收发记录表、涉密载体销毁记录表、涉密设备使用登记表、涉密事件报告登记表等文件进行控制。

(五) 实施和运行部分的构建

实施与运行部分在贯标过程中十分重要，其中包括立项、研究开发、采购、生产、销售和售后五部分。

（1）立项。在立项之前调查项目所涉及的知识产权信息，以规避风险，形成项目知识产权信息调查记录及检索报告，对调查信息进行分析，确定产品潜在的合作伙伴和竞争对手，形成知识产权状况分析记录，并对本项目可能涉及的技术进行知识产权风险评估，形成知识产权风险评估结果，将评估结果与防范预案作为立项的依据，通过上述调查后无风险或项目所涉及的技术不是现有技术后可进行下一阶段工作，进行立项，此时需形成立项报告。

（2）研究开发。此部分共包含三个阶段，具体为研究开发前、研究开发中及研究开发后。研究开发项目前，对项目知识产权信息进行检索分析，制定知识产权规划，需形成知识产权检索记录，其中检索应包括知识产权信息、相关文献及其他公开信息的检索，分析应包括项目的技术发展状况、知识产权和竞争对手状况等；研究开发项目时，跟踪监控研究开发活动中的知识产权，及时对成果进行保护及调整研究方向与策略；研究开发项目后，对项目成果进行评估，及时形成知识产权，形成评估记录及知识产权申请记录。

（3）采购。在采购产品时，需收集供货方的知识产权信息，避免侵权，当采购的产品涉及知识产权时，需供方提供知识产权证明，并且采购合同中应包含权属、许可使用范围、侵权责任承担等条款，以避免风险的发生，企业需对供方信息、进货渠道、进价策略等信息资料进行保密管理，防止外泄。

（4）生产。在委托加工、来料加工、贴牌生产等对外协作的过程中，应在生产合同中包含知识产权权属、许可使用范围、侵权责任承担等条款，签订合同前需对合同进行审查，审查有知识产权条款后可进行签订，除此之外，需对生产中的合理化建议进行记录，并及时评估，确定形成知识产权的可能性，及时进行保护，形成合理化建议记录、技术改进评估报告、知识产权申请记录等。

（5）销售和售后。需制定产品销售市场监控程序，产品销售前知识产权全面审查和分析，包括必要的风险、地域和分析内容，程度以达到能制定知识产权保护和风险规避方案为准，且应在产品销售、产品宣传、会展等活动前制定知识产权保护方案和知识产权风险规避方案，定期监控产品侵权与被侵权的风险，在产品升级或市场变化时及时进行调查，调整风险规避方案。

（六）审核和改进部分的构建

知识产权管理体系是指导企业策划、实施、检查、改进的体系，其运行过程也是一个不断发现问题、改进问题的过程，保证知识产权管理体系的适宜性、有效性，并且保证产品、软硬件设施设备能够符合知识产权相关要求，由此可以看出，审核与改进的重要性，其中包含两部分内容：内部审核、分析与改进。

（1）内部审核。需建立内部审核控制程序，其中应包括审核计划、内审员管理、审核记录、纠正与纠正措施等内容，根据规定的时间间隔，组织编制审核计划，审核计划应覆盖体系所有部门、主要场所及运行过程，内审员应经过专门培训、授权、具备相应的资格，在审核过程中要客观、公正，在审核开始时需进行首次会议并进行签到，审核中应形成审核记录，审核环节结束后需开具不符合项，形成审核报告及不符合项报告，进行末次会议总结审核情况，告知相应人员不符合项整改期限，对整改后记录进行审核确认，完成此次内部审核。

（2）分析与改进。应根据企业知识产权方针、目标、内审结果等制定改进措施，并将改进措施提交企业决策层或者有决策权的管理层；管理层在审阅改进措施和改进计划后，应尽快决策，确定落实和实施单位，并敦促其改进实施，以完善工作方式，改进不足，使工作更加顺畅、完整，降低企业知识产权风险。

《规范》融入了企业战略性资产的理念，提出了提高企业核心竞争力的目标。在文件管理方面，规范了企业知识产权管理方针和目标、管理手册、程序和记录表单，实现了文件体系的系统化；文件的规范化管理对于推动企业员工的创新意识和创新能力、知识产权管理水平的提升，保证企业的竞争态势具有重大的意义。

第六章 企业知识产权贯标宣贯

贯标宣贯，简单理解为宣传贯彻《规范》的活动，主要内容为公开宣布企业知识产权管理手册、管理制度、控制程序及相关记录表单；开展企业知识产权宣贯培训；指导各部门人员正确理解和执行企业知识产权管理体系各项工作，宣贯会通常在贯标工作中起着承上启下的重要作用。

一、宣贯会的目的

（1）宣贯会颁布知识产权管理体系文件，统一指导知识产权管理体系相关工作，保证知识产权贯标工作实施环节有效进行。

（2）通过宣贯会开展的企业知识产权宣贯培训，有力提升全体员工的知识产权意识，调动全体员工积极性，为知识产权管理体系有序运行提供良好基础。

（3）通过宣贯会，指导各部门人员正确理解以及运行知识产权管理体系，明确各部门工作职责、工作内容、工作要求，保证知识产权管理体系高效地可持续运行。

二、宣贯会的前期准备

（1）确定参会人员。参会人员至少包括三部分，即公司管理层、公司全体员工以及辅导机构人员。

（2）制定会议通知及会议议程。会议通知不限于形式，可以发文通知，也可以通过网络电子邮件等形式进行通知，确保参会人员能够按时到会。

(3) 准备会议室、电脑、笔记本等会议用品，检查投影仪、话筒等电子设备的使用状态。

(4) 指定专人做好会议记录、有效性评价等记录，并保存培训课件、照片或视频以留档查看。

三、宣贯会的程序

宣贯会由管理者代表主持，会议程序大致如下（在具体实施过程中可根据实际情况进行简化或合并）：

(1) 与会者签到。与会的员工与辅导机构人员分别在规定的记录本上签到，一并填写身份或职务，形成记录。

(2) 人员介绍。管理者代表宣布开会，首先介绍与会的各管理层及部门领导，然后介绍辅导机构与会人员。

(3) 由最高管理者简单致辞。简要介绍实施知识产权管理体系的工作要求与期望，表明态度，要求各部门积极参与并且按照标准要求开展知识产权贯标工作。宣读知识产权管理方针确保得到全体员工的理解。

(4) 颁发体系文件。至少保证每个部门一份体系文件，文件形式不限于纸质，可以选择电子版文件发放。有些公司在宣贯前体系文件已经发布，是允许的。

(5) 开展知识产权宣贯培训。由经验丰富的辅导机构人员进行辅导，培训内容具体涉及企业知识产权管理规范具体条款的解读、基本检索技能的掌握（可限于知识产权工作人员以及与知识产权关系密切的岗位人员）、商业秘密的保护、信息资源的整合分析等相关内容。

(6) 指导各部门知识产权工作。对各部门涉及的记录表单进行讲解，确保各部门人员能够理解并且填写。

(7) 由管理者代表就本次宣贯会做会议总结讲话。

(8) 必要时进行宣贯效果的测试，进行提问或答题。

四、宣贯会注意的问题

（1）会议结束后可安排现场交流或座谈，确保各部门理解知识产权管理的工作内容、工作职责和工作要求。

（2）切实了解各部门实际工作的难点以及资源的需求，确保体系能够正常试运行。

（3）加强辅导机构与管理层沟通，以便顺利开展后续工作。

第七章 企业知识产权贯标内部审核

一、内部审核概论

企业知识产权管理内部审核有时也称为第一方审核，由组织自己或以组织的名义进行，用于管理评审和其他内部目的，可作为组织自我合格声明的基础。审核的目的是评价体系是否符合《规范》，是否符合知识产权管理体系文件的要求，是否得到有效实施和保持。

审核范围主要涉及在规定时间内，对体系覆盖范围内的哪些要求、场所和活动进行审核。

要求是指《规范》的要求，若有删减应说明；场所是指与体系所覆盖的产品和活动有关的部门和地区；活动是指体系范围内与知识产权有关的活动。

审核的准则/依据是《规范》、知识产权管理体系文件、适用的知识产权法律法规等。

需要提醒的是，内部审核是对企业某一特定时期进行的抽样检查，由于不能涉及企业所有时间、活动、产品和员工，且抽样具有随机性，因此，审核具有一定的风险性。同时内部审核应力求抽样具有代表性，以保证内部审核的客观、公正性。

二、内部审核流程

(一) 制定年度审核计划

年度审核计划是根据一年的经营情况制定的全年审核计划,这是一个粗略的计划,可以简单一些,一般由企业管理者代表组织编写,内容包括审核次数、大概审核时间、审核方式、审核范围等。

年度审核计划分为两类:集中式审核和分散式审核。

(1) 集中式审核是集中某一段时间对组织内部管理体系覆盖的部门及要素进行的一次审核,一般适用于中小组织、无专职内审员的情况。

(2) 分散式审核是每次审核几个要素或部门,但一个审核周期内所有要素及相关部门均覆盖的审核,适用于大、中型组织、设有专门内部审核机构或专职人员的情况,由于组织内部门较多,一次集中审核时间比较长不好操作,可以将内部审核分几次审核完成。

在年度审核中,必须注意以下几点。

(1) 年度审核至少每年一次,间隔不超过 12 个月,且一个审核周期内应覆盖所有要素、体系覆盖范围场所和活动。

(2) 制定年度审核计划应考虑以往的审核结果,不同过程、活动和区域的运行状况及其重要程度等因素的影响,如重要的部门和要素可安排多次审核。

(3) 除常规审核(计划审核)外,如遇特殊情况可追加审核,如企业组织架构发生重大变化、出现重大知识产权纠纷案件等情况时,经公司领导批准可追加审核。

(二) 成立内部审核组

由企业管理者代表任命内部审核组组长、指定内审员成员,成立内部审核组。

内审员通常由熟悉《规范》标准又熟悉本企业管理状况的人员担任。组建审核组时应考虑内审员的独立性,因此,内审组成员要求至少 2 人且内审员不能审核与自己工作相关的内容。

(三) 制定内部审核实施计划

内部审核实施计划是根据年度审核计划制定的更详尽的针对某一次审核的实施计划,一般由内部审核组组长组织编写,至少包含审核目的、审核范围、审核准则、审核日期、受审核的部门名称、内部审核组人员及分工、审核要素和审核日程安排等内容。

制定内部审核实施计划时应考虑审核的独立性,内审员不能审核与自己工作相关的内容;内部审核计划应至少 1 周前发送至相关部门和人员,以便相关部门或人员做足准备或调整。

(四) 编制内部审核检查表

为确保审核的完整性和有效性,内审员应根据内部审核实施计划的安排,编制内部审核检查表,列出与受审核部门有关的项目和要点。

(五) 首次会议

首次会议由内部审核组组长主持,约为 30 分钟,参加人员包括内部审核组成员、企业中高层管理人员、受审核部门负责人及相关人员。首次会议一般包括以下内容。

(1) 会议开始:参加人员签到,审核组长宣布会议开始,适当时请企业领导讲话。

(2) 声明审核目的、范围和依据等内容。

(3) 审核计划的确认。

(4) 人员介绍:审核组长介绍审核组成员及分工。

(5) 强调审核的原则:强调审核的客观、公正性,说明审核是抽样的过程,说明相互配合的重要性以及提出不符合项的报告形式等内容。

(6) 会议结束:确定末次会议的时间、地点、出席人员,审核组长致谢。

（六）现场审核

现场审核阶段，内部审核组组长负责审核全过程的控制，内审员按照内部审核实施计划和内审检查表，通过提问和交谈、查阅文件和记录、现场查看等方式来收集客观证据。

现场审核应收集组织内符合和不符合标准或文件两方面的证据；审核组应确保内部审核记录清晰、准确、可追溯，并依据标准或有关文件中相应条款的要求做出符合或不符合的判定；审核中认为不符合的结果应得到受审核部门的认可。

（七）审核组会议

审核组会议在当天审核工作完成后召开，由内部审核组组长主持，内部审核组成员参加，主要目的在于讨论并解决内部审核中有争议的事项、整理当天审核结果。

（八）开具内部审核不符合项报告

不符合项报告由内审员根据审核情况开具，依据不符合的严重程度，不符合项分为一般不符合项和严重不符合项两类。不符合项报告至少包括以下内容：受审核部门名称；内审员姓名、审核日期；不符合事实描述；不符合标准或文件依据；不符合类型；纠正和预防措施及完成日期；纠正和预防措施的验证。

（九）末次会议

末次会议由内部审核组组长主持，参加人员与首次会议相同。末次会议的主要目的是向受审核部门介绍审核总体情况、提出后续的工作要求，也标志着现场审核的结束。末次会议包括以下内容。

（1）会议开始：与会者签到，审核组长致谢受审核部门在审核期间的配合。

（2）重申审核的目的、范围和依据。

（3）介绍审核的总体情况，宣布审核结论：就审核情况进行介绍，全面总结体系工作的优缺点，对企业的管理体系的符合性和有效性等做出结论。

（4）宣读不符合项报告：说明不符合项报告的数量、分类，并依次宣读不符合项报告。

（5）提出整改措施的要求，完成整改措施的时限和验证整改措施的方法。

（6）强调审核的局限性：审核是抽样进行的，存在一定风险。

（7）会议结束：向受审核部门表示感谢，受审核部门负责人对改进做出承诺，适时请企业领导讲话。

（十）内部审核报告的编制、分发

内部审核报告由审核组长组织编写，经企业领导批准后按照分发范围发至相关部门和人员，内部审核报告至少包括以下内容：审核日期；审核目的；审核范围；审核依据/准则；受审核的部门；审核组成员；不符合项及不符合项分布；体系审核的结论性意见；内部审核报告分发清单。

（十一）不符合项整改、验证

（1）对开具的不符合项，责任部门负责分析原因、制定整改措施并实施整改。

（2）对整改完成的不符合项，内审员应进行跟踪验证，验证的内容包括：整改措施是否按规定的日期全部完成，是否达到预期效果等。

整改措施实施过程中如发生问题不能按期完成时，责任部门应向管理代表说明原因，申请延长期限；如在实施过程中涉及几个部门，发生争议并难以解决时，可请管理者代表协调。

三、内部审核涉及的记录

内部审核过程记录主要包括计划、签到表、内审检查表、会议纪要、不符合报告等表格。内审部分表格样式如表 7-1～表 7-4 所示。

表 7-1　内部审核检查表

编号：

受审核部门：		编制人/日期：			批准人/日期：		
审核准则：			审核日期：			内审员	
管理体系要求		检查内容	参考文件	检查方法			是否符合	检查结果记录
手册条款	标准条款			提问	文件查阅	现场检查		

表 7-2 不符合报告

编号：

被审核部门		编　号	
不符合标准条款号			
不符合性质	□一般不符合		□严重不符合

失控或不合格的现象及证据描述

被审核部门确认签字		年　月　日
审核员		审核组长	

	纠正措施要求及期限
	被审核部门不合格项原因分析 负责人：　　　年　月　日
纠正措施	被审核部门纠正与纠正措施答复 负责人：　　　年　月　日
验证结果	 负责人：　　　年　月　日

管理者代表意见

　　　　　　　　　　　　　　　　　　　签　名：　　　年　月　日

表 7-3　内部审核报告

编号：

审核目的	
审核依据	
审核范围	
审核时间	
审核组织	
审核组长及成员	
审核综述	
审核结论	
审核组长/日期	管理者代表/日期

表 7-4　内部审核计划书

编号：

审核目的	
审核范围	
审核依据	
审核组	
审核时间	
报告发布日期及范围	

时 间	部 门	本组组长	审核人员	审核项目

管理者代表：　　　　日期：　　　　　　总经理：　　　　　日期：

第八章　企业知识产权贯标管理评审

管理评审是最高管理者对企业知识产权管理体系运行状况实施监督和管理的一项重要工作。目的是评价企业知识产权管理体系的适宜性和有效性，通过评价活动来总结管理体系的业绩，并找出当前业绩与预期目标的差距，分析和查找知识产权管理体系运行过程中存在的问题，从而找出自身的改进方向，研究制定改进措施，保障知识产权管理体系的有效运行。

管理评审的目的是寻找改进的机会，而改进涉及人力、物力、财力和时间投入，最高管理者是改进的决策者，因此，管理评审应由最高管理者主持，不应由其他人代替。

一、管理评审的开展形式

开展管理评审的形式多样，依据定性和定量结合的原则组织评审，即可采取组织开展知识产权管理专项检查工作，检查各部门知识产权工作开展情况的方式进行；也可采取在企业内部召开工作会议，各部门详细汇报各自知识产权工作的方式进行；可由本企业自行开展，也可委托外部专业机构开展此项工作。管理评审的重点环节是分析企业知识产权管理体系在各个管理环节的运行情况，查找和发现存在问题，并根据存在问题研究制定改进措施。

二、管理评审内容即输入

管理评审的对象是企业的整个知识产权管理体系，应当尽可能涵盖企业知识产权管理活动的各个环节。管理评审的内容包括以下方面。

（1）知识产权方针、目标的适宜性。

（2）知识产权管理机构、人员设置与企业实际和发展需求的符合性和合理性。

（3）企业现有各项知识产权管理制度与企业实际的相符程度，是否缺失必要的规章制度。

（4）人力资源满足要求和实际的程度，是否有增加的需求。

（5）企业研发活动知识产权管理是否存在不足，是否需要改进和完善；知识产权合同的管理是否能够有效地规避风险，是否需要完善。

（6）企业生产、研发、技术、销售和售后、采购、产品进出口环节知识产权管理是否到位，是否需要进一步改进和完善。

（7）知识产权法律法规和政策收集、信息收集等管理是否通畅和有效，存在的问题以及改进的内容。

（8）企业各类知识产权获取、维护、运用和保护管理是否到位，存在的问题及改进的内容和建议。

（9）企业员工的知识产权培训教育、激励政策制度是否完善，存在的问题和改进的需求。

（10）企业经营目标、发展策略、技术、标准发展及新产品规划、新业务规划情况。

（11）对可能存在的知识产权风险是否进行风险评估，评估结果是否采取风险规避措施，措施是否有效。

（12）上次管理评审改进项实施情况；前期审核结果等。

三、管理评审阶段

最高管理者通过评审过程中的各种信息掌握企业知识产权管理的优势和不足，并应会同相关人员的意见和建议，根据企业的实际情况和发展趋势确定改进内容，制定具体的改进措施。

四、管理评审输出

管理评审应以事实为基础,评审结果应形成评审报告。评审报告是对评审过程的综述,无固定格式,但其应包括评审时间、评审人员、评审具体内容、对知识产权管理体系绩效的客观评价、存在的问题、改进内容以及资源需求等内容。评审报告发放到相关部门,相关部门及时实施改进措施。企业的最高管理者或者知识产权主管及知识产权管理部门应对管理评审的改进措施执行情况进行监督和检查,确保改进措施的有效实施。

五、管理评审的时机和周期

最高管理者应定期组织管理评审。初次建立体系时,应在内部审核改进措施完成后方可进行管理评审。管理评审的周期不超过12个月,一般1年1次。遇到以下特殊情况时,企业最高管理者可决定增加管理评审频次:

(1) 企业的组织机构、产品、资源、企业经营战略、市场环境发生重大变化或调整时;

(2) 企业发生知识产权纠纷时;

(3) 法律、法规、标准及其他要求影响引起管理体系的重大变更时;

(4) 最高管理者认为必要的其他时机(如第三方审核前)。

六、管理评审流程

(1) 制定管理评审计划:管理评审计划应包括评审目的、评审时间、评审人员、评审内容等,管理评审计划应由最高管理者批准,并按要求发放到相关部门和人员。

(2) 评审准备:各部门及相关人员按照管理评审要求准备各自的知识产权工作汇报材料,汇报材料应建立在事实的基础上。

(3) 评审阶段:最高管理者主持评审会议,参会人员签到。依据评审会议流程让参加评审的管理层人员对于各自分管的知识产权相关工作进行详细汇报,包括现行状况、存在的问题以及改进内容等。汇报工作内容主要为《规范》中的评审输入内容。与会人员根据管理体系运行情况报告和相关信息讨论评审体系运行情况,对知识产权管理体系及其过程的有效性、适宜性、充分性的改进、资源需求等方面进行评价,集思广益,提出改进的项目和措施。最高管理者对所涉及的评审内容做出评审结论,对评审后的纠正、预防措施明确责任部门以及完成时间节点。管理评审负责部门应做好管理评审的会议记录并形成管理评审会议纪要。

(4) 编制管理评审报告:评审报告内容应包括评审目的、时间、参与评审人员、评审内容;对知识产权管理体系绩效以及过程的适宜性、充分性和有效性的综合评价和提议的改进;管理方针、目标、指标适宜性的评价及需要的更改;资源需求的决定和措施;管理评审所确定的改进措施、责任部门和完成时间节点等。

(5) 发放评审报告:管理评审报告经最高管理者批准后,依据企业规定时间要求,分发到相关部门和人员。

(6) 实施改进并验证:根据《管理评审报告》改进要求,责任部门负责人应按照评审决议要求实施改进措施,管理评审主管部门对改进措施的实施情况进行监督和验证,确保其有效性。

(7) 本次管理评审的改进情况作为下次管理评审的输入项。

七、管理评审涉及的记录

管理评审过程记录主要包括计划、签到表、管理评审报告、会议纪要、管理评审汇报材料等。管理评审部分表格样式如表 8-1~表 8-5 所示。

表 8-1　管理评审签到表

年　　月　　日　　　　　　　　　　　编号：

序　号	部　门	姓　名	职　务	备　注

表 8-2　管理评审会议记录

日　期		主持人	
地　点		记录人	

会议记录：

表 8-3　管理评审计划

第　页　共　页

目的：最高管理者为了确保知识产权管理体系持续的适宜性、充分性和有效性，以及评价知识产权管理体系改进的机会和变更的需求，包括知识产权方针和知识产权目标修改的需求，开展对知识产权管理体系进行的系统评价

范围：××××年××月以来我公司知识产权管理体系的运行情况

依据：依据的标准和要求

参会部门、人员：
1. 总经理及相关领导、管理者代表；
2. 知识产权管理体系覆盖的部门领导：
综合办公室、财务部、质量管理部、营销部、技术部、生产采购部、研发中心

评审日期和方式：××××年××月中上旬以会议方式进行评审

提交评审报告的部门/人员：
管理者代表、综合办公室、财务部、质量管理部、营销部、技术部、生产采购部、研发中心
提交报告时间：××××年××月××日前

会议进程安排：
1. 主持人：总经理；
2. 会议主要由管理者代表报告知识产权管理体系运行的总体情况，提出需最高管理层评审确定的问题，各相关职能及业务部门按照部门职能，编制单项评审材料及演示文件，做好由部门负责人进行单独汇报的准备，并根据管理者代表或评审会议领导的要求，确定是否单独汇报；
3. 与会人员重点对体系中存在的问题进行评审，提出评审、改进意见；
4. 请各有关人员和部门按"2016年知识产权管理评审材料输入要求"准备汇报材料；
其他：
1. 安排专人做会议记录；
2. 会后形成管理评审报告；
3. 主管部门对评审提出的问题进行跟踪

第八章 企业知识产权贯标管理评审

表 8-4 管理评审报告

评审日期		地　点	
评审主持人		体系运行情况报告人	
参加评审人员			
评审目的			

评审综述：（可包括体系运行报告输入信息、评审人员评价意见、存在问题等）

（可另附页）

评审结论：

持续改进意见及措施：

最高管理者签名			年　　月　　日
报告分发范围：			

表 8-5 管理评审整改措施验证报告

报告部门：

存在不合格事实描述：

提出人：　　　　日期：

原因分析和改进措施：

整改部门负责人：　　　　日期：

验证记录：

验证人：　　　　日期：

结论：

管理者代表：　　　　日期：

第九章 企业知识产权管理体系审核概论

一、审核及有关概念

（一）合格评定活动

世界贸易组织《技术性贸易壁垒协定》（WTO/TBT）中规定："合格评定是指与直接或间接确定相关要求是否被满足的一切有关的活动。合格评定程序则是指任何直接或间接用以确定是否满足技术法规或标准中相关要求的程序。"合格评定的主要活动包括认证、认可、检测、检查。

1. 认证

认证是一种信用保证形式，是指由认证机构证明产品、服务、管理体系符合相关技术规范的强制性要求或者标准的合格评定活动。按照国际标准化组织（ISO）和国际电工委员会（IEC）的定义，认证是指由国家认可的认证机构证明一个组织的产品、服务、管理体系符合相关标准、技术规范（TS）或其强制性要求的合格评定活动。按照《中华人民共和国认证认可条例》的规定，认证是指由认证机构证明产品、服务、管理体系符合相关技术规范、相关技术规范的强制性要求或者标准的合格评定活动。认证按强制程度分为自愿性认证和强制性认证，按认证对象分为体系认证、产品认证和服务认证等。

2. 认可

认可是正式表明合格评定机构具备实施特定合格评定工作能力的第三方证明。根据 ISO/IEC 国际标准的定义，认可是指一个被授权的机构，对某一个机构或个人实施特定任务的能力给予正式承认的过程。根据《中华人民共和国认证认可条例》的规定，认可是指由认可机构对认证机构、检查机构、实验室以及从事评审、审核等认证活动人员的能力和执业资格，予以承认的合格评定活动。通俗地讲，认可是指认可机构按照相关国际标准或国家标准，对从事认证、检测和检验等活动的合格评定机构实施评审，证实其满足相关标准要求，并进一步证明其具有从事认证、检测和检验等活动的技术能力和管理能力，并颁发认可证书。

3. 检测

检测是按照程序确定合格评定对象的一个或多个特性的活动，主要适用于材料、产品或过程。

4. 检查

检查是审查产品设计、产品、过程或安装并确定其与特定要求的符合性或根据专业判断确定其与通用要求的符合性的活动。其中，对过程的检查可以包括对人员、设施、技术和方法的检查。

（二）审核及有关术语

认证是非常重要的一种合格评定活动，认证机构主要通过认证审核工作，根据审核组的审核结论做出申请组织的产品、服务、管理体系是否符合要求或标准判断，能否颁发认证证书。

1. 审核

ISO 9000—2015 标准中 3.13.1 规定，审核是为获得客观证据并对其进行客观的评价，以确定满足审核准则的程度所进行的系统的、独立的并形成文件的过程。它主要包括获取审核证据，将收集到的这些审核证据对照审核准则的相应规定或要求进行比较、分析和评价，确定满足审核准则的程度，记录评价的结果及支持的证据等。审核可分为内部审核和外部审核，又可分为结合审核、联合审核、一体化审核等。

（1）内部审核，亦称第一方审核，是由组织自己或以组织名义进行的审核，主要是用于管理评审组织内部是否符合标准要求的目的，也可作为组织自我合格声明的基础。如根据内部审核的结论，组织的管理者可以进行自我声明：组织的质量和（或）知识产权管理体系符合 GB/T 19001 和（或）GB/T 29490 标准的要求。

（2）外部审核，包括第二方审核和第三方审核。第二方审核是由组织的相关方（如顾客或行业协会）或以相关方的名义（如以顾客或以行业协会的名义）对组织进行的审核。第三方审核通常是指第三方认证审核，由外部独立的，即独立于第一方和第二方之外的审核组织，如提供认证审核服务的第三方认证机构对组织进行的审核。

（3）联合审核，是指两个或两个以上审核组织合作审核同一个客户，审核的对象是同一个受审核方。

（4）结合审核，是指对两个体系一起进行审核。审核组织在目前所开展的这种审核采用的方式通常是将两个或两个以上管理体系一起进行审核，结合审核的程度取决于体系结合的程度。结合审核的对象可以是知识产权管理体系和质量管理体系两个体系（也可以是三个以上的管理体系一起进行审核）。这种情形下，审核组织审核依据的标准是两个独立的标准。

2. 审核证据

ISO 9000—2015 标准中 3.13.8 规定，审核证据是指与审核准则有关并能够证实的记录、事实陈述或其他信息。

（1）审核证据可以来源于记录、事实陈述或其他信息。审核证据包括记录、事实陈述或其他信息。这些信息可以通过文件的方式获取，也可以通过陈述或通过现场观察的方式获取。不能证实的或与审核准则无关的记录、事实陈述或其他信息不能作为审核证据。

（2）作为审核证据的记录、事实陈述或其他信息应该与审核准则有关。审核员应收集与审核准则有关的记录、事实陈述或其他信息作为审核证据，与审核准则无关的记录、事实陈述或其他信息不能作为审核证据。例如，知识产权管理体系第三方审核的审核准则中包括知识产权管理体系规范要求，但不包括食品安全管理体系要求，因此，与知识产权管理体系要求有关的信息可以作为审核证据，而与食品安全管理要求有关的信息就不能作为审核证据。

（3）作为审核证据的记录、事实陈述或其他信息应该是能够证实的。审核证据是能够被证实的信息，是真实的、确实存在的，但不是一定要逐个去证实，而是在必要时能够得到证实即可，不能证实的信息不能作为审核证据。

3. 审核发现

ISO 9000—2015 标准中 3.13.9 规定，审核发现是将收集的审核证据对照审核准则进行评价的结果。审核发现是评价的结果，评价的对象是收集的审核证据，评价的依据是审核准则，评价的结果可能是符合审核准则的，也可能是不符合审核准则的。

4. 审核结论

ISO 9000—2015 标准中 3.13.10 规定，审核结论是考虑了审核目标和所有审核发现后得出的审核结果。

（1）审核结论是在考虑了审核的目的并综合分析所有审核发现（符合的和不符合的）的基础上做出的最终审核结果。由此可见，审核结论与审核目的和审核发现密切相关。审核发现是得出审核结论的基础，不同审核目的的审核其审核结论也不尽相同。

（2）一次审核的审核结论不是由某一个审核员做出的，而是由审核组成员经过充分沟通和分析后，以审核组的名义做出的审核结果。

5. 审核委托方和受审核方

ISO 9000—2015 标准中 3.13.12 规定，审核委托方是要求审核的组织或人员，受审核方是指被审核的组织。

（1）审核委托方是提出审核要求的组织或人员。在外部审核中，审核委托方可以是相关方（如顾客）、认证机构等；在内部审核中，审核委托方是组织的管理者。

（2）受审核方可以是被审核的一个完整组织，也可以是组织的一部分（例如，某企业的一些部门或车间，某集团公司的某一分公司或分厂等）。

（3）不同的审核类型，其审核委托方和受审核方有所不同。

①在第一方审核中，审核委托方是组织的管理者，受审核方是组织。

②在第二方审核中，审核委托方是组织的相关方（如顾客），受审核方是组织。

③第三方认证审核中，审核委托方是认证机构，受审核方可以是申请认证的组织。需要说明的是，在第三方认证时，提出认证申请并与认证机构签订认

证合同的组织不是审核委托方,而是认证委托方(或称认证合同方),这时的审核委托方应是向审核组提出审核要求的认证机构。受审核方可以是申请认证的组织,也可以不是申请认证的组织,例如:某集团公司向某认证机构提出申请,要求该认证机构对该集团公司下属的某一个分公司进行认证,则该集团公司是申请认证的组织,但不是受审核方,这时的受审核方是接受审核的分公司。

(4)审核委托方的作用包括以下几点:①确定审核的需要和目的,并提出审核要求;②确定审核组织;③确定审核的总体范围,如审核依据何种知识产权管理体系标准或文件进行;④接受审核报告;⑤必要时,确定审核后续活动,并通知受审核方。

(5)受审核方的作用包括以下几点:①将审核的目的和范围通知有关人员,接受审核;②指派向导,并向审核组提供所需要的资源(如临时办公场所、交通、通信等);③当审核员提出要求时,为其使用有关设施和证明材料提供便利;④配合审核组使得审核目的得以实现;⑤必要时,实施审核后续活动(如确定并实施纠正措施)。

6. 审核员

ISO 9000—2015 标准中 3.13.15 规定,审核员是指实施审核的人员。

审核员是在审核过程中担负审核任务的人员。实施第三方认证审核的审核员,由中国认证认可协会负责对人员资格的注册(确认)和管理,各认证机构负责对审核员的使用和能力的管理。

7. 审核组

ISO 9000—2015 标准中 3.13.14 规定,审核组是实施审核的一名或多名人员。

审核过程是以审核组为单元开展工作的,担负实施审核的任务。实施审核的小组可以是一个人,也可以是多人,但是无论是一个人还是多个人,都是以审核组形式进行审核的。

审核组组长一定是审核组中的一名审核员,若审核组中只有一名审核员,则该审核员就是审核组组长。无论是由一个人组成的审核组还是由多名审核员组成的审核组,都必须由审核委托(派出)机构指定一名审核组组长担负在整个审核任务实施期间的审核组织、协调、管理、决策职能。

审核组可包括实习审核员。实习审核员是指正在培训和（或）正在学习中的审核员。因此，实习审核员的任务首先应是学习，在审核工作中接受培训，实习审核员不应在没有指导和帮助的情况下单独一人进行审核。

8. 技术专家

技术专家是指向审核组提供特定知识或专业技术的人员。技术专家提供的技术支持的内容是指与受审核的组织、过程或活动，或语言或文化有关的知识或技术，如提供有关专业方面的知识或技术，作为翻译提供语言（如少数民族语言）方面的支持等。技术专家可以在审核组中发挥提供技术支持的作用，但应在审核员的指导下进行工作，技术专家是审核组成员，但不能作为审核员实施审核。

9. 观察员

观察员是伴随审核组但不作为审核员的人员。观察员不属于审核组也不影响或干涉审核工作。通常情况下，观察员可以是来自受审核方、监管机构或其他见证审核的相关方。

（三）审核原则

审核作为一项重要的管理活动在国际上已开展多年，其理论与实践日臻完善。不但组织自身建立和实施其管理体系需要审核，需方对供方的评价也需要审核，第三方机构从事的认证工作更是以审核活动为中心。为使审核结果有价值且为相关方（有关各方）接受，就应该遵循审核原则，这是得出相应和充分的审核结论的前提，也是审核员独立工作时，在相似的情况下得出相似结论的前提。对于一个认证机构，只有每项审核活动都按同一程序和规则进行，都遵循同样的审核原则，不同的审核组和（或）审核员对类似的管理体系（相似的情况——性质、规模、结构以及管理体系的成熟度等）的审核才能得出相似的结论，即审核组和（或）审核员的评价结果要与管理体系运行的客观状况相符合。一般来说，审核原则主要包括以下六项。

（1）"诚实正直"原则。审核员应以诚实、勤勉和负责任的精神从事自己的工作；了解并遵守任何适用的法律法规要求；在工作中体现他们的能力；以不偏不倚的态度从事工作，即对待所有事务保持公正和无偏见；在审核时，对可能影响其判断的任何因素保持警觉。

（2）"公正表达"原则。审核发现、审核结论和审核报告应真实和准确地反映审核活动。审核员在审核过程中应履行真实、准确地报告义务，从收集审核信息和审核证据到形成审核结论的过程中，审核员的言行均要公正客观、不偏不倚，遵循"以客观证据为依据，以审核准则为准绳"的基本要求，真实、准确地报告审核证据、审核发现和审核结论，以及在审核中遇到的重大障碍和在审核组与受审核方之间没有解决的分歧意见。

（3）"职业素养"原则。审核员应具备的基本职业素养是勤奋并具有判断力。审核员应勤奋、不断进取，努力学习并不断理解新的知识，在审核中不应局限于已有的经验和知识，而应用发展和变化的眼光和态度看待事物的发展，并做出客观判断。审核员应具有很强的判断能力，应对大量的审核信息进行有效的识别和分析，并做出正确而客观地判断。

（4）"保密性"原则。"保守秘密"是审核员的职业戒律，审核员应审慎使用和保护包含审核准备以及审核后续活动的审核过程获得的信息。审核员或审核委托方不应为个人利益不适当地或以损害受审核方合法利益的方式使用审核信息。这包括审核管理以及实施审核过程中正确处理敏感的、保密的信息。

（5）"独立性"原则。保持"独立性"是实现审核的公正性和审核结论的客观性的基础。只要可行时，审核员应独立于受审核的活动，并且在任何情况下都应不带偏见，没有利益上的冲突。审核员在整个审核过程应保持客观性，以确保审核发现和审核结论仅建立在审核证据的基础上。审核员不能将个人的主观臆断、猜测作为审核证据。

（6）"基于证据的方法"原则。审核证据应是客观存在的、可证实的。在审核过程中"基于证据的方法"是得出可信的和可重现的审核结论的合理方法。由于审核是在有限的时间内和有限的资源条件下进行的，因此，审核是一个抽样检查的过程，在审核中获得的审核证据也是建立在可获得信息的样本的基础上的。

二、知识产权管理体系审核

(一) 概念

知识产权管理体系认证审核是审核的一种类型，是对知识产权管理体系进行评价的一种方法。概括而言，知识产权管理体系认证审核是指认证机构以《规范》为依据，对组织的知识产权管理体系进行评价，并以颁发认证证书的形式，证明企业的知识产权管理体系符合相应标准要求的全部活动。

知识产权管理体系认证审核的依据是管理标准，不是产品技术标准。与其他管理体系认证不同，知识产权管理体系认证审核中并不对受审核组织的产品实物进行检测，颁发的证书也不证明产品实物符合某一特定产品标准，而仅是证明获证组织有能力按《规范》的要求管理其知识产权活动。

(二) 特点

概括而言，知识产权管理体系认证审核主要有以下特点。

1. 被审核的知识产权管理体系必须是正规的

GB/T 29490 标准要求组织"建立、实施、保持和持续改进知识产权管理体系，确定如何实现这些要求，并形成文件"。只有建立正规的知识产权管理体系并适当地形成文件，知识产权管理体系才能规范运作，才有对知识产权管理体系进行比较和评价的依据。因此，组织应建立正规、规范的知识产权管理体系，以确保知识产权管理体系的有效运行。这是满足审核要求的必要条件。

2. 知识产权管理体系审核必须是正式的活动

(1) 无论是内部审核还是外部审核，都需经过相关的管理者/委托方授权和批准才能进行，外部审核还需根据合同进行。

(2) 知识产权管理体系审核有规范的程序和方法，从审核的启动、准备、实施和审核后续活动都有规范的程序和做法。

（3）审核工作通常应由经过培训且经资格认可的人员进行。不管是内部审核还是外部审核，审核人员通常都需经过正规的培训并取得相应的资格才能从事审核工作。

（4）审核过程应形成适当的文件，即审核计划、检查表和抽样计划、审核记录、不符合报告、审核报告等都要形成文件。

3. 知识产权管理体系审核必须具有客观性、独立性和系统性

审核的客观性、独立性和系统性是审核活动的三个核心原则。"客观性"是指审核员要以充分的审核证据为基础，公正、客观地进行评价，不能偏见、主观地给出审核结论。"独立性"是指审核员应与被审核的活动无直接责任关系。在外部审核中，审核员应与受审核方无任何利益关系；在内部审核中，通常不能对本人所承担的工作进行审核。"系统性"是指审核员应按规定的审核准则、程序和方法，全面地审核和评价受审核方的知识产权管理体系的各项活动、过程和结果。

4. 知识产权管理体系审核是一个抽样检查的过程

由于时间和人员的限制以及知识产权管理体系运行的特点，要在规定的有限时间内完成审核范围内的审核工作，只能采用抽样检查的方法。但任何抽样都存在风险，审核人员只有掌握正确的抽样方法，使抽样具备代表性，才能根据抽样审核的结果做出客观的评价。

（三）类型

知识产权管理体系审核按审核人员或其名义可分为第一方审核、第二方审核和第三方审核。第一方审核又称为"内部知识产权管理体系审核"，第二方审核和第三方审核也称为"外部知识产权管理体系审核"。

1. 第一方审核

第一方审核是由一个组织的成员或其他人员以组织的名义对其自身知识产权管理体系进行的审核。它是组织建立的一种自我检查、自我完善的系统活动，可为有效地管理评审和纠正、预防或改进措施提供信息，也可作为组织向

外界展示其知识产权管理体系符合性的基础。第一方审核可由本组织内经培训、资格认可并授权的内审员进行，也可由组织聘请的外部机构/人员以其组织的名义进行。目的在于以下两个方面。

（1）作为保持和改进知识产权管理体系的管理手段，知识产权管理体系内部审核是系统地检查和评定组织知识产权管理体系运行现状，发现问题，提出改进措施的一种有效方法，组织可以通过内部审核来克服惰性，发现体系运行过程中存在的问题，为组织的管理者提供决策的依据，从而促进组织实施改进，提高知识产权获取、保护和使用的有效性和效率，使组织的知识产权管理体系得以有效实施、保持和改进。

（2）第二方审核和第三方审核前的准备。组织顺利地通过第二方审核和第三方审核可以提高信誉、增强竞争能力、获得更好的社会效益和经济效益。许多组织在接受外部审核前通常会先进行内部审核，以确定组织的知识产权管理体系或其一部分与审核准则的符合程度，评价知识产权管理体系是否具有满足有关标准、要求、法律法规或合同要求的能力，发现存在的问题并及时进行改进，以保证能顺利通过外部审核。

2. 第二方审核

第二方审核是由组织的相关方（如顾客）或由其他人员以相关方（如顾客）的名义对组织的知识产权管理体系进行的审核。这种审核旨在提供对组织的信任证据。第二方审核由组织的相关方（如顾客）委派的审核员或审核组实施审核。目的在于以下三方面。

（1）选择合适的组织作为供方或合作伙伴。通常情况下，重视知识产权管理体系并拥有良好知识产权管理绩效的组织会作为优先选择的对象。

（2）证实组织的知识产权管理体系是否持续满足规定的要求。在将组织作为供方或合作伙伴而建立合作关系后，为验证组织的知识产权管理体系是否正常运行并能持续满足要求，组织的相关方或其委托的审核人员对组织的知识产权管理体系进行审核，从而增强相关方对组织的知识产权管理体系和绩效的信心。

（3）促进组织改进知识产权管理绩效。组织的相关方通过对组织的知识产权管理体系审核，了解组织的知识产权管理体系的实施运行状况，并提出知识产权管理体系中存在的问题，促进组织不断改进和完善知识产权管理体系，不断提高组织的知识产权管理绩效，使双方建立更密切的互利关系。

3. 第三方审核

第三方审核由是外部独立的审核组织（如经认可的认证机构）进行的审核。多数是为认证注册的目的而实施。第三方审核通常由具备资格的审核人员实施审核。目的在于以下方面。

（1）证实受审核方的知识产权管理体系与审核准则的符合程度通过第三方审核，对受审核方的知识产权管理体系文件、策划、实施和运行状况进行审核，以证实受审核方的知识产权管理体系与审核准则（如 GB/T 29490 标准、适用的法律法规和其他要求、受审核方的知识产权管理体系文件的规定等）的符合程度。

（2）证实受审核方的知识产权管理体系实施运行的有效性通过第三方审核，对受审核方的知识产权管理体系的实施运行效果进行审核，以证实受审核方控制其知识产权管理要求及其知识产权管理影响、改进知识产权管理绩效以及实现知识产权管理方针和目标指示的能力。

（3）促使受审核方保持和改进知识产权管理体系。通过第三方审核（包括监督审核等）可以促使受审核方持续地按照审核准则的要求保持其知识产权管理体系的符合性和有效性，在审核中可以识别受审核方知识产权管理体系中存在的问题，并要求受审核方采取有效的改进措施，这可以促进受审核方不断改进和完善知识产权管理体系并提高知识产权管理绩效。

4. 知识产权管理体系第三方认证审核

知识产权管理体系第三方认证审核是知识产权管理体系认证中的主要活动。按照知识产权管理体系认证审核的序列可分为初次审核、监督审核、再认证和特殊审核。申请知识产权管理体系认证的组织经过审核，若符合认证要求的，则认证机构应向申请知识产权管理体系认证的组织出具认证证书。知识产权管理体系认证证书一般包括证书编号、证书持有组织的名称和地址、认证覆盖范围（含管理方面，包括获取、维护、运用、保护、合同管理及保密；实施运行的产品或业务各环节工作，包括研发、采购、生产、销售及售后等信息）、认证依据的标准、发证日期和有效期、发证机构的名称和地址、其他需要说明的内容。知识产权管理体系认证证书的有效期为3年。

三、知识产权管理体系认证流程

知识产权管理体系认证审核过程包括完成知识产权管理体系认证审核的所有必要的活动。概括起来，知识产权管理体系认证流程主要包括以下六个阶段。

（一）申请与受理

认证机构应要求申请组织提供必要的信息，以便确定：

（1）申请认证的范围；

（2）特定认证方案所要求的申请组织的相关信息，包括其名称、场所的地址等；

（3）识别申请组织采用的所有影响符合性的外包过程；

（4）申请组织寻求认证的标准或其他要求；

（5）是否接受过与拟认证的管理体系有关的咨询，如果接受过，由谁提供的咨询。

《企业知识产权管理规范》（GB/T 29490—2013）标准，适用于有下列愿望的组织：建立知识产权管理体系；运行并持续改善知识产权管理体系；寻求外部组织对其知识产权管理体系进行评价。有上述愿望的企业可按照标准要求建立体系并运行，符合条件后提交认证机构申请第三方认证。认证机构接收企业申请材料后即启动受理流程，在规定的时间内进行材料评审和合同评审，双方签订认证合同且缴纳费用后，完成受理流程。

（二）策划审核

认证机构对审核活动应进行策划，制定审核方案以清晰地识别所需的审核活动，这些审核活动用以证实受审核方的知识产权管理体系符合认证所依据的标准或其他规范性文件的要求。首先，要确定审核的目的、范围和准则，审核目的由认证机构确定，审核范围和准则，包括任何更改，应由认证机构在与客户商讨后确定；其次，要选择和指派审核组，认证机构应根据实现审核目的所需的能力以及公正性要求来选择和任命审核组（包括审核组长以及必要的技术专家）；最后，要制定审核计划，认证机构应确保为审核方案确定每次审核编制审核计划，以便为有关各方就审核活动的日程安排和实施达成一致提供依据。

（三）实施审核

认证机构对受审核方实施审核，其中包括文件评审、一阶段现场审核和二阶段现场审核。认证机构应有实施现场审核的过程，该过程应包括审核开始时的首次会议、审核中的沟通、获取和验证信息、确定和记录审核发现、准备审核结论以及审核结束时的末次会议。

（四）认证决定

认证机构应该在对审核报告、不符合项的纠正和纠正措施及其结果进行综合评价的基础上，做出认证决定。认证机构应确保做出授予或拒绝认证、扩大或缩小认证范围、暂停或恢复认证、撤销认证或更新认证的决定的人员或委员会不是实施审核的人员。被指定进行认证决定的人员应具有适宜能力。

1. 做出认证决定前的行动

认证机构在做出授予或拒绝认证的决定前，应对以下信息进行有效的审查：

（1）审核组提供的信息足以确定认证要求的满足情况和认证范围。

（2）对于所有严重不符合，认证机构已审查、接受和验证了纠正和纠正措施。

（3）对于所有轻微不符合，认证机构已审核和接受了客户就纠正和纠正措施的计划。

2. 授予认证所需的信息

审核组完成审核活动后，至少应向认证机构提供以下信息以供其做出认证决定：

（1）审核报告。

（2）对不符合的意见，适用时，还包括对客户采取的纠正和纠正措施的意见。

（3）对提供给认证机构用于申请评审的信息的确认。

（4）对是否达到审核目的的确认。

（5）对是否授予认证的推荐性意见及附带的任何条件或评论。

认证机构对决定授予认证的组织，应向获证组织提供认证文件。认证文件可以是认证证书的形式，认证证书的有效期为 3 年。

（五）监督活动

获证组织为保持认证证书的有效性，应在认证周期内接受认证机构的监督。监督活动包括对获证组织知识产权管理体系满足认证标准规定要求情况的现场审核（主要为监督审核），还可以包括：认证机构就认证的有关方面询问获证组织、审查获证组织对其运行的说明、要求获证组织提供文件化信息、其他监视获证组织绩效的方法。

（六）再认证

获证组织希望在认证证书有效期届满后继续保持其认证资格的，应在认证证书有效期届满前向认证机构提出再认证申请。

再认证审核的目的是确认知识产权管理体系作为一个整体的持续符合性与有效性，以及与认证范围的持续相关性和适宜性。认证机构应策划并实施再认证审核，以评价获证组织是否持续满足相关管理体系标准或其他规范性文件的所有要求。

再认证审核，应该在认证证书到期前完成。再认证符合相关要求的，认证机构应颁发新的认证证书。

第十章 企业知识产权管理体系初次审核

一、业务受理

符合条件的企业提交认证申请后,认证机构应及时对申请材料进行评审,对符合受理条件的企业及时做出受理决定。

(一) 申请条件

(1) 申请组织已按《规范》的要求建立文件化的知识产权管理体系,并实施运行 3 个月以上。

(2) 至少完成一次内部审核和管理评审。

(3) 知识产权管理体系运行期间及建立体系前的一年内未受到主管部门行政处罚。

(二) 认证申请

符合申请条件的组织,可向认证机构提出认证申请,提交《认证申请书》以及申请书要求的文件。其中,中知(北京)认证有限公司《认证申请书》要求的文件主要包括(《认证申请书》可在公司网站"公开文件"栏中下载)以下方面:

(1) 申请组织的资质文件。其包括:①企业或组织法律证明文件,如营业执照及年检证明复印件;②组织机构代码证复印件(如适用);③覆盖的活动涉及法律法规规定的行政许可,提交相应的行政许可证复印件(如适用);

④其他相关资质证明文件。

（2）申请组织的体系文件，需包含但不限于：①知识产权手册；②程序文件清单、记录文件清单；③程序文件；④内部审核和管理评审的证明文件。

（3）承诺遵守法律法规、认证机构的要求、提供材料真实性的相关声明文件。

（4）知识产权清单。

（5）认证机构要求申请组织提交的其他补充资料。

（三）申请评审

认证机构收到申请方的申请后，应对申请进行评审，以确保：

（1）关于申请组织及其管理体系的信息足以建立审核方案；

（2）解决认证机构与申请组织之间任何已知的理解差异；

（3）认证机构有能力并能够实施认证活动；

（4）考虑申请的认证范围、申请组织的运作场所、完成审核需要的时间和任何其他影响认证活动的因素（语言、安全条件、对公正性的威胁等）。

（四）认证受理

认证机构接受企业申请材料后即启动受理流程，在规定的时间内进行材料评审和合同评审。评审后，认证机构应接受或拒绝认证申请。当认证机构基于申请评审的结果拒绝认证申请时，应记录拒绝申请的原因并使客户清楚拒绝的原因。认证机构接受认证申请的，应与申请组织签订认证服务合同。双方签订认证服务合同且缴纳费用后，完成受理流程。

二、审核启动

知识产权管理体系初次认证审核的启动，主要包括确定审核目的、范围和准则；确定审核的可行性；指定审核组长和组成审核组；与受审核方建立初步联系。

（一）确定审核目的

知识产权管理体系初次认证审核应依据明确的审核目的来实施，审核目的确定了每一次审核的任务。初次认证审核是对受审核方的知识产权管理体系进行的首次正式审核。知识产权管理体系初次认证审核通常分为第一阶段审核和第二阶段审核，两个阶段审核的审核目的是不同的。

1. 第一阶段审核的目的

评价知识产权管理体系文件与审核准则的符合程度，初步评价受审核方的知识产权管理体系策划的充分性和适宜性，了解其实施运行的基础情况，为第二阶段审核做准备。因此，第一阶段审核也称为文件评审，一般通过寄送文件或发送电子版文件的方式进行，不进行现场审核。

通过第一阶段审核的文件评审，认证机构将评价受审核方的知识产权管理体系文件与知识产权管理体系标准和适用法律法规要求的符合程度，是否充分、适宜地描述了受审核方的知识产权管理体系，并初步了解受审核方知识产权管理体系。

通过第一阶段的现场审核，认证机构收集并评审受审核方知识产权管理体系整体情况和实施运行的基本信息，以判断其总体策划是否充分、适宜并正在运行实施，为第二阶段审核做好准备。

2. 第二阶段审核的目的

确认受审核方的知识产权管理体系与审核准则的符合程度，验证其是否有效实施运行，以决定是否推荐认证注册。

通过第二阶段审核，认证机构收集受审核方知识产权管理体系符合性和有效性的审核证据，并对照审核准则进行评价，以判断受审核方知识产权管理体系实施运行的符合性和有效性，确认其持续改进的能力，评价其实现知识产权管理方针和目标指标的能力，并做出是否能够推荐认证的审核结论。

（二）确定审核范围

在确定审核范围时，可以从组织的实际位置、组织单元、活动和过程、审核覆盖的时期等方面予以综合考虑。

（1）审核应覆盖受审核方知识产权管理体系与认证所有相关的信息源，以便为认证决定提供充分的信息。

（2）审核范围通常包括实际位置、组织单元、活动和过程及所覆盖的时期。

（3）组织的知识产权过程和活动、实际位置、组织单元等直接或间接地与组织提供的产品相关，所以在确定审核范围时要考虑受审核方提供的产品类别。只要是与所确定的产品相关的活动和过程、实际位置、组织单元，通常均应包括在审核范围之内。

（三）确定审核准则

知识产权管理体系初次认证审核的审核准则包括以下方面。

1. 《规范》标准规定的知识产权管理体系要求

《规范》标准中规定的知识产权管理体系要求是与知识产权管理体系直接相关的要求，是知识产权管理体系认证审核的最基本的审核准则。

2. 受审核方现行有效的知识产权管理体系文件

受审核方现行有效的知识产权管理体系文件规定的是受审核方对其知识产权管理体系的实施要求和/或具体实施方法，是衡量受审核方知识产权管理体系实施状况的准则。

3. 适用于受审核方的产品、活动和过程的知识产权管理法律法规和其他要求

受审核方的产品和活动是否符合适用的知识产权管理法律法规和其他要求是审核的重要内容，因此，与产品和活动有关的适用法律法规和其他要求也是审核准则之一。

4. 相关认证程序或规则

适用时，包括认证机构对知识产权管理体系标准的技术解释等。

认证程序和规则是审核组实施审核时必须遵循的要求，是衡量认证审核过程是否符合要求的准则。违反认证程序和规则的审核是无效的审核。因此，认证程序或规则也构成审核的准则。

（四）确定审核的可行性

确定审核的可行性是在正式组成审核组实施审核之前，为了确保审核能够得以实施，由审核委托方和受审核方之间进行的必要活动，以使审核具备实施的条件。对于知识产权管理体系初次认证审核而言，通常是由认证机构负责管理审核方案的人员或指定的审核组组长对从受审核方处获得的信息以及认证机构的资源等方面的情况进行评审，以确定审核是否可行。

在确定审核的可行性时，认证机构会考虑以下方面的因素。

1. 是否获取了策划审核所需的充分适宜的信息

对于知识产权管理体系初次认证审核，策划审核所需的信息通常可包括：

（1）受审核方知识产权管理体系的运行时间。

（2）在审核期间受审核方的生产、服务及其他管理活动是否能够正常开展。

（3）受审核方是否提交了知识产权管理体系文件。

（4）通常受审核方会在与认证机构签订的认证合同中写明申请认证范围。

（5）受审核方的基本信息和简况如组织的性质、名称、地址、法律地位和资质证明、规模与人数、产品、组织结构、主要场所和活动、知识产权管理要求等。

（6）受审核方适用的标准、法律法规等。

2. 是否能得到受审核方的充分合作

受审核方应按要求提供文件评审所需的知识产权管理体系文件；审核组需要进入的与审核有关的现场进行观察、查阅有关文件和记录、与有关人员进行面谈等；审核组所需的临时办公场所等。

3. 是否能提供充分的审核时间和资源

安排的审核时间是否能够为审核组的选择、文件评审、编制审核计划等审核准备工作提供足够的时间量。是否能够组成具备相应知识与技能（包括专业能力）的审核组。是否为实施现场审核提供了足够的时间等。

如果经确认，发现不具备审核的可行性，负责管理审核方案的人员或审核组组长应与受审核方协商，并向认证机构提出建议（如推迟审核时间、变更审核目的或审核范围等)。

(五) 指定审核组组长和组成审核组

1. 指定审核组组长

认证机构中负责管理审核方案的人员应为每一次审核活动指定审核组组长,审核组组长对此次审核所有阶段的活动负责。

审核组组长应具备一定的资格,通常是国家注册知识产权管理体系高级审核员或审核员。审核组组长应具备领导和管理审核活动的知识与技能,有权对审核活动的开展和审核结论作出最后决定。

审核组组长的任务和职责包括:

(1) 对审核进行策划并在审核中有效地利用资源(包括编制审核计划、分配审核工作等)。

(2) 组织和指导审核组成员,为实习审核员提供指导和指南。

(3) 主持首次会议、末次会议。

(4) 控制和协调审核活动(包括防止和解决审核过程中发生问题的冲突)。

(5) 组织审核组内部沟通,代表审核组与受审核方和认证机构进行沟通。

(6) 组织审核组成员评审审核发现并做出审核结论。

(7) 组织编写审核报告。

(8) 履行和完成审核员承担的任务和职责。

2. 组成审核组

(1) 审核组的组成。

①审核组。

审核组可以由一名或多名审核员组成,其中一名审核员应被指定为审核组组长,当由一个审核员组成审核组时,该审核员也是审核组组长。审核组可以包括实习审核员,需要时还可以配备技术专家为审核组提供特定知识或技术支持。

②审核员。

审核员应是有能力独立实施审核任务的人员,通常应具备国家注册知识产权管理体系审核员或高级审核员的资格。实习审核员是审核组的成员,但不能独立承担审核任务。

通常,审核员的任务和职责可包括:a)有效地策划所承担的审核活动(如编制检查表等);b)参与审核过程中的沟通及首、末次会议;c)有效地完成所承担的审核任务(包括收集审核证据、报告审核发现等);d)参与审核发现的评审和审核结论的准备;e)配合并支持审核组组长和其他审核员的工作;f)当审核委托方要求时,实施审核后续活动。

③技术专家。

技术专家的主要作用是为审核组提供与受审核方的组织、产品、过程、活动、语言或文化等方面有关的知识或技术支持。技术专家是审核组的成员,但不是具备独立承担审核任务的审核员。

(2)组成审核组所需考虑的因素。

①审核的目的、范围、准则和预计的审核时间(审核人日);

②为达到审核目的所需的审核组的整体能力;

③适用时,认证认可的要求;

④审核组成员应独立于受审核活动并避免利益冲突;

⑤审核组成员与受审核方之间的有效协作能力以及审核组成员之间的共同工作能力;

⑥审核所使用的语言及受审核方所处的社会习俗和文化风俗特点;

⑦审核组成员需得到受审核方确认。

(六) 与受审核方建立初步联系

1. 建立初步联系的方式

初次认证审核启动后,认证机构的审核方案管理人员或审核组组长应就审核有关的事宜与受审核方建立初步联系。建立初步联系的方式可以是正式的(如采用书面文件说明有关信息),也可以是非正式的(如电话口头沟通)。

2. 受审核方的联系

与受审核的联系应达到如下目的:

(1)与受审核方的代表建立沟通渠道,包括确定受审核方的联系人、通信地址、电话、传真等能够进行有效沟通的方式。

（2）确认实施审核的权限，包括在审核过程中审核组收集审核证据时需要查阅的文件、记录，进入和观察的现场、活动和过程，以及与有关人员的面谈沟通等。

（3）向受审核方提供建议的审核时间安排（包括审核日期、期限、审核组成员到达和离开的时间等）和审核组成员的信息，征求受审核方的意见和建议，以便确定审核的安排。

（4）沟通在审核中需遵循的现场安全规则等事宜。

（5）如果有观察员随同审核组，应与受审核方就观察员的活动达成一致意见。

（6）向受审核方说明审核组对向导的需要，并明确向导的作用。

3. 确定向导的作用

GB/T 19011：20123.12 对向导的定义是：由受审核方指定的协助审核组的人员。

因此，向导的作用和管理应体现在以下方面：

（1）引导并安排审核组成员到达需要审核的现场或场所。

（2）向审核组成员说明有关场所的安全规则和程序以及其他注意事项，并确保审核组遵守这些要求。

（3）代表受审核方见证审核组的审核实施过程。

（4）在审核组收集信息和证据的过程中，需要时做出澄清或提供帮助。

（5）与受审核方就与审核有关的其他事宜进行沟通并达成一致。

三、文件评审

（一）概述

文件评审是初次审核中的重要活动，并贯穿整个审核活动。文件评审是对受审核方的知识产权管理体系文件进行的评审。文件评审分为现场审核准备阶段的文件评审和现场审核中的文件评审。文件评审应当考虑组织的规模、性质和复杂程度以及审核的目的和范围。

(二) 文件评审的时机

在审核准备阶段，通常在现场审核前，对受审核方的知识产权管理体系文件进行评审。在有些情况下，如果不影响审核实施的有效性，文件评审也可以推迟到现场审核活动开始。

文件审核应贯穿在审核的各个阶段与时期，即在现场审核准备阶段和现场审核时都应进行文件审核。

(三) 文件评审的目的

1. 确定知识产权管理体系文件的符合程度

受审核方的知识产权管理体系文件描述了该组织的知识产权管理方针、目标指标、知识产权管理体系的范围和主要要素及其相互作用，提供了策划、运行和控制涉及重要知识产权管理要求的过程的具体要求和实施方法。通过对文件中所描述的内容的评审，可以判断这些文件与审核准则（《规范》及适用的法律法规和其他要求）的符合程度。

2. 了解受审核方基本情况的信息

通过对受审核方知识产权管理体系文件的评阅，了解受审核方知识产权管理体系涉及的知识产权管理要求、产品、服务、过程、活动、职责、资源等方面的信息，为有效地策划和准备现场审核（包括编制合理可行的审核计划）提供依据。

(四) 文件评审人

文件评审通常由认证机构指定的此次审核的审核组组长进行，有时也可以由认证机构指定的其他审核员进行。无论如何，审核组组长都应掌握文件评审的结果。

(五) 文件评审的依据

(1)《企业知识产权管理规范》（GB/T 29490—2013）。

(2) 适用的法律法规和其他要求。

(3) 受审核方的特殊要求。

(六) 文件评审的基本方法和步骤

1. 实施文件评审时审核员考虑的因素

(1) 完整（文件中包含所有期望的内容）。

(2) 正确（内容符合标准和法规等可靠的来源）。

(3) 一致（文件本身以及与相关文件都是一致的）。

(4) 现行有效（内容是最新的）。

(5) 所评审的文件是否覆盖审核的范围并提供足够的信息来支持审核目标。

(6) 依据审核方法确定的对信息和通信技术的利用，是否有助于审核的高效实施。应依据适用的数据保护法规对受审核方信息安全予以特别关注（特别是包含在文件中但在审核范围之外的信息）。

2. 审核准备期间进行的文件审核

审核组应评审受审核方的相关管理体系文件，以确保达到以下目的：

(1) 收集信息，例如过程、职能方面的信息，以准备审核活动和适用的工作文件。

(2) 了解体系文件范围和程度的概况以发现可能存在的差距。

适用时，文件可包括管理体系文件和记录以及以往的审核报告。文件评审应考虑受审核方管理体系、组织的规模、性质和复杂程度以及审核目标和范围。

(七) 知识产权管理体系文件评审

对知识产权管理体系文件进行评审的方法没有统一规定，实际工作中应按照各认证机构规定的方法实施文件评审。

1. 文件评审的基本方法和步骤

(1) 了解受审核方的知识产权管理体系文件的架构。

(2) 核实受审核方提交的知识产权管理体系文件是否为有效版本。

（3）依据《规范》、适用的法律法规和其他要求，对描述受审核方知识产权管理方针、目标、知识产权管理体系范围和主要要素及其相互作用的文件进行审查，评价其内容与标准、法律法规以及其他要求的符合程度。

（4）如果经评审认为上述知识产权管理体系文件提供的信息不充分，可请受审核方提供其他文件（如程序文件、知识产权管理要求清单、法律法规和其他要求清单等）进行评审。

（5）提出文件评审的意见和结论。

2. 文件评审的对象

文件评审包括对以下文件和资料的评审。

（1）知识产权管理方针、目标和特定的管理方案（或计划措施）、知识产权管理要求及重要知识产权法律法规和其他要求清单。

（2）描述知识产权管理体系范围和主要要素及其相互作用的文件（如知识产权管理手册）、程序文件（至少包括《规范》要求形成的文件化程序）、作业文件。

（3）审核组还可视情况收集以下资料：专利申请审批记录，商标注册记录，专利权商标权转让、许可、投资、质押记录、知识产权奖惩记录等。

《规范》中有10处提出对知识产权管理程序文件化的要求，在对知识产权管理体系文件进行评审时应将知识产权管理体系文件作为一个整体，依据受审核方知识产权管理体系文件的层次进行逐级审阅，评审各级文件中描述的内容与知识产权管理体系标准、适用法律法规和其他要求的符合程序及文件之间的关联性。

对知识产权管理体系每一层次的文件进行审阅，都应从文件内容的符合性、系统性和协调性等方面进行评审。

需要注意的是，知识产权管理体系文件的编制格式和形式没有统一的要求，文件评审时不应在格式和形式上做主观的评判。但同一组织机构的各层次和类别的文件格式应保持一致，以便管理。

不同层次或同一层次文件之间的检索与引用途径应明确。应关注受审核方知识产权管理体系文件的控制要求以及实施情况的符合性与效果。

3. 文件评审的内容

（1）对知识产权方针、目标的评审。

①知识产权方针是否与企业的经营发展相适应。

②知识产权方针是否符合相关法律和政策的要求。

③目标是否与知识产权方针一致；是否能够成为全体员工知识产权管理的统一方向。

④目标是否包括对持续改进和遵守适用法律法规和其他要求的承诺。

（2）对描述知识产权管理体系范围和主要要素及其相互作用的文件（如知识产权手册）的评审。

①是否清楚地阐明了知识产权管理体系覆盖的范围。

②对知识产权管理体系的主要过程的描述是否覆盖并符合《规范》对这些过程的要求，其内容是否符合适用的法律法规和其他要求，是否体现了要素之间的相互关系。

③是否清楚地描述了知识产权管理方针、目标、知识产权基础管理（获取、维护、运用、保护、合同、保密）、运行控制（立项、研发、采购、生产、销售和服务）、审核和改进等有逻辑关系的要素之间的接口关系。

④是否阐明了知识产权管理体系各个职能和层次的组织机构和职责。

⑤是否清楚地体现了知识产权管理体系文件层次、结构、相互关系及相关文件查询途径。

（3）对程序文件的评审。

①程序文件是否体现了《规范》的相关要求。

②每一个程序文件是否清楚地阐明了该程序的目的、适用范围、职责、要求和实施方法等内容，其内容是否覆盖其适用范围，是否具有可操作性和适宜性。

③在运行控制程序中是否明确地规定了运行准则和途径、职责。

④有相关联系的程序文件之间，其内容和接口是否清楚并协调一致。

⑤程序文件与其他相关文件（如作业文件、表格等）是否协调一致。

（八）文件评审的意见和结论

文件评审人通过对文件内容的评审来判断受审核方知识产权管理体系文件

与《规范》标准、适用的知识产权管理法律法规（如专利法、著作权法等）和其他要求的符合程度。

在实际审核中，文件评审的评审意见和结果通常需要形成书面文件（如文件评审报告），写明在评审时发现的受审核方知识产权管理体系文件中存在的问题，以便受审核方对文件进行适当修改。

知识产权管理体系认证审核中，文件评审的结论通常分为"符合""局部不符合"和"不符合"三种。

如果文件评审的结论为"符合"，则可以进行下一步的审核工作。

如果文件评审的结论为"局部不符合"，通常要求受审核方根据文件评审报告中提出的问题在规定期限内对文件进行修改，修改的内容可以在第一阶段现场审核前或现场审核中进行验证。

如果文件评审的结论为"不符合"，可停止下一步的审核工作，待问题解决后再重新安排审核工作。

（九）文件评审报告

审核组组长或其他审核员对受审核方的知识产权管理体系文件进行初步审核后，通常会将文件评审的情况形成文件评审报告。文件评审报告的格式没有统一规定，各认证机构通常会设计适宜的格式以供使用。

四、现场审核前的准备

知识产权管理体系认证审核分第一阶段审核和第二阶段审核，两个阶段现场审核前均应进行现场审核前的准备。

（一）编制审核计划要求

审核计划是对一次具体审核的审核活动和安排的描述。对审核组而言，审核计划明确了审核的要求和具体内容，为审核的实施提供了预先的安排和参照。对受审核方而言，审核计划使其了解审核活动的内容和安排，以便提前做好接受审核的准备。

审核计划确定现场审核的人员、审核活动、审核时间安排和审核路线。审核计划由审核组组长负责编制。在现场审核前，审核计划应得到认证机构授权人员的批准，并提交给受审核方确认，如果受审核方提出异议，审核组组长应给予澄清说明，需要时可以对审核计划进行适当调整和修改。

审核计划的详细程度应反映审核的范围和复杂程度，以及实现审核目标的不确定因素。在编制审核计划时，审核组组长应考虑以下方面：

（1）适当的抽样技术。

（2）审核组的组成及其整体能力。

（3）审核对组织形成的风险。

（二）确定审核时间

一次具体的审核任务是在限定的审核时间内完成的，编制审核计划时应将现场审核的活动安排在限定的审核时间之内。因此，编制审核计划时应考虑审核时间，以便做出恰当的审核日程安排。

审核时间通常用审核人日来计算（1 个审核人日是指 1 名审核员 1 天工作 8 小时）。在确定审核时间时，应考虑以下几个方面的因素：

（1）受审核方的规模。

（2）受审核方的经营方式和复杂程度。

（3）技术和法规知识产权管理。

（4）管理体系范围内活动的分包情况。

（5）以前审核的结果。

（6）需审核的场所/现场的数量和布局情况。

（7）审核时所用的语言等其他因素。

（三）确定审核路线

审核路线是指总体上进行审核的方式。在实际审核中应根据不同的审核对象，采用不同的审核方式。

1. 按部门审核

这种方式是以部门为中心进行的审核。一个部门往往承担若干要素的职能，因此，审核时应以其主要知识产权管理体系职能为主线对与该部门有关的要素进行审核。在实际审核中不可能也没必要把这个部门有关的所有要素都查到，但应注意不能遗漏该部门的主要管理职能。

2. 按要素审核

这种方式是以知识产权标准要素为中心进行的审核。在按要素进行审核的过程中，一个要素的审核往往涉及多个部门/场所，这就需要到不同部门/场所去审核才能了解该要素是否满足要求。在实际审核中没必要把这个要素有关的所有部门/场所都查到，但应对该要素实施主要控制职能的部门/场所进行审核。

实际审核中，最常用的是按部门审核，但由于一个部门具有多项职能，涉及多个要素，因此，审核员必须事先进行策划，准备好检查表，避免忽略或遗漏部门所涉及的任何知识产权管理体系活动，并注意从多方面收集信息和审核证据，做好记录。

（四） 确定审核计划内容

通常情况下，审核计划具体的内容包括以下方面。

1. 受审核方的基本情况

主要包括受审核方的名称、地址、联系电话、联系人等信息。

2. 审核类型

主要有初次认证一阶段、初次认证二阶段、监督审核、再认证和其他类型。

3. 审核目的

审核目的应由认证机构确定。审核目的应说明审核要完成什么，并应包括下列内容：

（1）确定客户知识产权管理体系或其部分与审核准则的符合性。

（2）评价知识产权管理体系确保客户组织满足适用的法律、法规及合同要求的能力。

（3）评价知识产权管理体系确保客户组织持续实现其规定目标的有效性。

（4）适用时，识别知识产权管理体系的潜在改进区域。

4. 审核准则和引用文件

审核准则应被用作确定符合性的依据，并应包括：知识产权管理体系标准

(GB/T 29490—2013)、受审核方的知识产权管理体系文件、适用的法律法规和其他要求以及有关的认证程序或规则。

5. 审核范围

审核范围应说明审核的内容和界限，通常可包括知识产权管理体系所覆盖的实际位置、组织单元、涉及的产品、过程和活动以及审核所覆盖的时期等。

6. 现场审核活动的日期和地点

其指现场审核活动的起止日期和受审核方的地址，如果存在多现场，应明确每个现场的地址和审核起止日期。

7. 为审核的关键区域配置适当的资源

审核的关键区域通常是指与受审核方控制知识产权管理要求和知识产权管理影响以及实现其规定的知识产权管理目标有重大影响的区域。配置适当的资源包括：有特定知识和技能的审核员或技术专家、为实施监视和测量而配备的设备、审核时间等。在编制审核计划时，应充分考虑并适当配备对关键区域审核时所需的资源。

（五）多场所的抽样

当客户管理体系包含在多个地点进行的相同活动时，如果认证机构在审核中使用多场所抽样，则应制定抽样方案以确保对该管理体系的正确审核。认证机构应针对每一个客户将抽样计划形成合理性的文件。

（六）选择和指派审核组

决定审核组的规模和组成时，应考虑下列因素：
（1）审核目的、范围、准则和预计的审核时间。
（2）是否是结合审核、联合审核或其他方式审核。
（3）实现审核目的所需的审核组整体能力。
（4）认证要求（包括任何适用的法律、法规或合同要求）。
（5）语言和文化。
（6）审核组成员以前是否审核过该客户的管理体系。

五、现场审核活动的实施

知识产权管理体系审核包括第一、第二阶段现场审核,均是在受审核方现场实施的审核活动。尽管两个阶段的现场审核的目的、范围、内容有所不同,但审核的方法、原则和程序是相似的,本节重点介绍现场审核的程序和要求。

(一)首次会议

1. 概述

首次会议是现场审核活动的序幕,是审核组与受审核方高层管理人员见面和介绍现场审核活动的第一次会议,标志着现场审核活动的正式开始。审核组成员应以恰当的言谈举止开始审核活动。

首次会议通常在正式实施现场审核前召开。审核组成员和受审核方管理层人员参加首次会议。需要时,受审核的职能部门或区域的负责人也可以参加首次会议。

首次会议由审核组长主持,会议应按审核计划约定的时间按时召开。首次会议应简短、明了,一般约 30 分钟,与会人员应签到,审核组应保留签到记录。首次会议的气氛应融洽、坦率、透明和正规。

2. 首次会议的目的

(1)确认审核计划。

(2)简要介绍实施审核活动的方法和程序。

(3)确认审核中的沟通渠道。

(4)向受审核方提供询问的机会等。

3. 首次会议的内容和程序

(1)人员介绍。

审核组组长介绍审核组成员并说明他们在审核中各自承担的主要职责;受审核方代表介绍与会的管理层成员及其职务。

(2)确认审核目的、范围和准则。

审核组组长应说明审核所依据的审核准则,并确认受审核方提供的知识产权管理体系文件是否为现行有效版本。

审核的目的、范围和准则应再次得到受审核方的确认。如受审核方对有关内容不理解，审核组组长应予以澄清和说明；如受审核方对有关内容提出变更的要求，审核组组长应在与受审核方充分沟通的前提下，将有关变更的要求及时告知认证机构，要经过认证机构评审和批准后，可进行适当变更和调整。

（3）与受审核方确认审核日程及其他相关安排。

审核组组长应简要说明审核的日程安排及其他相关的安排，请受审核方确认这些安排的可行性。如果因特殊情况需要对这些安排进行变更时，审核组组长可以对审核计划中的这些安排进行适当调整。

（4）介绍审核的方法和程序。

审核组组长应简要介绍审核组实施审核的方法和程序。审核组组长应说明审核的基本方法是抽样，审核组成员会通过面谈、查阅有关文件和记录、现场观察、需要时实际测量等方面收集与审核准则有关的审核证据，这些审核证据是建立在可获得的信息样本的基础上的，因此，审核中会存在不确定的因素，有一定的局限性。

审核组组长还应介绍审核的程序，说明不符合项的记录、报告和确认方法，以及审核结论的种类。

审核组组长应强调审核的公正性和客观性，说明审核组将尊重客观事实，在审核中不提供咨询，并请受审核方予以配合和支持。

（5）说明审核中与受审核方的沟通和可能终止审核的有关条件的信息。

（6）确认向导及其作用和职责，落实审核所需的资源和设施。

（7）确认对审核活动的限制条件和相关要求。

（8）确认有关保密事宜。

（9）说明对审核的实施和结果的申诉渠道。

（10）需要时，请受审核方高层管理者代表简单致辞。

（11）确认其他有关问题，并澄清疑问。

（12）结束会议。

（二）现场审核

现场审核是使用抽样检查的方法，收集并验证与审核目的、范围和准则有关的信息，从而获得审核证据的过程。现场审核在整个审核工作中占有非常重要的地位，审核发现以及最终的审核结论都是依据现场审核的结果得出的。因此，在现场审核过程中运用适宜的审核方法收集并验证信息，获得能够证实的审核证据是成功审核的关键。在这个过程中，审核员的个人素质和审核技能可以得到充分发挥并将对审核结果起到重要作用。

1. 信息的收集和验证，获得审核证据

（1）信息源的选择。

审核员应根据所承担的审核任务的范围和复杂程度确定充分适宜的信息源，所选择的信息源可以根据不同的审核范围和复杂程度而不同。信息源可以包括以下方面：

①与受审核方员工的面谈；

②对活动、知识产权管理和条件的观察；

③文件，如知识产权管理方针、目标、知识产权控制措施、计划、程序、标准、作业指导书以及合同等；

④记录，如知识产权管理要求的识别及其评价记录、法律法规和其他要求识别和登记记录、目标与控制措施实施与完成记录等；

⑤数据、信息的汇总、分析和绩效指标；

⑥相关方的报告，如顾客的反馈等；

⑦其他方面的信息源，如计算机数据库和网站等。

（2）受审核方现场访问收集信息的方法和技巧。

①面谈：是一种重要的收集信息的方法，并且应以适于当时情境和受访人员的方式进行，面谈可以是面对面进行，也可以通过其他沟通。

②现场观察：也是获取信息的重要渠道，有些信息也只有通过现场观察才易于获取。

③查阅文件和记录：审核过程中，查阅文件和记录是获取信息常用的方法。

（3）验证信息，获得其他信息。

2. 现场审核活动中的注意事项。

（1）对审核计划的实施进行控制。

（2）明确总体、合理抽样。

（3）注重关键岗位和体系运行的主要问题。

（4）注重收集知识产权管理体系运行有效性的证据。

（5）重视控制效果，避免主观武断、形式主义。

（6）注意相关影响。

（7）始终营造良好的审核气氛。

（8）始终保持团结协作的工作作风和良好的个人能力和素质。

（三）审核记录

1. 审核记录的内容

审核的目的、范围和审核准则决定了审核记录的内容。审核中，审核组需要基于不同的审核目的，在确定的审核范围内，依据审核准则的要求，选择并确定适当的信息源，在可获得信息样本的基础上，通过适当方式进行合理抽样，收集并验证受审核方管理体系运行中与审核目的、范围和准则有关的信息，包括与职能、活动和过程间接有关的信息。只有能够证实的信息方可作为审核证据，并予以记录。

2. 审核记录的形式

（1）审核记录可以有多种体现形式，包括书面记录、电子记录、电子数码图像、照片、复印件、标识图形或它们的组合。

（2）认证机构就获取有关信息的方式（如拍照、摄像、复印等）与受审核方进行沟通，在征得其同意的基础上可灵活地选择上述记录的方法，重要的是应确保审核记录清晰、可信和可证实。

（3）为保证受审核方信息的安全性，认证机构应按照合同或与受审核方协商一致的保密安排，对获取的任何关于受审核方的专有信息予以保密。

（四）形成审核发现

1. 形成审核发现

审核发现是对照审核准则评价审核证据得到的结果，评价的结果可能是符合审核准则的，也可能是不符合审核准则的。因此，审核发现能表明符合或不符合审核准则,它既可以是正面的,也可以是负面的。

(1) 评审和汇总审核发现。

在现场审核的适当阶段,审核组成员应共同参与评审审核发现,这也是审核组内部沟通的一项重要内容。

通常情况下,每天现场审核活动结束后,审核组成员应针对当天的审核情况进行内部沟通,评价当天审核中收集的审核证据;当全部现场审核活动完成后,审核组成员对照审核准则对收集到的审核证据进行全面的、总结性的汇总、比较、分析和评价,以确定审核发现。

(2) 符合审核准则的审核发现。

在评审审核发现的基础上,审核组应汇总分析所有符合审核准则的审核发现。这些审核发现体现了受审核方知识产权管理体系中符合的和有效的方面,为审核组对受审核方的知识产权管理体系进行总体评价提供了信息基础,也为审核组做出适宜的审核结论提供了依据。

(3) 不符合审核准则的审核发现。

当确定的审核发现不符合审核准则时,审核组通常将其确定为不符合项,审核组内部应讨论该不符合项相应的支持性审核证据以及对应的审核准则的条款和内容,并对不符合项的严重程度进行分级。

确定为不符合的审核发现,通常可以采用"不符合报告"的形式进行记录,记录中应包括该不符合项的支持性的审核证据。

2. 不符合项和不符合报告

(1) 不符合项的形成。

以下任何一种情况都可以形成不符合项:

①知识产权管理体系文件没有完全满足《规范》标准或适用的法律法规和其他要求,即文件的内容不符合标准或适用的法律法规和其他要求。

②知识产权管理体系的实施现状不符合《规范》标准的一项或多项要求或适用的法律法规和其他要求或知识产权管理体系文件的规定,即实施运行不符合规定的要求。

③知识产权管理体系的运行结果未达到预定的目标指标,即实施效果未达到目标指标。

④知识产权管理体系运行的知识产权管理行为未达到适用的法律法规和其他要求的规定，即知识产权管理行为不符合要求。

（2）不符合项的严重程度的分级和判定。

①严重不符合。

a）知识产权管理体系出现系统性失效，例如：知识产权管理体系某要素、某关键过程重复出现失效现象，又未能采取有效的纠正措施加以消除，形成系统性失效。

b）已造成严重的知识产权侵权危害，或可能会造成严重的知识产权侵权和不良管理后果。

c）违反知识产权法律法规和其他要求的行为较严重。

d）一般不符合项没有按期采取纠正措施而再次发生或造成更大的不良影响。

e）目标指标未实现，但没有通过评审采取必要的改进措施。

②一般不符合。

a）对满足知识产权管理体系要素或知识产权管理体系文件的要求而言，是个别的、偶然的、孤立的问题。

b）对整个知识产权管理体系的运行效果的影响轻微的问题。

（3）不符合报告的内容。

内容一般可包括以下方面。

①受审核方名称。

②受审核的部门或不符合发生的地点及其相应的负责人。

③审核日期。

④不符合事实的描述，即不符合项的支持性审核证据。

⑤不符合的审核准则（如标准、文件等）的名称和条款。

⑥不符合项的严重程度。

⑦审核员签字、审核组长签字和受审核方确认签字。

⑧适用时，不符合报告的内容还可包括：

a）不符合项的原因分析。

b）纠正措施计划及预计完成日期。

c) 纠正措施实施情况的说明。

d) 纠正措施的完成情况及验证记录。

(4) 不符合项的确认。

审核员根据审核组共同确定的不符合审核准则的审核发现,将确定为不符合项的审核发现编写成不符合报告。不符合报告通常需要得到审核组组长的签字认可。

在现场审核活动结束前,审核组通常会以不符合报告的形式将确定的所有不符合项提交给受审核方,请受审核方的代表确认不符合事实。

(5) 编写不符合报告的要求。

①不符合事实的描述应准确具体,不应遗漏任何有益信息,具有可重查性和可追溯性。

②观点和结论从不符合事实的描述中自然流露,不要只写结论不写事实,不应带有评论性意见。

③文字表述力求简明精炼,尽可能使用行业或专业术语。

④不符合项严重程度的判定应能客观地反映不符合项的实际影响或后果。

(五) 准备和形成审核结论

1. 准备审核结论

末次会议前,审核组组长应组织审核组成员进行较长时间的内部沟通,结合审核目的对现场审核的所有审核发现及其他适当信息进行汇总、分析、评价和总结,在此基础上对受审核方的知识产权管理体系的符合性和有效性进行总体评价,最终确定审核结论。

2. 形成审核结论

审核结论一般有以下三种:

(1) 推荐通过认证。

审核中没有发现不符合项,审核组即可做出现场审核"推荐通过认证"的审核结论。

(2) 有条件推荐通过认证。

审核中有严重不符合项和/或一般不符合项,或个别过程或区域需要再次进行现场审核,且受审核方在现场审核期间没有采取纠正措施,或没有完成全部纠正措施,审核组可以做出现场审核"有条件推荐通过认证"的审核结论。受审核方在商定的时间内对所有不符合项采取有效的纠正措施,(需要时)审核组对个别过程或区域再次进行现场审核,并对受审核方采取的纠正措施进行验证。

(3) 不推荐通过认证。

审核中发现存在多个造成系统失效的严重不符合,审核组可以做出"不推荐通过认证"的审核结论。受审核方可以对所有问题采取有效的纠正措施后重新向认证机构提出认证申请。

审核组做出的审核结论只是向认证机构提出的推荐性审核结论,受审核方是否能够通过认证最后由认证机构做出最终决定。

(六) 审核中的沟通

审核中的沟通包括审核组内部的沟通、审核组与受审核方的沟通和审核组与认证机构的沟通三个环节。

(七) 末次会议

末次会议是现场审核的最后一个议程,通常在审核组完成现场审核活动、获得审核发现并做出审核结论之后进行。

为确保末次会议顺利有效地召开,末次会议前的准备工作应充分。审核组内部应认真地进行汇总分析和评价,讨论并确定不符合项,全面、准确、公正、客观地做出知识产权管理体系符合性和有效性评价与审核结论,并达成共识,同时还需要与受审核方进行良好的沟通,澄清疑问并解决分歧。

末次会议由审核组组长主持,参加会议的人员应包括审核组的全体成员和受审核方的最高管理层、有关部门的管理者,需要时还可包括认证机构和其他方面的代表。

末次会议通常在受审核方所在地召开,时间一般不超过 30 分钟。与会人员应签到,审核组应做好并保持会议记录(包括人员签到记录)。

末次会议是正式会议，应保持正规、严谨、和谐和融洽的气氛。

末次会议的程序和内容主要有：

(1) 感谢受审核方的配合和支持。

(2) 重申审核目的、准则、范围以及审核方法。

(3) 肯定受审核方的优点和成绩。

(4) 报告审核发现，宣读不符合项。

(5) 征求意见，评价体系和得出审核结论。

(6) 讨论纠正措施和预防措施的时间表。

(7) 适用时，讨论争议之处。

(8) 受审核方高层管理者代表讲话。

六、审核报告和审核完成

（一）审核报告的形成

1. 审核报告的编制和内容

知识产权管理体系初次认证审核的第一阶段审核和第二阶段审核均需编制审核报告。

审核组组长应确保完成审核报告的编制，并应对审核报告的内容负责。审核报告应提供对审核的准确、简明和清晰的记录，以便为认证决定提供充分的信息，并应包括或引用下列内容：

(1) 注明认证机构名称。

(2) 客户的名称和地址及其管理者代表。

(3) 审核的类型（例如，初次、监督或再认证审核）。

(4) 审核准则。

(5) 审核目的。

(6) 审核范围，特别是标识出所审核的组织或职能单元或过程，以及审核时间。

(7) 注明审核组组长、审核组成员及任何与审核组同行的人员。

(8) 审核活动（现场或非现场）的实施日期和地点。

(9) 与审核类型的要求一致的审核证据、审核发现和审核结论。

(10) 已识别出的任何未解决的问题。

审核报告的内容应当提供完整、准确、简明和清晰的审核记录，第二阶段审核报告的具体内容可以包括或引用以下方面：审核目的、审核范围、审核准则、审核委托方和审核组成员、现场审核活动实施的日期和地点、审核发现、审核结论。适当时，还有其他有关内容：

①审核计划，如果审核计划发生过改变，则需要包括或引用改变后的审核计划；

②受审核方代表的名单；

③审核过程综述。

2. 审核报告的批准和分发

审核组组长应按认证机构规定的时限提交审核报告。如果不能按时提交，应及时向认证机构说明延误的理由，并协商确定提交的时间。

认证机构应按有关的审核方案的规定对审核报告进行评审和批准，并注明评审和批准的日期。经批准的审核报告应按认证机构的规定分发给受审核方，必要时可分发或提交给其他相关方。

论证机构是审核报告的所有者，审核组成员和审核报告的所有持有者均应对报告的内容保守秘密。

（二）审核完成

当第二阶段审核计划中的所有活动均已完成，并分发经批准的审核报告时，审核即告结束。认证机构应按审核方案程序规定的要求和方法，保存或销毁与审核相关的文件，包括：

(1) 受审核方提交给认证机构的知识产权管理体系文件及有关证明材料等。

(2) 审核过程中形成的文件，如文件评审报告、审核计划、检查表和审核记录、不符合报告、审核报告、会议记录及签到记录等。

(3) 其他与审核项目有关的文件，如认证合同、认证证书的复印件等。

通常认证机构会将每个审核项目有关的文件制成审核档案，作为该审核项目符合有关认证规则和程序的证据予以保存。

七、审核后续活动的实施

（1）审核后续活动与审核的关系。审核后续活动通常不视为审核的一部分。

在知识产权管理体系初次认证审核中，如果审核组在审核中发现不符合项，向受审核方提出采取纠正、预防或改进措施的要求后，还需要实施一些审核后续活动。审核后续活动通常可包括：

①受审核方确定和实施纠正、预防或改进措施，并向认证机构报告实施纠正、预防或改进措施的状况。

②认证机构委派的审核员对纠正措施的完成情况及其有效性进行验证。

对纠正措施的验证可以是随后审核活动的一部分。例如：知识产权管理体系初次认证审核中提出的有些不符合项的纠正措施的有效性验证可以在随后的监督审核时进行。

（2）审核后续活动的目的。

①促使受审核方针对已发现的不符合项进行清理和总结，认真分析原因，找出不符合的根源，并采取适宜的纠正措施防止类似不符合项再次发生，从而进一步完善知识产权管理体系，改善和提高知识产权管理体系内部运行机制，创造良好的知识产权管理和条件。

②通过对纠正措施的实施及其有效性验证，监控受审核方对不符合项所采取措施，防止问题的滋生和蔓延或进一步扩大而造成更严重的后果，为审核组的审核结论提供依据。

（3）审核双方在审核后续活动中的作用和职责。

①受审核方在审核后续活动中的作用和职责。

a）评审不符合项，分析并确定不符合的原因，制订切实可行的纠正措施；

b）实施纠正措施，并记录纠正措施的实施结果；

c）评审所采取的纠正措施的有效性；

d）向认证机构或其委派的审核组（员）报告纠正措施的实施状况，并提交纠正措施实施结果的证据。

②审核组在审核后续活动中的作用和职责。

a）对纠正、纠正措施及其完成情况进行验证，并评价其有效性；

b）提交纠正、纠正措施验证报告，为认证机构最终做出认证决定提供依据。

(4) 验证纠正措施的方式。

①在现场审核期间验证。

②现场验证。

③书面验证。

④在随后的审核中验证。

(5) 验证纠正措施实施情况及其有效性的内容。

①不符合的原因分析。

对于审核中发现的不符合，应要求受审核方在规定期限内分析原因，并说明为消除不符合项已采取或拟采取的具体纠正和纠正措施。受审核方针对不符合项进行的原因分析是否准确，是否确切地找到问题的根源，而非避重就轻或浮于表面。

②纠正、纠正措施。

应审查受审核方提交的纠正和纠正措施，以确定其是否可被接受。

针对不符合项的原因所确定的纠正措施计划是否具备可行性和有效性，包括：

a）制订的纠正措施是否与不符合的严重性及其影响程序相适应；

b）制订的纠正措施是否可以防患于未然，是否能举一反三，避免同类问题再次发生；

c）是否明确了纠正措施的实施/完成时间。

③纠正措施的实施情况及其效果。

应验证所采取的任何纠正和纠正措施的有效性所取得的为不符合的解决提供支持的证据应予以记录，并经过认证机构或审核组评审。对不符合的解决进行审查和验证的证据应予以记录，应将审查和验证的结果告知受审核方。

可通过审查受审核方提供的纠正、纠正措施文件或在必要时实施现场验证来验证纠正和纠正措施的有效性。

a) 各项纠正措施是否全部完成，实施情况是否有记录可查；

b) 各项纠正措施是否按规定的日期完成；

c) 纠正措施完成后的效果如何，是否有效地控制类似不符合的再次发生。

第十一章 知识产权管理体系监督审核

一、监督活动

获证组织认证证书的有效期一般为 3 年，在证书有效期内，认证机构应对获证组织开展监督活动和管理。认证机构应对其监督活动进行设计，以对定期知识产权管理体系范围内有代表性的区域和职能进行监视，并应考虑获证组织及其知识产权管理体系的变更情况。

监督活动应包括对获证组织知识产权管理体系满足认证标准规定要求的情况进行评价的现场审核（监督审核），监督活动还可以包括以下方面。

（1）认证机构就认证的有关方面询问获证客户；

（2）审查获证客户对其运作的说明（如宣传材料、网页）；

（3）要求获证客户提供文件化信息（纸质或电子介质）；

（4）其他监视获证客户绩效的方法。

企业在知识产权管理体系认证通过后，只有继续保持体系有效运行和持续改进，才能通过认证机构后续的监督审核、再认证审核以及特殊审核，从而保持证书的持续有效。

二、监督审核

监督审核是监督活动的一部分。认证机构对持有其颁发的知识产权管理体系认证证书的组织进行有效跟踪，监督获证组织通过认证的知识产权管理体系持续符合要求。获证组织通过知识产权管理体系认证以后，如果逾期不进行监督审核，在国家认监委的网站上会处于暂停状态，所获得的证书就不能正常使用。

（一）监督审核的目的

（1）验证获证组织的知识产权管理体系是否持续满足审核准则的要求和有关的认证要求，并保持有效运行，以确定是否推荐保持认证注册。

（2）如果获证组织的知识产权管理体系在运行过程中发生变更，审核变更后的知识产权管理体系是否符合认证标准的要求，并实施有效。

（3）促使获证组织持续改进知识产权管理体系的有效性。

（二）监督审核的内容

知识产权管理体系的每次监督审核应包括对以下方面的审查：

（1）内部审核和管理评审。

（2）对上次审核中确定的不符合采取的措施。

（3）投诉的处理。

（4）管理体系在实现获证客户目标和各管理体系的预期结果方面的有效性。

（5）为持续改进而策划的活动的进展。

（6）持续的运作控制。

（7）任何变更。

（8）标志的使用和（或）任何其他对认证资格的引用。

（三）监督审核的要求

（1）监督审核是现场审核，但不一定是对整个知识产权管理体系的审核，并应与其他监督活动一起策划，以使认证机构能对获证知识产权管理体系在认证周期内持续满足要求保持信任。

（2）监督审核通常在认证证书有效期内定期进行。初次认证后的第一次监督审核应在认证证书签发之日起 12 个月内进行。此后，监督审核应至少每个日历年（应进行再认证的年份除外）进行一次。

（3）每次监督审核应组成正式的审核组，审核组不能由实习审核员单独组成，且其中必须有熟悉受审核方专业的人员（如专业审核员或技术专家）。

（4）监督审核的程序和方法原则上与初次审核一致。监督审核时，审核组仍应使用检查表，按审核计划进行，并做好审核记录，审核之后向认证机构提交监督审核报告，作为获证组织保持认证资格的依据。

（5）在认证基础（如审核准则和审核范围等）没有改变的情况下，审核时间（人/日/数）一般为初次认证现场审核的 1/3。

（6）每次监督审核的范围可以不覆盖获证组织认证范围内知识产权管理体系的全部活动、过程或部门/区域，但认证证书有效期内的监督审核必须覆盖全部过程、产品和部门/区域。

（7）监督审核时至少应审核以下内容：

①上次审核以来知识产权管理体系覆盖的活动及影响体系的重要变更及运行体系的资源是否有变更；

②对于已识别的重要关键点是否按知识产权管理体系的要求在正常和有效运行；

③对上次审核中确定的不符合项采取的纠正和纠正措施是否继续有效；

④知识产权管理体系覆盖的活动涉及法律法规规定的，是否持续符合相关规定；

⑤知识产权目标及知识产权绩效是否达到知识产权管理体系确定值；

⑥获证组织对认证标志的使用或对认证资格的引用是否符合《认证认可条例》及其他相关规定；

⑦内部审核和管理评审是否规范和有效；

⑧是否及时接受和处理投诉；

⑨针对体系运行中发现的问题或投诉,及时制订并实施了有效的改进措施。

(8) 认证机构根据监督审核报告及其他相关信息,做出继续保持或暂停、撤销认证证书的决定。

第十二章 企业知识产权管理体系再认证审核和特殊审核

一、再认证审核

获证组织的认证证书有效期届满时,如果该组织申请继续持有认证证书,认证机构应当在受理后对该组织的知识产权管理体系实施再认证审核,决定是否延续认证证书。

(一) 再认证审核的策划

(1) 认证机构应策划和实施再认证审核,以评价获证客户是否持续满足知识产权管理体系标准或其他规范性文件的所有要求。再认证审核的目的是确认知识产权管理体系作为一个整体的持续符合性与有效性,以及与认证范围的持续相关性和适宜性。

(2) 再认证审核应考虑知识产权管理体系在认证周期内的绩效,包括调阅以前的监督审核报告。

(3) 当获证组织或知识产权管理体系的运作(如法律的变更)有重大变更时,再认证审核活动可能需要有第一阶段审核。

(4) 对于多场所认证或依据多个管理体系标准进行的认证,再认证审核的策划应确保现场审核具有足够的覆盖范围,以提供对认证的信任。

在认证基础(如审核准则和审核范围等)没有改变的情况下,再认证时的抽样量可以比初次审核时略少,所需的审核时间(人/日/数)也比初次审核时略少,大致相当于初次审核中第二阶段审核的2/3左右。

(二) 再认证审核的实施

(1) 再认证审核应包括关注下列方面的现场审核：

①结合内部和外部变更来看整个知识产权管理体系有效性，以及认证范围的持续相关性和适宜性。

②经证实的对保持知识产权管理体系有效性并改进知识产权管理体系，以提高整体绩效的承诺。

③获证知识产权管理体系的运行是否促进组织方针和目标的实现。

(2) 在再认证审核中发现不符合或缺少符合性的证据时，认证机构应规定实施纠正与纠正措施的时限，这些措施应在认证到期前得到实施和验证。

(三) 授予再认证的条件

认证机构应根据再认证审核的结果，以及认证周期内的体系评价结果等，做出是否授予再认证的决定。

如果在当前认证的终止日期前成功完成再认证活动，新认证的终止日期可以基于当前认证的终止日期。新证书上的颁证日期应不早于再认证决定日期。

如果在认证终止日期前，认证机构未能完成再认证审核或不能验证对严重不符合实施的纠正和纠正措施，则不应推荐再认证，也不应再延长认证的效力。

二、特殊审核

(一) 扩大认证范围的审核

对于已授予的认证，认证机构应对扩大认证范围的申请进行评审，并确定任何必要的审核活动，以做出是否可予扩大的决定。这类审核活动可以和监督审核同时进行。

(二) 提前较短时间通知的审核

认证机构为调查投诉、对变更做出回应或对被暂停的受审核方进行追踪，可能需要在提前较短时间通知获证受审核方后对其进行审核。此时要注意以下两点。

(1) 认证机构应说明并使获证组织提前了解将在何种条件下进行此类审核。

(2) 由于获证组织缺乏对审核组成员的任命表示反对的机会，认证机构应在指派审核组时给予更多的关注。

第十三章 企业知识产权管理体系暂停、撤销或缩小认证范围

认证机构应有暂停、撤销或缩小认证范围的政策和形成文件的程序,并规定认证机构的后续措施。

一、认证暂停

有下列情况之一(但不限于)的,认证机构应暂停获证组织的认证资格:
(1)获证组织的获证管理体系持续地或严重地不满足认证要求,包括对管理体系有效性的要求。
(2)获证组织不允许按要求的频次实施监督或再认证审核。
(3)获证组织主动请求暂停。

在暂停期间,获证组织的管理体系暂时无效。如果造成暂停的问题已解决,认证机构应恢复被暂停的认证。如果获证组织未能在认证机构规定的时限内解决造成暂停的问题,认证机构应撤销或缩小其认证范围。多数情况下,认证暂停不超过6个月。

二、认证撤销或缩小认证范围

通常有下列情况之一的,认证机构可撤销获证组织的认证资格或缩小认证范围,并收回知识产权管理体系认证证书:
(1)暂停知识产权管理体系认证资格的通知发出后,获证组织未能在认

证机构规定的时限内解决造成暂停的问题，认证机构应撤销或缩小其认证范围。

（2）发现获证组织的知识产权管理体系存在严重不符合规定要求的情况。

（3）如果受审核方在认证范围的某些部分持续地或严重地不满足认证要求，认证机构应缩小其认证范围，以排除不满足要求的部分。认证范围的缩小应与认证标准的要求一致。

专题篇

第十四章　企业贯标中的诊断技巧

一套体系能否解决企业存在的知识产权管理问题，就必须从诊断起步，如同老中医要为患者开具药方，就必须先经历望闻问切，从把脉开始，观察、询问、感觉和判断，通过表象把各种问题一一找出，再对症下药。

一、诊断关联因素

（1）了解企业目前组织架构。

只有了解企业的组织架构，才能在组织框架内建立体系。

（2）了解企业现有知识产权管理现状。

其包括现有管理制度、操作流程、存在问题、急需解决的问题等。

（3）了解企业现有的各种体系文件及运行情况。

很多企业管理比较成熟，建立了质量、安全、保密、风控等多种体系，各种体系又不能相互冲突，必须保持体系间的相互协调和相辅相成，否则，会阻碍企业发展，也会让企业人员无所适从。

（4）结合规范的各项条款。

体系最终的审核和认证，要参照规范进行，规范如同考试的大纲内容，如果答案不符合大纲中考点的要求，再完美的答案也会扣分，所以，要尽可能准确全面覆盖规范所有条款，从而顺利通过认证审核。

二、诊断形式

（1）书面诊断是指以书面形式将企业制度、流程和要求等内容提供出来。

书面诊断比较严谨，但有其表达的有限性，容易僵化和片面，没有现场诊断深入。

（2）现场诊断是指辅导机构与企业体系负责人员共同确定调研时间、地点、拟定调研提纲、确定参与调研的人员，与接受调研人员逐一进行约谈的方式。这种方式相对于书面调研，形式灵活，交流及时，表达不会出现歧义，在交流时还容易引导被调研者提供深层次的内容，暴露出突出问题，在调研过程中适当讲解规范，也容易使其全面了解规范，协助建立体系，在后期体系运行过程中积极配合，不流于形式。

三、诊断技巧

（一）一把手接受调研

调研过程中，最好将一把手列入被调研者。贯标工作能否得到足够重视，体系建立后能否有效运行，人财物能否落实到位，取决于一把手的重视程度，规范中的三大原则之一是"领导重视"。通过与一把手交流，让其理解规范的具体要求，通过案例介绍行业或者竞争对手在知识产权方面的经验教训，企业可能面临的问题和存在的潜在风险，以及做好体系给企业能带来的益处等，让一把手重视此项工作，一把手的重视标志着贯标工作已经成功一半。

（二）各部门负责人和知识产权联络员共同接受调研

各部门负责人全面掌握部门情况，能站在部门管理者的高度提出宏观问题，而联络员是处于一线的工作人员，对流程需求比较明确具体，二者相互结合，诊断将更深入，体系建立和运行更顺畅。

（三）重视调研提纲拟定

现场调研时诊断提纲非常重要，第一，要尽可能全面覆盖规范条款，防止遗漏掉重要条款；第二，提纲内容要通俗易懂，便于被调研者提前理解和准备，交流时可沿着提纲适当发挥。

(四) 做好记录及时形成诊断报告

在调研过程中要有专人记录各种问题，防止问答时热火朝天，最后在形成诊断报告时脑袋一片茫然，忘记重要内容，导致在建立体系时出现重大缺陷。诊断报告的制作要趁热打铁，大量的问题和答案比较零碎，时间长了会遗漏掉关键问题，因此，建议最好白天调研，晚上形成诊断报告。

《企业知识产权管理规范》体系的建立和运行，是企业知识产权管理的一次系统美容，在体系建立过程中，要对照标准，找出问题，解决问题，重新站在镜子面前的，一定是完美的自己。

第十五章 企业贯标中的重中之重——检索

知识产权贯标工作是一项系统工程，整个体系的建立和运行需要启动、诊断、策划、运行、审核等多项重要环节，但贯标工作中最难的不是意识的形成、体系文件的建立、运行及审核，而是贯标单位知识产权检索人员的缺乏、检索能力的不足。这里所说的检索人员，是指能够满足实际工作需要、娴熟掌握检索技巧，并能切实把规范中的各项条款要求落实到位的人员。由于检索人员缺乏，对检索工具运用不熟练，对检索工作不重视，导致《规范》中众多关键性环节的要求很难深入、持久、制度化地开展和落实。

《规范》中多处条款要求的落实都依赖于知识产权检索。如：

6.1.4 入职

该条要求：对新入职职工进行适当的知识产权背景调查。

在进行入职背景调查时，除了调查其学习工作经历、个人状况、是否符合岗位职责要求等内容外，还应重点调查其所掌握和使用的技术，是否有合法使用资格，是否会侵犯商业秘密、专利权等。另外，其是否申请过专利，是职务发明还是非职务发明，申请专利的地域范围、类型、技术内容及发明人的情况应通过检索进行核实。

6.4 信息资源

该条要求：应建立信息收集渠道，及时获取所属领域、竞争对手的知识产权信息。

即贯标单位在日常工作中，应该建立专门的信息收集渠道，及时获取企业所在领域、竞争对手的知识产权信息。这些信息主要与知识产权相关，包括竞争对手或者行业知识产权申请量、申请趋势、申请地域、申请动态、申请领域、权利状态等信息,这些信息如果不通过检索分析,很难及时准确获得。

7.1 获取

该条要求:在获取知识产权前进行必要的检索和分析。

即在知识产权保护之前,必须要经过检索和分析,避免盲目申请导致申请失败,浪费人力物力财力,并暴露公司的知识产权信息,从而造成竞争中的被动。另外,申请知识产权前进行检索分析,对专利的布局、申请数量、申请类型、申请方向有指导性意义,也能达到权利保护的最大化。

7.4.3 涉外贸易

该条要求:向境外销售产品前,应调查目的地知识产权法律、政策及其执行情况,了解行业相关诉讼,分析可能涉及的知识产权风险。

即在产品出口、销售或参加展会前,应做好产品所涉及的知识产权信息的保护、风险排查工作,同时,应该了解目的地可能存在的知识产权法律风险,有没有发生过行业的诉讼案例,结果如何,应该采取什么应对措施。防止对外贸易中的各种潜在知识产权风险。目前,各地开展的知识产权海外预警分析项目,就是针对此种情况所做的工作。

8.1 立项

该条要求:立项前要分析该项目所涉及的知识产权信息,包括各关键技术的专利数量、地域分布和专利权人信息等。

即在立项之前,除了对市场情况、竞争情况、行业情况、技术和法律情况全面了解外,还应对项目所涉及的知识产权信息进行全面系统的排查和检索,防止所立项目为侵权项目的情况,目前全国开展的重大经济活动中,知识产权分析评议活动有此功能,但政府资金有限,涉及的面毕竟有限,《规范》要求企业在立项前将知识产权分析工作落到实处。

8.2 研究开发

该条要求:对该领域的知识产权信息、相关文献及其他公开信息进行检索,对项目的技术发展状况、知识产权状况和竞争对手状况等进行分析;跟踪与监控研究开发活动中的知识产权,及时对研究开发成果进行评估和确认。

即在研究开发前、开发中、开发后将检索分析工作贯穿始终。避免研发风险,少走弯路,防止重复研发,启发研发思路,节约研发成本和时间,并在研发完成后及时检索分析，根据检索情况确认采用何种方式保护成果。

8.5 销售和售后

该条要求：产品销售前，对产品所涉及的知识产权状况进行全面审查和分析，制定知识产权保护和风险规避方案；建立产品销售市场监控程序，采取保护措施，及时跟踪和调查相关知识产权被侵权情况。

另外，在产品采购环节对供方提供的知识产权情况的核实和调查，在风险管理中的知识产权信息的管理、在处理知识产权纠纷时，选择何种处理方式等，都与知识产权检索分析密切相关。

同样，在《科研组织知识产权管理规范》和《高等学校知识产权管理规范》中，也同样存在以上各种不同的对检索分析的要求。

可以说，要想把《规范》中的要求落到实处，尤其是立项前分析、研发中信息利用、布局及申请前检索、销售前预警分析、信息跟踪利用等规范的运用落到实处，必须要有熟练掌握知识产权检索工具的人员，没有这样的人员，贯标中的各项要求只能停留在文件层面，每次审核或验收时也只能临时抱佛脚，很难深入、有效、制度化地开展。贯标工作的效果也无法真正体现出来。

因此，在贯标过程中，首先应该将检索人员检索能力的培养作为贯标工作的重中之重来对待，如果各项检索工作做得很好，贯标工作深层次的作用就会体现出来，可惜的是，这项工作在大多数企业或辅导机构辅导过程中并未引起足够重视，尤其是大多数中小企业。

第十六章　企业贯标中如何做好专利检索分析

企业贯标的目的是使得企业对自身的知识产权管理更加科学、规范。然而大多数企业在实施《规范》条款的过程中，存在一些问题，尤其是专利检索分析这项工作，更是企业普遍反映的难点所在。因此，结合《规范》的要求以及企业工作的实际，为企业提供一套检索分析的方案，既能够让企业在知识产权管理方面符合《规范》要求，顺利完成贯标工作，又能让企业真正掌握检索分析这项重要技能。

《规范》中明确规定的与"检索分析"相关的条款如下：

6.4　信息资源

a. 建立信息收集渠道，及时获取所属领域、竞争对手的知识产权信息；

b. 对信息进行分类筛选和分析加工，并加以有效利用；

7.1. a. 在获取知识产权前进行必要的检索和分析；

7.4.1. b. 定期监控产品可能涉及他人知识产权的状况，分析可能发生的纠纷及其对企业的损害程度，提出防范预案；

7.4.3　涉外贸易

涉外贸易过程中的知识产权工作包括：

a. 向境外销售产品前，应调查目的地的知识产权法律、政策及其执行情况，了解行业相关诉讼，分析可能涉及的知识产权风险；

8.1　立项

a. 分析该项目所涉及的知识产权信息，包括各关键技术的专利数量、地域分布和专利权人信息等；

b. 通过知识产权分析及市场调研相结合，明确该产品潜在的合作伙伴和竞争对手；

c. 进行知识产权风险评估，并将评估结果、防范预案作为项目立项与整体预算的依据。

8.2 研究开发

a. 对该领域的知识产权信息、相关文献及其他公开信息进行检索，对项目的技术发展状况、知识产权状况和竞争对手状况等进行分析；

c. 跟踪与监控研究开发活动中的知识产权，适时调整研究开发策略和内容，避免或降低知识产权侵权风险；

8.5 销售和售后

a. 产品销售前，对产品所涉及的知识产权状况进行全面审查和分析，制定知识产权保护和风险规避方案；

b. 在产品宣传、销售、会展等商业活动前制定知识产权保护或风险规避方案；

c. 建立产品销售市场监控程序，采取保护措施，及时跟踪和调查相关知识产权被侵权情况，建立和保持相关记录；

d. 产品升级或市场环境发生变化时，及时进行跟踪调查，调整知识产权策略和风险规避方案，适时形成新的知识产权。

上述各个条款分布于《规范》中不同的章节，企业在具体操作时，往往容易混淆，到第三方认证审核时才发现有些条款没有做到位。此处对上述有关检索分析的条款进行梳理，可以让企业更加明确每一个条款应当如何去做。

上述相关条款，从检索目的角度来看可以分为如下三类：

第一类，是信息收集。对应条款为：6.4.a，6.4.b，8.1.a，8.1.b。

以上四个条款的主要目的是相关知识产权信息的收集，企业应当做到：

（1）建立信息收集渠道。

企业可以把国家知识产权局的免费专利检索平台作为信息收集渠道，以企业自身的产品或者核心技术作为关键词，进行检索，从而获取相关信息，这些信息包括申请人、发明人、专利的法律状态、具体的技术文本。

（2）对收集到的信息进行分类、分析。

在上一步检索的过程中，企业可以直接获得的信息有：与企业生产相同的产品或者进行相同的技术研究的企业、高校、科研院所有哪些；这些机构目前的专利申请量、授权量、转让或许可的数量以及专利申请的地域分布的详细情况；哪些发明人是该领域的专家；哪些专利有效，哪些失效。

（3）形成分析报告。

对上述信息进行分析加工，可以获得初步结论：

①哪些机构与本企业是竞争关系。例如，与本企业的产品高度相似的企业，与本企业的技术研究方向高度一致的企业。

②哪些机构是潜在的合作伙伴。例如，研究方向与本企业的技术研究相关的高校和科研院所，技术或者产品与本企业的技术或者产品能够形成互补的企业，或者产品、技术与本企业的产品、技术分属于产业链的上下游。

上述信息都要及时形成记录。

第二类是技术分析。对应的条款为：7.1.a、8.2.a。

企业应当做到：

（1）选择较好的检索途径。

可以选择免费的检索平台（例如，中国国家知识产权局、佰腾网），也可以选择收费的检索平台。

（2）提高技术人员的检索能力。

要做好专利技术分析，相对来说需要更强的检索分析能力，检索人员要能够针对不同的目的，达到查全以及查准的要求，能够读懂专利文本，甚至要准确判断一个专利文本权利要求书的保护范围。在此基础上，在立项前以及研究开发过程中，定期对检索到的专利信息进行分析汇总，并形成记录。

技术分析的工作，由于对检索分析人员的能力要求较高，有些企业无法自己独立完成，此时可以选择在立项前或者研究开发过程中，让专业的专利检索分析机构的人员随时跟进，获得企业所需的检索分析报告，企业需要保存好过程中以及最终的检索分析相关记录资料。

第三类是风险控制。对应的条款为：7.4.1.b、7.4.3.a、8.1.c、8.2.c、8.5。

企业应当做到：

（1）风险的分类。

①侵权的风险。

以企业自身的产品作为检索对象，将产品的技术特征作为关键词，要求检索到某一个或者某几个最相关的具体的专利文本，判定上述专利的法律状态是否有效，进而判断有效的专利其权利要求的保护范围，最终确定企业的产品是否侵犯了第三方的专利权。

侵权风险的判定涉及的条款是：7.4.1.b、7.4.3.a、8.1.c、8.2.c、8.5.a、8.5.b。

②被侵权的风险。

以企业有效的专利权为依据，由销售人员在市场上收集与企业专利权技术相关的产品，或者直接收集竞争对手的相关产品，产品交由技术人员分析判断，最终确认收集到的产品是否侵犯企业自身的专利权。

被侵权风险的判定涉及条款为：8.5.c和8.5.d。

（2）风险预案。

不管针对侵权风险还是被侵权的风险，企业都应当提前做好预案，预案中至少应当包含风险的发现、风险的评估、针对不同的风险预先制定出不同应对方案。

以上所有过程都应当形成记录。

企业在进行风险控制时，需要让技术研发人员与市场人员联动，互相配合，这样才能及时、准确地发现和处理风险，最大限度地减少企业的损失。

第十七章　企业贯标中如何做好知识产权风险管控

《规范》对于知识产权管理过程中如何进行风险防范，提出详细要求，由此可见知识产权风险的管控在企业知识产权管理方面的重要意义。

通过对相关条款的分析，希望能帮助企业深刻理解《规范》中与知识产权风险相关的条款，进而在实际工作中达到《规范》的要求。

在《规范》中，以下条款与"风险"相关：

6.3.d　有条件的企业可设立知识产权风险准备金。

7.3.2　投融资活动前，应对相关知识产权开展尽职调查，进行风险和价值评估。在境外投资前，应针对目的地的知识产权法律、政策及其执行情况，进行风险分析。

7.4.1　风险管理

应编制形成文件的程序，以规定以下方面所需的控制：

a. 采取措施，避免或降低生产、办公设备及软件侵犯他人知识产权的风险；

b. 定期监控产品可能涉及他人知识产权的状况，分析可能发生的纠纷及其对企业的损害程度，提出防范预案；

c. 有条件的企业可将知识产权纳入企业风险管理体系，对知识产权风险进行识别和评测，并采取相应风险控制措施。

7.4.3.a　向境外销售产品前，应调查目的地的知识产权法律、政策及其执行情况，了解行业相关诉讼，分析可能涉及的知识产权风险；

8.1.c　立项时进行知识产权风险评估，并将评估结果、防范预案作为项目立项与整体预算的依据；

8.2.c 研究开发时跟踪与监控研究开发活动中的知识产权，适时调整研究开发策略和内容，避免或降低知识产权侵权风险；

8.5.a 产品销售前，对产品所涉及的知识产权状况进行全面审查和分析，制定知识产权保护和风险规避方案；

8.5.b 在产品宣传、销售、会展等商业活动前制定知识产权保护或风险规避方案；

8.5.d 产品升级或市场环境发生变化时，及时进行跟踪调查，调整知识产权策略和风险规避方案，适时形成新的知识产权。

按照不同的处理方式来划分，上述条款可以分为3类。

第一类是风险规避。涉及条款为：7.3.2、7.4.1.a、7.4.1.c、7.4.3.a、8.2.c。

以上各条款要求企业在相关活动之前做好风险的分析工作，这些条款总体的处理流程为：资料的收集（检索）、资料的分析、得出结论、做出决定（进行还是不进行该项活动）。

针对不同的条款，具体分析如下。

7.3.2 投融资活动前，应对相关知识产权开展尽职调查，进行风险和价值评估。在境外投资前，应针对目的地的知识产权法律、政策及其执行情况，进行风险分析。

第一步是资料的收集。

在投融资活动之前，对所投资企业的知识产权进行尽职调查、检索，包括企业知识产权检索，主要竞争对手知识产权检索。

如果是境外投资，还需要收集投资企业所在国家或地区的知识产权法律、政策及其执行情况（比如判例）。

第二步是知识产权分析及结论。

对第一步收集到的资料进行分析，包括：

（1）针对所投资企业自身的知识产权分析。

主要从两方面进行，一方面是技术分析，包括知识产权数量、知识产权稳定性以及知识产权转化率；另一方面是价值评估，主要是对上述知识产权评估出一个合理的价格。其中价值评估对于投融资活动来说很关键，投资方可以自行评估，也可以委托专业的第三方机构来进行价值评估。

(2) 针对主要竞争对手的知识产权分析。

该分析主要是从技术角度来进行，将同行的知识产权（主要是专利）与所投资企业的产品进行对比分析，确认该企业的产品是否存在侵犯第三方知识产权的可能。

如果是境外投资，需要结合所在国的法律、政策及其执行情况，针对所在国的同行业知识产权进行技术对比分析，确认该企业的产品是否存在侵犯所在国第三方知识产权的可能。

(3) 做出决定。

将以上两步所收集和分析的内容，整理成《知识产权尽职调查报告》，交由管理层进行最终的评估，并做出决定，该决定应当以书面的形式明确是否决定投资以及做出该决定的理由。

以上各步骤都要做好记录并保存。

7.4.1.a 采取措施，避免或降低生产、办公设备及软件侵犯他人知识产权的风险。

(1) 资料的收集。在采购设备或者软件之前，调查供方的知识产权以及资质。

(2) 分析及结论。对第一步获取的资料进行分析，判断该设备或软件是否存在侵犯第三方知识产权的风险。

(3) 做出决定。根据第二步的分析，由相关管理人员做出是否采购该设备或者软件的决定。

对于该条款，在实际的贯标工作中，有一种简化的处理方式，具体为：在第一步收集资料时，直接让供方提供不侵犯第三方知识产权的证明材料或者承诺，这样第二步和第三步就不需要太多地花费时间和精力，只需要确认供方所提供的证明材料或承诺的真实有效即可。

7.4.1.c 有条件的企业可将知识产权纳入企业风险管理体系，对知识产权风险进行识别和评测，并采取相应风险控制措施。

此条款要求"有条件"的企业将知识产权风险管理纳入企业风险管理体系，对企业的管理能力提出了更高的要求。

企业的风险管理，涉及企业管理的方方面面，比如人力资源、采购、研发、销售、行政、宣传等各个部门，该条款要求在这些部门的规章制度中，加入知识产权风险识别、评测以及控制的相关制度，实现企业管理全流程中的知识产权风险管理。

该条款在贯标审核中，不作为必须审核的条款，因此一般企业不需要执行该条款。如果企业知识产权数量较多，或者企业所在行业属于知识产权纠纷密集行业，或者管理能力强、需要在知识产权管理方面进一步提升的企业，可以在贯标时执行该条款。

7.4.3.a 向境外销售产品前，应调查目的地的知识产权法律、政策及其执行情况，了解行业相关诉讼，分析可能涉及的知识产权风险。

（1）资料的收集。

向境外销售产品前，企业要收集如下资料：

①销售目的地的知识产权法律、政策文件。

②销售目的地曾经发生的本领域同行间知识产权诉讼、纠纷的案例文件。

③在目的地获得保护的并与企业所销售产品相关的第三方知识产权信息。

（2）知识产权分析及结论。

以第三方知识产权信息为基础，以企业所销售的产品为对象，进行详细的对比分析，结合销售目的地的法律、政策，以及之前已有的相关知识产权纠纷的处理决定，判断所销售的产品是否侵犯第三方的知识产权，必要时还需测算出如果遭遇知识产权纠纷，预计会造成多少损失。

（3）将以上两步所收集和分析的内容，整理成《知识产权风险评估报告》，交由管理层进行最终的评估，并做出决定，该决定应当以书面的形式明确最终的处理意见是继续销售还是暂停销售。

以上各步骤都要做好记录并保存。

8.2.c 研究开发时跟踪与监控研究开发活动中的知识产权，适时调整研究开发策略和内容，避免或降低知识产权侵权风险。

（1）资料的收集。定期（比如每周）收集与企业所研发项目相关的知识产权。

（2）知识产权分析及结论。将所研发的技术与第一步收集到的相关知识产权进行对比,最好能够做出《技术特征对比表》,根据技术分析,得出当前研发方向是否会侵犯第三方知识产权的初步结论。

(3) 做出决定。将以上两步所收集和分析的内容,整理成《研发活动知识产权检索分析报告》,交由管理层进行最终的评估,并作出决定,该决定应当以书面的形式明确是继续当前的研发方向还是改变研发方向。

以上各步骤都要做好记录并保存。

第二类是风险预案。涉及条款:7.4.1.b、8.1.c、8.5.a、8.5.b、8.5.d。

以上各条款要求企业在进行相关活动之前,不但要做好风险分析,而且要提前做好风险预案,因为这类活动(比如产品销售)已经无法撤销,也就是说不管有无风险,该活动都需要继续进行下去。风险预案的意义在于让企业相关人员在遇到相应事项时,有制度可依,不至于措手不及,从而把事件造成的损害降到最低。因此要求企业提前做好风险预案,该风险预案中要给出具体方案,一般包括两部分:

第一部分是,如果风险未发生,应当采取哪些措施持续监控风险。

第二部分是,如果风险实际发生了(比如遭遇到知识产权诉讼),应当采取哪些具体方式来处理,需要给出针对不同情况(被告侵权还是被侵权)的相应处理办法(比如哪种情况可以接受调解、哪种情况必须进行诉讼)。上述预案必须有相应的程序文件来支撑。

下面针对具体条款依次解读。

7.4.1.b 定期监控产品可能涉及他人知识产权的状况,分析可能发生的纠纷及其对企业的损害程度,提出防范预案。

该条款要求对所销售的产品,定期进行知识产权风险评估,评估的方式为:收集资料、进行风险分析、提出风险预案。

(1) 收集资料。由销售部门定期对市场进行监控,利用销售网络、广告、新闻媒体、同行会展以及专利检索等渠道收集市场上同类竞争产品的知识产权相关信息,形成《知识产权市场监控信息表》。

(2) 风险分析。由技术部门对收集到的知识产权信息进行分析研究,判断公司所销售的产品是否侵犯第三方的知识产权,形成《销售产品相关知识产权分析报告》。

（3）风险预案。针对产品销售的风险预案，假设企业的产品遭到侵权指控，企业应当采取哪些具体措施来处理该侵权纠纷。

一般来说，该风险预案中应当包括如下内容（以专利侵权为例）：

①准备工作。聘请律师或者专利代理人，由律师、公司知识产权部门领导、技术人员等成立应急小组。

②侵权事实的确认。由应急小组确认该侵权指控是否成立。技术部门核实公司的产品或方法，是否具备专利独立权利要求的全部技术特征，或在某些特征不同的情况下，它们之间是否构成等同；如产品或方法缺少一个或一个以上的独立权利要求中的技术特征，或尽管不缺少，但其中一个或一个以上特征不构成等同，则侵权不成立。

如果公司的行为是为生产经营目的使用或销售不知道是未经专利权人许可而制造并售出的专利产品或依照专利方法直接获得的产品，能证明其产品合法来源的，不承担赔偿责任，停止侵权行为即可。

③确认侵权之后的处理方式。

a）如本公司的产品或方法确已构成侵权，则还可进一步对该专利权的有效性进行分析。

技术部门调查涉案的专利权是否仍在保护期内，专利权人是否缴纳了年费；由专利律师调查专利是否缺乏新颖性、创造性。

如果根据以上检索结果分析，认为有可能宣告该专利无效，则企业应抓紧时间，在答辩期内，向国家知识产权局专利复审委员会提出宣告该专利无效请求。同时，将宣告专利无效请求书复印件提交法院，请求法院裁定中止诉讼程序。

b）积极采取和解措施。

如果该专利权无法宣告无效，企业应及时停止侵权，并由应急小组积极争取与专利权人达成和解协议，减少损失。

c）据理力争，应对诉讼。

如果企业与权利人在赔偿数额上无法达成一致，就应作好应诉的准备。企业需尽量收集对自己有利的证据和法律依据来支持自己的主张。

8.1.c 立项时进行知识产权风险评估，并将评估结果、防范预案作为项目立项与整体预算的依据。

该条款要求在研发项目立项前，必须对该项目的知识产权进行风险评估，具体的评估方式仍然遵循前文提到的风险评估的3个步骤，即资料的收集——知识产权分析及结论——做出决定。

关于该条款所说防范预案，具体如下。

若项目涉及第三方知识产权，在立项报告中应当明确以下方面内容。

（1）避免风险。为了避免风险，需要修改项目的研发方向，因改变而产生的资金预算是多少。

（2）继续立项。如果企业已经为立项投入经费，该项目的研发方向也因为各种实际原因无法改变，那么应当将该项目未来如果面临侵权纠纷，会带来的影响以及为了应对纠纷，企业可能产生的额外投入，也计算入立项的经费预算中。

8.5.a　产品销售前，对产品所涉及的知识产权状况进行全面审查和分析，制定知识产权保护和风险规避方案。

该条款的风险预案，包括两方面：

一方面是产品遭遇第三方的知识产权诉讼的风险，可以参考7.4.1.b风险预案来处理。

另一方面是公司的产品被侵权的风险，此时应当在风险预案中写明在产品销售前针对该产品获取知识产权（比如申请专利），在有自身知识产权的前提下，预案中应当包括如下方面。

（1）准备工作。

①知识产权部门聘请对本行业比较熟悉、经验丰富的专利律师。

②由专利律师、知识产权主管领导、科技发展部和专利发明人组成应急小组。

（2）确认公司专利权是否有效、专利权是否成立。

①应急小组认真比对分析对方技术与自己的专利技术，看对方的技术特征是否确实落入自己专利的保护范围，确定专利侵权是否成立。

②专利律师对公司专利的专利性进行分析：

a）对于发明专利，检查年费是否缴纳，专利是否有效；

b) 对于发明新型,分析其新颖性、创造性、实用性。

在应急小组确认公司的专利权有效、专利侵权成立后,着手下一步工作。

(3) 收集证据。

①科技发展部提交公司享有专利权的证据,包括专利证书、专利申请文件等。

②科技发展部组织法律审计部等相关部门收集侵权者情况,包括侵权者确切的名称、地址、企业性质、注册资金、人员数目、经营范围等情况。

③科技发展部组织运销与市场部等相关部门收集侵权事实的证据,包括有侵权物品的实物、照片、产品目录、销售发票、购销合同等。

④专利律师、科技发展部组织计划财务部、法律审计部等收集损害赔偿的证据。赔偿金额由知识产权主管在咨询专利律师后确定。一般包括以下三种:

a) 要求赔偿的金额可以是本公司所受的损失,证据证明因对方的侵权行为,自己专利产品的销售量减少,或销售价格降低,以及其他多付出的费用或少收入的费用等损失。

b) 或者是侵权者因侵权行为所得的利润。证据主要是侵权者的销售量、销售时间、销售价格、销售成本及销售利润等。

c) 还可以是不低于专利权人与第三人的专利实施许可中的专利许可费。由科技发展部提供已经生效履行的与第三人的专利许可合同。

(4) 向对方发出警告函,要求对方停止侵权行为。

警告函的寄送方式应以能够获得寄送凭证的目的为准。警告函中包括以下内容:

①明确专利权人的身份,包括权利来源:是申请获得授权,还是转让获得授权,或者是经专利权人许可等情况。

②专利的具体情况,包括专利的名称、类型、获得权利的时间,专利的效力,专利权利的内容,公告授权的专利文件(包括专利证书、权利要求书、说明书、附图)。

③如果是实用新型,还包括国务院专利行政部门出具的检索报告,以及公司自行检索后的结论。

④被警告人侵权行为的具体情况(如制造,或销售,或许诺销售,或使

用），包括产品的名称、型号、价格等。

⑤将被指控的产品的技术特征予以简要归纳，并与专利权利要求进行比对，以明确被控产品落入专利保护范围。

⑥告知被警告人必须立即停止侵犯专利权的行为，并阐明被警告人所将要承担的法律责任，以及所依据的专利法及其实施细则的具体条款、相关司法解释的条款等。

（5）向法院申请"临时禁止令"。

经咨询专利律师，如有证据证明侵权人正在实施侵犯公司专利权的行为，并且如不及时制止将会使其合法权益受到难以弥补的损害的，则在起诉前向法院申请"临时禁止令"责令停止有关施害行为。

申请"临时禁止令"需要准备的材料除了公司享有专利权和侵权事实的证明，还需要提供一份详细、专业的技术分析报告或者由技术鉴定部门出具的专家意见书以及财产担保的证明材料。此外，应急小组需要对侵权人正在实施的侵权行为向法院作出说明，以便法院确信如不采取有关措施将给其合法权益造成难以弥补的损害。

（6）应急小组出面与侵权人沟通协商，看能否和解，如要求侵权人签订专利实施许可合同或专利转让合同。如和解不成，将采用行政处理或诉讼来解决纠纷。

（7）选择解决方式。

①由应急小组会同计划财务部，商讨选择交专利管理机关处理或通过法院诉讼解决，必要时可向司法部门报案。

②权衡应诉包括：诉讼金额、诉讼成功率、赔偿金额是否能挽回公司损失等。

③如果选择民事诉讼，科技发展部应积极配合专利律师的工作。

④不管采用哪种方式，应急小组都要积极准备所需的材料。

8.5.b 在产品宣传、销售、会展等商业活动前制定知识产权保护或风险规避方案。

在产品宣传、销售、会展等活动中，企业既可能面临侵权指控，也可能面临知识产权被侵犯，因此该风险预案中应当包括以上两种情况的内容。具体可以参考前文 7.4.1.b 以及 8.5.a 中的风险预案。

8.5.d 产品升级或市场环境发生变化时，及时进行跟踪调查，调整知识产权策略和风险规避方案，适时形成新的知识产权。

该条款主要是针对产品或者市场发生变化时，及时监控该变化，调整知识产权策略，此时的风险预案仍然可以参考前文 7.4.1.b 以及 8.5.a 中的风险预案，需要注意的是，当市场或者产品发生变化时，往往会产生新的知识产权，企业要及时获取。

第三类是风险准备。涉及条款为：6.3.d。

6.3.d 有条件的企业可设立知识产权风险准备金。

该条款是为了应对前面两类情况所提前准备的财务支持，而且《规范》中是说"有条件的企业可设立"，因此企业可以选择提前设立风险准备金，也可以选择在事情发生之后进行财务支持。

以上是对知识产权贯标过程中如何应对风险的说明，希望企业重视风险的预判、分析、处理工作，提升风险应对能力。

第十八章 企业贯标中知识产权海外预警工作如何落实

近年来，中国企业在海外销售或参展过程中遇到的知识产权纠纷越来越突出，尤其是知识产权制度措施比较严厉的国家，如美国、德国等，频频启动针对中国企业的"337调查"或各种严厉的知识产权惩罚措施。随着"一带一路"倡议的深入推进，"走出去"的企业将越来越多，知识产权风险尤其是海外知识产权风险将成为中国企业进军国际市场过程面临的迫切问题。

2016年《国务院关于新形势下加快知识产权强国建设的若干意见》中强调，要加强重点产业知识产权海外布局和风险防控，尤其是完善海外知识产权风险预警体系。

早在2014年，北京市知识产权局发布了《企业海外知识产权预警指导规程（北京）》（以下简称《规程》），《规程》对专利预警工作进行定义，指企业通过依靠自身或借助外部力量收集与企业自身产品或技术相关的专利动态信息，并进行有针对性的统计、分析，对专利风险进行警示和主动防范，更好地确定研究开发和产业发展方向。

《规程》对知识产权预警过程中（重点针对专利预警）的程序、侵权判定方法、风险规避与应对等进行详细描述，可以说，《规程》对企业开展海外知识产权预警工作提供了重要参考依据、方法指引和工作流程，也为大多数企业开展知识产权海外预警提供了工作指引。

同样，2013年实施的《企业知识产权管理规范》（以下简称《规范》）在多处对企业的知识产权风险防范进行识别和要求。《规范》7.4.3涉外贸易和8.5销售和售后两部分，对销售过程中（包括涉外贸易中）的知识产权风险防范工作进行明确要求。这两部分条款内容基本满足企业在海外知识产权预警中的工作内容。

7.4.3 涉外贸易

a) 向境外销售产品前,应调查目的地的知识产权法律、政策及其执行情况,了解行业相关诉讼,分析可能涉及的知识产权风险;

b) 向境外销售产品前,应适时在目的地进行知识产权申请、注册和登记;

c) 对向境外销售的涉及知识产权的产品可采取相应的边境保护措施。

8.5 销售和售后

销售和售后阶段的知识产权管理包括:

a) 产品销售前,对产品所涉及的知识产权状况进行全面审查和分析,制定知识产权保护和风险规避方案;

b) 在产品宣传、销售、会展等商业活动前制定知识产权保护或风险规避方案;

c) 建立产品销售市场监控程序,采取保护措施,及时跟踪和调查相关知识产权被侵权情况,建立和保持相关记录;

d) 产品升级或市场环境发生变化时,及时跟踪调查,调整知识产权策略和风险规避方案,适时形成新的知识产权。

从以上《规范》内容可以看出,《规范》针对海外预警工作的要求更加明确、全面和具体。

(1)《规范》中预警工作开展的情形更广泛。

与《规程》相比,《规范》要求产品在销售前,对产品所涉及的知识产权状况进行全面审查和分析,制定知识产权保护和风险规避方案。在产品宣传、销售、会展等商业活动前制定知识产权保护或风险规避方案。

(2)《规范》中预警工作的内容更全面。

与《规程》相比,《规范》除了对知识产权状况进行全面审查和分析外,还要求在向境外销售产品前,调查目的地的知识产权法律、政策和执行情况,了解行业相关诉讼,分析可能涉及的知识产权风险。向境外销售前,还应该对自身知识产权进行注册、申请和登记,在海关采取如海关备案等措施。《规范》比《规程》的工作内容要求更加全面和具体。

(3)《规范》中预警工作涉及的环节更完整。

与《规程》相比,《规范》在产品的研发设计、知识产权海外布局、销售前调查了解、边境措施的采取和应用、销售前全面审查与分析,保护和规避方案的设计、销售中跟踪调查被侵权情况,建立监控程序等整个链条和环节中均作了具体描述。

综上所述,全面落实好《规范》中7.4.3涉外贸易和8.5销售和售后及相关部分内容,对企业出口海外市场过程中知识产权风险防范将起到非常大的作用。

从目前《规范》的实施情况看,此部分内容属于实施中的难点,企业很难有合格的人员,将海外预警工作落到实处。如果不重视,从长远来看,企业将面临非常大的风险,属于影响企业发展的重点工作。因此,企业领导和贯标辅导人员应格外重视。建议政府和企业多从以下环节入手。

(1) 企业培养专门人才。知识产权人员应潜心学习知识产权尤其是专利分析研究等业务知识,结合企业产品和技术情况,熟练运用知识产权技能,全面开展包括海外预警在内的各项知识产权工作。

(2) 呼吁政府加强引导。部分地方政府(如北京市)针对海外预警工作有专门的项目资助和资金扶持,获得资助的项目,由知识产权服务机构承担具体工作。但企业需求多,资金和项目有限,对大多数企业来说,很难满足自身需要,因此政府应加强引导,从培训、政策、资金等方面多方面引导企业开展此项工作。

(3) 推广宣传典型案例。对中国企业遇到的海外纠纷案例,进行宣传报道,对成功的经验,总结典型模式,在区域内大力推广和应用,为其他企业提供借鉴。

(4) 扎实推行企业知识产权贯标。《规范》条款涉及和囊括了大部分企业的知识产权业务,企业在内部实施过程中应扎实推进,注重落实,实实在在进行贯标,力争将《规范》中包括7.4.3涉外贸易和8.5销售和售后在内的重点条款认真落实,防范各种知识产权风险,体现出贯标工作真正的价值和效果。

第十九章　企业贯标中商业秘密保护如何落实

我国1993年发布的《中华人民共和国反不正当竞争法》第10条第3款对商业秘密进行定义，商业秘密是指不为公众所知悉、能为权利人带来经济利益、具有实用性并经权利人采取保密措施的技术信息和经营信息。

其中的技术信息是指完整的技术方案、开发过程中的阶段性技术成果及取得的有价值的技术数据，也包括针对技术问题的技术诀窍等。经营信息是指经营策略、管理诀窍、客户名单、货源情报、投标标底等信息。

《中华人民共和国刑法》中也规定了侵犯商业秘密罪，是指以盗窃、利诱、胁迫、披露、擅自使用等不正当手段，侵犯商业秘密的，给商业秘密的权利人造成重大损失的行为。

通常情况下，商业秘密的构成要件包括以下几个方面：

（1）秘密性，指商业秘密不为公众所知悉。

（2）价值性，指有关信息具有现实的或者潜在的商业价值，能为权利人带来竞争优势。

（3）实用性，指该商业秘密是可以使用的，其使用本身和结果能够为社会带来经济上的价值。

（4）保密性，指权利人为防止信息泄露所采取的合理保护措施。有下列情形之一，在正常情况下足以防止信息泄露的，应当认定权利人采取了保密措施。

①限定涉密信息的知悉范围，只对必须知悉的人员告知其内容；

②对于涉密信息载体采取加锁等防范措施；

③在涉密信息的载体上标有保密标志；

④对于涉密信息采用密码或代码等；

⑤签订保密协议；

⑥对于涉密的机器、厂房、车间等场所限制来访者或者提出保密要求；

⑦确保信息秘密的其他合理措施。

近年来，商业秘密侵权案件频繁发生，对权利人不断造成巨大损失，2017年"老干妈"商业秘密泄露案引起广泛关注，历经3个多月的侦查，贵阳市公安局南明分局经侦大队将侵犯商业秘密的贾某抓获归案，该案涉案金额达千万元，业内不少专家撰文，假如"老干妈"进行了知识产权贯标会怎样？

的确，GB/T 29490—2013《企业知识产权管理规范》中对商业保密保护在多个条款做出明确要求。

4.2.2 文件控制

知识产权管理体系文件是企业实施知识产权管理的依据，应确保：

c) 按文件类别、秘密级别进行管理；

6.1.3 人事合同

通过劳动合同、劳务合同等方式对员工进行管理，约定知识产权权属、保密条款；明确发明创造人员享有的权利和负有的义务；必要时应约定竞业限制和补偿条款。

6.1.4 入职

对新入职员工进行适当的知识产权背景调查，以避免侵犯他人知识产权；对于研究开发等与知识产权关系密切的岗位，应要求新入职员工签署知识产权声明文件。

6.1.5 离职

对离职的员工进行相应的知识产权事项提醒；涉及核心知识产权的员工离职时，应签署离职知识产权协议或执行竞业限制协议。

7.6 保密

应编制形成文件的程序，以规定以下方面所需的控制：

a) 明确涉密人员，设定保密等级和接触权限；

b) 明确可能造成知识产权流失的设备，规定使用目的、人员和方式；

c) 明确涉密信息，规定保密等级、期限和传递、保存及销毁的要求；

d) 明确涉密区域，规定客户及参访人员活动范围等。

7.5b) 合同中约定知识产权权属、保密等内容；

8.3b) 做好供方信息、进货渠道、进价策略等信息资料的管理和保密工作。

应该说，《规范》中对商业秘密保护的要求属于基本要求，尽管如此，比起知识产权其他内容的要求，更加具体和全面。

《规范》中涉及人员入职前的知识产权背景调查、入职后知识产权权属及保密内容的约定、知识产权声明的签署、竞业限制条款的签订及执行、人员离职时知识产权事项的提醒、知识产权离职协议的签署等。

《规范》中还涉及企业涉密人员的确定、秘密等级的划分、接触权限的设定；保密设备的确定、保密设备的使用范围、人员、目的和方式；涉密信息的确定、保密等级、期限和传递、保存及销毁的要求；涉密区域的划定，客户及参访人员活动范围的划分；以及各类合同中保密条款的设定，供方信息、进货渠道、进价策略等信息资料的管理和保密，等等。

从以上条款和要求可以看出，认真落实《规范》中各项要求，对企业商业秘密的保护基本可以起到防范作用，出现商业秘密侵权事宜后，也可以第一时间拿出证据，运用法律武器维护自己的合法权益。

法律本身对保密措施的规定没有统一的要求和标准，只要采取了合理有效的保密措施即可。但随着高科技手段和技术的出现，侵犯商业秘密的方式不断升级，这就要求企业在商业秘密保护方面加大投入，采取更为有效的手段才能达到保护效果。通常情况下，在执行《规范》中保密相关条款时，主要从以下几方面着手。

（1）制定企业保密管理制度或保密管理控制程序。

通过制度或程序对整个企业的商业秘密进行管理规范，包括保密人员、保密设备、保密资料、保密区域、采取保密措施等内容。制度和程序应尽可能具有可操作性，避免执行过程中的随意性。

（2）确定涉密人员。

将企业高级研究开发人员、核心技术人员、主要经营管理人员、技术支持人员、核心技术工人、销售人员、财务人员、采购人员、秘书等确定为保密人员。

（3）与员工签订保密协议。

协议中要明确保密内容和范围、保密义务、保密责任、保密期限等，支付保密费用。

（4）确定可能造成知识产权流失的设备，规定使用目的、人员和方式。

将存储涉密信息的设备及介质、打印机、传真机、复印机、扫描仪、照相机、摄像机、移动终端、服务器等按照保密设备进行管理，规定使用人员、目的、方式与流通。内部计算机最好采用加密使用、专人管控等方式，并对涉密计算机进行严格管理，防止泄密。

（5）确定涉密资料，规定保密等级、期限和传递、保存及销毁要求。

对记载涉密内容的资料的收发、登记、借阅、复印及存放进行严格管理。

（6）明确涉密区域、规定客户及参访人员活动范围。

企业应将研发部门、财务部门、档案室、资料室、生产车间等部门确定为涉密区域，设置门禁卡、警示标志等，防止无关人员进入。对企业内部各个区域进行全面监控和管理。

（7）合同中全面落实保密条款或签署专门的保密协议。

在劳动合同、劳务合同、采购合同、技术开发合同、销售合同、咨询服务、知识产权申请等各类合同中全面落实保密条款或签署专门的保密协议，如有可能，尽量在所有合同中，将保密内容作为必要条款，在合同中签署。

（8）与离职员工签订离职协议或执行竞业限制协议。

对离职的员工进行相应的知识产权事项提醒；涉及核心知识产权的员工离职时，应签署离职知识产权协议或执行竞业限制协议。

除以上措施外，还应该采取以下措施作为辅助手段。

（1）加强保密培训。

经常对员工进行保密培训和训练，对商业秘密侵权尤其是涉及刑事案件的商业秘密侵权典型案例，采用各种方式在企业内部进行宣传培训，明确利害关系。

（2）要求合作伙伴建立商业秘密保护制度。

对外合作中，要求各合作伙伴建立起商业秘密保护制度，明确提出保密要求,防止其管理不善,造成技术秘密或经营信息的泄露,要求其对接触到的商业秘密资料承诺采取保密措施,必要时,对合作方的商业秘密保护水平和能力进行评价,评估可能的风险。

(3) 赏罚分明。

在企业管理制度中明确规定商业秘密奖惩制度,对执行得力的人员和部门进行奖励,对保护不力者进行惩罚,对造成损失者进行追偿。

总之,与专利、商标制度相比,商业秘密保护属于私力保护,这种保护方式本身很脆弱,需要具备健全的管理制度、采取严格的保密措施、具备较高的管理水平或者基于对掌握商业秘密者高度的信任才有可能达到理想保密效果。如果以上条件很难满足的,就要慎重采取这种保护方式。否则,一旦出现泄密事件,会给企业造成难以弥补的损失。相信随着越来越多的企业加入知识产权贯标行列,企业商业秘密保护意识和保护水平将大大提升,企业知识产权保护能力和水平也将上升到一个新的台阶。

第二十章 企业贯标中重大专项知识产权风险分析评议工作如何落实

一、重大专项知识产权风险分析评议工作简介

近年来，重大专项知识产权风险分析评议工作在全国各地得到推广应用。这项工作旨在针对重大产业规划、政府重大投资活动等开展知识产权评议，为政府决策、企业参与市场竞争提供咨询建议和应对策略，规避知识产权风险。

分析评议的主要对象是重大国有资产参与的项目或是涉及与国家经济命脉相关的重点技术领域。对此类重大专项进行知识产权风险分析，目的在于确认项目中以下问题：

（1）项目在技术上实施的可行性。

（2）项目是否具备自主知识产权。

（3）项目是否存在潜在的知识产权风险。

（4）为项目的顺利实施提供准确及时的知识产权建议。

分析评议的主要内容应当包括：

（1）项目相关的技术领域专利现状分析。

（2）重大专项的知识产权现状分析。

（3）国外主要竞争对手在我国的专利布局。

（4）重大专项中知识产权风险等级判定等。

在风险等级判定环节，应当将重大专项中所采用技术或产品列为研究对象，并将研究对象与现有相关专利的权利要求进行比较，主要依据专利侵权判

定过程中的全面覆盖原则和等同原则，判定是否存在侵权风险的分析方法。

判定结论为以下五种：

（1）高风险等级。

（2）中度风险等级。

（3）低风险等级。

（4）无风险等级。

（5）暂时无法明确风险等级。

通过以上分析可以看出，重大分析评议活动主要解决的是项目从知识产权角度分析评议，能不能开展，立项后会面临何种知识产权风险，风险大小如何。评议最终目标是对新项目立项前有无风险进行预判。

二、《企业知识产权管理规范》要求

在《规范》中，8.1 立项条款对立项阶段的知识产权管理明确了以下内容：

8.1a）分析该项目所涉及的知识产权信息，包括各关键技术的专利数量、地域分布和专利权人信息等；

8.1b）通过知识产权分析与市场调研相结合，明确该产品潜在的合作伙伴和竞争对手；

8.1c）进行知识产权风险评估，并将评估结果、防范预案作为项目立项与整体预算的依据。

从规范的要求来看，在分析和识别上与重大分析评议活动的要求基本一致，都要求进行专利分析，都要进行知识产权风险识别。

但是，二者还存在以下区别：

（1）《规范》8.1b）条款内容比重大分析评议活动中的要求还更进一步，要"通过知识产权分析与市场调研相结合，明确该产品潜在的合作伙伴和竞争对手"，即除了现状分析、对手分析、行业分析，还要将未来潜在的合作伙伴和竞争对手明确提取出来。

（2）《规范》8.1c）条款要求将评估结果、防范预案作为项目立项与整体预算的依据，这一点也比重大分析评议活动中的要求更进一步。

（3）重大分析评议主要针对的是重大国有资产参与的项目或是涉及与国家经济命脉相关的重点技术领域，而贯标中要求所有的贯标企业，只要涉及新项目立项的，必须要实施这项工作。所涉及企业和项目的范围比分析评议项目更宽泛。

综上所述，《规范》对该部分内容的要求比重比分析评议活动中的要求更进一步，更有针对性。不仅要找出并识别风险，还要明确未来潜在的合作伙伴和竞争对手，并且将评估结果、防范预案作为项目立项与整体预算的依据。

从《规范》目前的实施情况来看，该部分要求对企业大有裨益。但恰恰此类工作在贯标中属于难点，也属于影响企业发展全局的重点工作，因此需要贯标辅导人员和企业负责知识产权工作的人员格外重视和深入研究。此外，还应从以下几方面加强工作：

（1）政府应该加强对分析评议工作的引导和培训，把检索分析、信息利用、风险识别能力的提高作为培训工作重点。

（2）政府在资助方向和引导资金上，应该把分析评议工作作为重点，一方面，通过实施项目，解决重大国有资产参与的项目或涉及与国家经济命脉相关的重点技术领域项目投资立项中的风险，另一方面，通过项目带动更多的企业和人员参与进来，提高分析评议能力，养成规避风险的意识。

（3）企业培养专门人才，熟练掌握分析评议技巧和能力，在评议分析和风险识别时，尽量邀请企业负责人、市场部负责人、技术专家、知识产权负责人、专利代理人、律师等共同参与，同时，企业结合贯标工作，将《规范》中包括 8.1 在内的条款逐项融入日常管理，争取为企业降低风险，防范风险。

（4）各方共同探索出便捷有效的分析评议工作的机制和典型案例，形成可以复制或推广的模式，供更多企业学习应用。

第二十一章　企业贯标中信息资源利用工作如何落实

大数据时代，任何企业和组织都是万家互联、万物相关，完全忽略外界信息资源的获取或利用、闭门造车，很难获得持续生存发展的机会。技术的发展日新月异，企业面临的竞争也空前加剧，及时准确得到包括知识产权信息在内的竞争情报，是企业能否长期获得市场竞争优势的关键所在。

知识产权工作基础较好的企业通常有专门的机构和人员，会定期针对同行业、竞争对手、合作伙伴等进行知识产权信息跟踪和监控，发现有价值的信息会及时反馈给相应部门或企业领导，以便调整竞争策略或提前应对，但大多数企业不重视知识产权工作，没有专门机构、人员、工作内容、考核指标、管理制度和经费预算，导致企业知识产权工作停滞不前，毫无工作效果，当危机出现时，企业上下或乱作一团、病急乱投医，或束手无策、坐以待毙，吃过大亏之后，才幡然醒悟，对知识产权工作加倍重视。有些企业却没有这么幸运，在遭受重创之后元气大伤，从此一蹶不振。

2013年实施的GB/T 29490—2013《企业知识产权管理规范》在6.4条款，对企业信息资源工作提出明确的要求：

6.4　信息资源

应编制形成文件的程序，以规定以下方面所需的控制：

a) 建立信息收集渠道，及时获取所属领域、竞争对手的知识产权信息；

b) 对信息进行分类筛选和分析加工，并加以有效利用；

c) 在对外信息发布之前进行相应审批；

d) 有条件的企业可建立知识产权信息数据库，并有效维护和及时更新。

该条款在实施过程中，有以下要求。

首先，要建立信息收集渠道，及时获取所属领域、竞争对手、合作伙伴等的知识产权信息。这里的信息包括企业内部知识产权信息和外部知识产权信息。

内部信息包括以下几点：

（1）企业拥有的专利、商标、版权、商业秘密权等各种类型的知识产权信息。

（2）企业拥有的专利权、商标权等知识产权的转让、许可、质押、诉讼等信息。

（3）企业内部各类知识产权合同情况信息等。

（4）其他与企业知识产权相关的信息，如获得知识产权荣誉称号、政府知识产权项目资助等。

外部信息包括以下几点：

（1）国家、地方有关知识产权的法律、法规和政策措施。

（2）国内外相关专利文献、商标数据库、科技文献、图书期刊、报刊、网站等记载的与企业生产经营相关的技术信息。

（3）竞争对手及其产品技术信息。

（4）行业知识产权案例等。

信息收集要建立固定的收集渠道，比如商标专利官方公告、国家或地方知识产权管理部门网站、知识产权法院网站、知识产权信息搜索网站、专利数据库或期刊文献库、行业门户网站、知识产权相关公众号、竞争对手或合作伙伴网站或公众号等，在初期可以选定一些常用的渠道，随着搜索经验的丰富，不断添加更多有用或更符合企业、行业特点的收集渠道。

其次，要对信息进行分类筛选和分析加工，并加以有效利用。收集信息的目的是供企业竞争或决策使用，所以对收集来的初级信息，需要核实真伪和确保来源可靠，同时需要分门别类、按照不同的分析统计方法进行加工，加工成有用的、企业一般人员能够看明白的信息。比如搜集到某竞争对手一项专利在国外刚刚授权，通过对权利要求书和说明书的阅读，发现企业产品落入对方专利保护范围，这时，就需要对专利文本关键内容进行翻译，对权利要求进行描述，甚至要做好技术特征的对比分析，以便企业不熟悉专利和技术的人员和企业领导能一目了然。

再次，要求企业对外信息发布之前进行相应审批。

知识产权信息属于竞争情报中的重要信息，在对外发布前需要进行审批。如员工论文的发表、宣传册的印制、网站、公众号的宣传、参加展会等需要对外发布的知识产权信息均应由相关部门审批，审批主要内容包括发布信息是否侵权、是否会泄露企业秘密、是否涉及虚假宣传等，并形成审批记录。

最后，规范要求有条件的企业可建立知识产权信息数据库，并有效维护和及时更新。大多数知识产权信息具有时效性，企业应对收集的信息及时进行分类筛选和分析，对失效的信息应定期剔除，对有用的新信息应及时更新和补充。

除了6.4条款外，在《规范》其他部分也提出与信息资源收集相关的要求，这些条款相互呼应，相辅相成，共同成为企业知识产权管理体系不可或缺的组成部分。具体如下。

7.4.3 涉外贸易

a) 向境外销售产品前，应调查目的地的知识产权法律、政策及其执行情况，了解行业相关诉讼，分析可能涉及的知识产权风险；

8.1 立项

a) 分析该项目所涉及的知识产权信息，包括各关键技术的专利数量、地域分布和专利权人信息等；

8.2 研究开发

a) 对该领域知识产权信息、相关文献及其他公开信息进行检索，对项目的技术发展状况、知识产权状况和竞争对手状况等进行分析；

b) 跟踪与监控研究开发活动中的知识产权，适时调整研究开发策略和内容，避免或降低知识产权侵权风险；

8.5 销售和售后

c) 建立产品销售市场监控程序，采取保护措施，及时跟踪和调查相关知识产权被侵权情况，建立和保持相关记录。

企业要想做好信息资源收集和利用工作，需要配备专门的人员，对人员的技能和工作内容提出明确要求，尤其是在跟踪竞争对手或行业技术信息时，需要人员具备专业技术、检索分析能力和英文阅读翻译能力，只有这样的人员，才能满足本职工作的需要。

同时，要有相应的规章制度或操作程序做保证，定期进行考核，要求负责人员具备敏锐的辨识力、高度的责任感，能准确及时从海量信息中搜索、提取到与企业相关的知识产权信息，经过分析加工后及时反馈给企业。

"千里之堤，溃于蚁穴；九层之台，起于垒土"。每一份得失的背后，是企业日复一日坚持不懈的努力。知识产权信息资源的收集和利用，就是这样一项需要长期坚持下去的工作，只有坚持做下去，企业才会在竞争中知己知彼，百战不殆。

第二十二章 企业贯标中"互联网+"的应用

2013年国家正式发布《企业知识产权管理规范》标准（以下简称《规范》），《规范》发布后，全国有2万多家企业参与贯标工作，500多家服务机构参与辅导工作，4 000多家企业拿到第三方认证机构的证书，全国30个省市区不同程度出台资助、奖励的政策，很多省市将是否通过《规范》与项目申报、获得奖励等挂钩，从国家到地方，从政府到企业，快速推进，这项工作在企业也获得较好的效果，取得较高的评价。大多数企业通过建立《规范》体系，防范风险，增加知识产权的产出，知识产权管理得到全面、系统规范，企业竞争力得到提高，越来越多的企业正在自发地开始启动此项工作。

而作为贯标辅导机构，将面临新的机会和挑战，如何提高辅导人员水平、获得更多机会、增加在该业务领域的竞争力，成为众多知识产权服务机构面临的问题，本章结合目前知识产权行业的"互联网+"趋势，谈谈企业知识产权贯标与"互联网+"如何结合。

一、知识产权行业的"互联网+"

知识产权行业出现大量新兴的亲近互联网的公司。其中主要的以知果果、权大师、来注标、标博士、安盾网、标天下、知夫子等公司较为典型，一些老牌的知识产权机构也尝试与互联网发生关系，采用互联网的形式进行营销。这些公司主要的营销模式是利用互联网，通过网络推广、手机APP、微信、互联网行业资讯等各种渠道，前期以免费或极低的价格吸引客户，以最快的速度聚拢用户需求，形成品牌效应，在用户达到规模后，启动以商标注册、专利申请为代表的"线下+面对面"知识产权服务,部分或全部在线化,最终达到与用户深度合作的目的。

不难看出,此类模式主要针对商标注册、商标买卖、专利申请尤其是外观新型、版权登记等工作,内容不甚复杂、流程相对简单、服务成本相对较低的低端业务,很少或者几乎没有看到哪家机构对专利分析、PCT申请、无效诉讼和贯标等复杂知识产权业务进行免费或极低价格代理,而且所谓的免费或低价格,是指代理费,官费绝不会免费或打折的,其实是用免费或低价的噱头,吸引大量潜在的客户,"醉翁之意"不在免费服务上。

二、知识产权服务特点

(一)知识产权服务特点

知识产权服务主要存在以下特点:

(1)个性化需求多,在服务过程中无法通过一套标准满足所有服务需求。

(2)服务专业性强,服务的提供主要靠智力劳动来提供服务,且大多时候,客户看中的正是这种个性化的特定服务。

(3)人员成本较高,不论是营销人员的服务成本还是服务过程中专业人员的服务成本,甚至是案件管理人员的服务成本,都无法批量化,成本相对较高。这几个特点加起来,决定了知识产权服务很难在短时间内大规模地快速复制和推广。

(二)知识产权贯标服务特点

知识产权贯标服务作为知识产权行业的一项新型业务,从第一部规范的发布到现在,仅有几年的时间,对于大多数企业来说,较为陌生,对于贯标辅导人员来说,是一项新的具有挑战性的工作。贯标工作与知识产权其他工作相比,存在以下特点:

(1)贯标工作对辅导人员的要求高;贯标工作中辅导人员要提供培训、诊断、编写文件、宣贯、指导体系运行、协助内审、管理评审、协助准备外审资料等服务。既要有良好的表达能力，又要具备协调组织能力，还要对质量体系等多个体系相对熟悉，最主要的是要对企业的知识产权管理和内在需求非常了解。

（2）辅导工作周期长，通常一个贯标辅导项目从启动到验收完成，需要6~12个月，甚至更长。

（3）贯标中体系建设需要量体裁衣，每一家企业的业务重点、销售区域、业务范围、规模大小、人员结构、企业发展阶段不同，对贯标工作的要求也不同，无法用一套标准规范所有企业。

（4）贯标环节较为复杂，贯标的环节分为启动、诊断、体系建立、运行、审核、监督审核等多个环节，且环环相扣。

（5）认证过程中重视现场证据和实际运行情况查看，内审、管理评审和外部审核认证过程中，审核的重点是运行记录和相关证据收集，而证据的来源，产生的方式都是具体的，问题也是多样化的，无法通过标准化、互联网方式一次性完成。

三、知识产权贯标与"互联网+"

从以上分析来看，在知识产权贯标业务上，很难通过"互联网+"的标准化方式完成，也就决定了"互联网+"在贯标具体业务很难全面推行。当然，在贯标过程中，可以从以下方面亲近互联网，可达到事半功倍的效果。

（一）在贯标业务的促成方面

贯标工作虽然只开展了三四年，但大多数知识产权服务机构都看到了这项业务巨大的发展空间，目前全国有500多家服务机构开展此项工作，在业务开拓方面存在竞争。各家服务机构在开拓业务过程中，可以通过互联网的方式进行营销，在自我营销、实力展示、案例宣传等方面互联网完全可以大显身手。

（二）在贯标前期交流过程中信息的搜集和整理方面

成功谈成一单贯标业务，需要多次的沟通和洽谈，有些企业还需要招投标，在洽谈交流之前,如果能借助互联网渠道,尽可能多了解客户基本信息、详细信息、基本要求和竞争情报等,在洽谈和合同谈判中就能知己知彼,提高成功率。

(三) 启动会召开时可借助互联网

贯标启动会要求公司领导、全公司各部门负责人、知识产权联络人员等均要参加,而很多公司规模较大,多场地、异地经营,从四面八方来参加启动会存在诸多不便,这种情况可以使用网络会议、视频会议等互联网工具,召开会议,传递会议精神,启动贯标工作,达到良好效果。

(四) 贯标过程中的检索

规范要求建立信息资源控制程序、专利申请前检索分析、立项和研发前、中、后检索分析、产品销售前检索分析预警制度,这些规范条款的应用和实施,必须依赖互联网数据检索分析,这些工作的开展与互联网无法割裂,所以在贯标过程中,需要培养出合格的检索人员。

(五) 贯标过程中的远程诊断、文件处理和过程控制

贯标辅导机构不属于企业的内部人员,与企业人员交流时在空间上存在障碍,因此,不可能每一个环节辅导人员都能亲临现场面对面互动,尤其是距离较为遥远的人员,成本会很高,但贯标工作对辅导人员的依赖程度较其他业务而言,又比较强。在这种情况下,如果有贯标的辅助交流软件、平台或有一些能够模板化或固化的方式协助企业,将会事半功倍。目前,也有个别服务机构推出了贯标软件,将文件处理与检索分析、数据监控结合在一起,为顺利完成辅导工作提供帮助,值得继续推广和完善。

除以上环节外,贯标文件的发放学习,典型案例的搜集和宣传,体系文件的沟通和交流,都可以借助互联网,尤其是部门和人员众多的单位,通过网络传递可以事半功倍地圆满完成贯标工作。

通过以上过程可以看出,知识产权管理规范贯标工作是一项系统性、专业性和复杂性很强的工作,其主要的工作是通过个性化的辅导为企业量体裁衣,基本上很难完全仅仅通过软件和互联网完成贯标工作。

明白了贯标与"互联网+"的亲疏远近,也就能在不同的环节,借助"互联网+",进行科学化、合理化的辅导,最终使体系建设圆满完成。

知识产权服务行业的互联网化是一种趋势,但还有很长的一段路要走,很多机构和人员都在摸索过程中,相信未来都有机会和空间,知识产权贯标工作其实也一样。

第二十三章 企业贯标中审核相关实务

自2013年《企业知识产权管理规范》在全国推广实施以来，全国万余家企业建立了知识产权管理体系，在知识产权管理方取得显著进展。下面结合工作实践，对企业在知识产权体系构建、运行、实施方面存在的共性及较为常见的问题进行梳理，并结合实例总结剖析。

一、知识产权贯标工作对企业的直接作用和影响

在参与认证审核工作与企业深度接触的过程中，笔者明显能感受到企业知识产权意识的提升，不仅是研发人员对知识产权有所了解，一些企业的管理层也开始关注知识产权对企业经营的重要作用，尤其是生物制药等知识产权依赖度高的企业，开始建立自己的知识产权部，有专门的知识产权工作人员并且具备一定的专利检索分析水平。对于企业知识产权管理水平有直接影响的，具体体现在以下两方面。

（1）摸清企业知识产权状况、明确知识产权战略和目标。大部分企业拥有知识产权，能够理解知识产权是创新能力的标志，但缺乏对知识产权的宏观管理，存在为了申请而申请，没有从制度层面制定计划和目标。不少企业是在辅导机构的帮助下，借助贯标工作，对自身创新能力进行评估和总结，并依此制定出符合生产经营实际的知识产权战略目标。

（2）建立符合企业生产经营特点和发展水平的知识产权管理体系和工作机制。从"想管理不知从何下手"到"依据标准管理"，企业知识产权工作从"无人知晓"到"专人负责"，参与贯标工作的企业通过体系文件的建立和控制程序的梳理，首先在制度层面上建立起知识产权管理体系和工作机制，为日

后的知识产权工作打好基础。

二、企业在知识产权贯标中存在的突出问题

企业知识产权管理有明显提升的同时，在体系构建层面和运行层面仍存在一些问题，此部分结合实例进行梳理。

（一）体系构建层面

（1）过于依赖辅导机构，体系文件与企业实际结合不够紧密。将体系文件的建立完全交给辅导机构，没有与企业实际相结合，导致体系文件的建立模板化、同质化，与企业生产经营的实际不符，在一定程度上，出现控制程序中要求的流程与实际操作相距甚远的现象。

（2）最高管理层参与不够。个别企业的最高管理层将贯标工作全部交给管理者代表，对企业知识产权管理规范中要求最高管理层的职责了解不够，停留在只需签字的认识层面。在现场审核中，遇到最高管理层不了解贯标工作的现象。

（3）贯标工作牵头部门组织形式多种多样，水平参差不齐。知识产权部是贯标工作主要负责的部门，目前大部分企业还未设置独立的知识产权部，多是设置在研发部内，但也存在将知识产权部设置在总经办、行政部的情况，不同部门与知识产权工作结合的程度不同，导致对贯标工作的理解和体会也各不相同，间接影响了贯标工作在企业内部的执行贯彻情况。

（二）体系运行实施层面

1. 知识产权信息的实际利用还未完全满足规范要求

在《企业知识产权管理规范》中明确提到知识产权信息❶共有 6.4a）、8.1a）、8.2a）、8.3a）4 个条款，涉及知识产权信息利用的有 6.4b）、7.1b）、

---

❶ 知识产权信息一般指专利、商标、版权等知识产权主体、客体、法律、经济及技术特征的信息。

7.3.3a)、7.4.3a)、8.1b)、8.2b)、8.5a) 7个条款。知识产权信息与知识产权信息的利用，存在先收集再利用这样一个逻辑关系，"建立信息收集渠道"是基础，在建立收集渠道、明确收集方法的基础上，再根据不同环节的要求进行不同程度的加工利用，才能达到规范的要求。在现场审核中，时常发生企业"一个检索报告应付不同条款审核"的情况，究其根本的原因，一方面是企业对条款的理解不到位，不明白各个环节中知识产权信息收集利用需要侧重的方面，未能将实际生产经营和知识产权信息真正有机结合。例如，在立项和研发阶段的信息收集要求是不同的，立项环节侧重于对项目可行性和风险的预判，要求关注关键技术的专利数量、地域分布以及专利权人信息，通过分析了解潜在的合作伙伴和竞争对手，并对风险进行评估；而研发环节则更注重整个研发过程的稳定性和安全性，因此不仅局限于对知识产权信息的收集，而且要求对相关文献和公开信息进行综合分析，更加全面地对相关信息进行梳理，通过梳理知识产权规划，明确可能通过研发在知识产权领域达到的目标。

另一方面是企业知识产权信息实务性人才的匮乏，只有极少数的企业拥有能够完全满足规范中要求的信息利用水平。部分企业由研发人员从事检索分析工作，检索技能较为简单，通常用 1~2 个中文关键词即完成检索，范围和精准度均不够；部分企业将该项工作委托给知识产权服务机构，在一定程度上完成了规范中所要求的工作，但更多的是就技术谈技术，与市场、经济、法律相结合的少。

【例1】某受审核方在立项阶段的检索报告中，仅给出 2 篇国内专利文献，得出"通过检索，具有创新性，不存在侵权风险"的结论，没有开展有效的立项阶段检索。

【例2】某受审核方在研发阶段的检索分析报告与立项阶段的检索分析报告完全一致，未能体现出在研发阶段定期、有效的分析过程，也未对技术发展状况、知识产权状况和竞争对手状况做相应要求的分析。

2. 合同风险防控环节仍有较大漏洞

《企业知识产权管理规范》涉及合同条款的部分主要包括，6.1.3 人事合同、7.5a) 合同知识产权条款审查、7.5b) 知识产权对外委托业务合同、7.5c) 委托开发、合作开发合同、8.3c) 采购合同、8.4b) 外协生产合同6大类，在现场审核对企业合同的抽查中发现，大部分企业在贯标工作前都认为知识产权是研发部门的事情，是技术层面的事情，未认识到知识产权在生产经营甚至人力资源、财务资源等层面的作用，因此也就忽视在合同中的知识产权管理，造成隐患。部分企业的风险防控环节还存在漏洞，对于不同类型合同所要求约定的知识产权内容，还不能够全面理解，还存在"有保密条款就足够了""一个合同模版适用于所有商业活动""认为许可使用范围的约定没有必要"等观念。

需要强调的是，《规范》对不同类型合同所要求约定的内容，具有不同和侧重，在委托开发、合作开发时，规范强调"许可及利益分配，后续改进的权属和使用"，采购合同和外协生产合同则强调"许可使用范围"，部分企业目前在合同审核方面缺乏专门的法务人员，合同约定较为笼统，既不符合规范的要求，也存在很大的潜在风险。因此，这几个条款也成了在现场审核中不符合项较为集中的部分。

【例1】某受审核方委外加工协议，仅泛泛写到"供方保证提供的产品不侵犯他人知识产权，凡涉及知识产权问题纠纷，由供方承担责任"。

【例2】某受审核方与知识产权代理公司基于信任长期合作，无任何代理委托协议，每次具体业务均是以口头约定进行。

【例3】某受审核方与某研究所开展委托开发，在协议中仅约定知识产权权属和利益分配，但对知识产权许可及后续改进的权属和使用均未涉及。

3. 忽视相关法律法规❶和企业体系文件❷

部分企业仅以"知识产权管理手册"为依据，在实际运行中忽视了企业知识产权管理体系审核的依据还包括相关法律法规和企业体系文件，具体表现为实际运行和法律法规相冲突或者完全与企业体系文件不符。

【例1】某受审核方员工签订的竞业限制协议为3年甚至更长的情况，不符合最新《劳动合同法》第24条"在解除或终止劳动合同后，前款规定的人

---

❶ 审核过程中所指的相关法律法规（包括但不限于）是指专利法、著作权法、商标法、劳动合同法等与企业生产经营相关的法律法规。

❷ 体系文件是指包括知识产权手册在内的按照《企业知识产权管理规范》4.2.1c)条款要求形成文件的程序和记录，是企业实际运行知识产权管理体系的依据文件之一。

员到与本单位生产或者经营同类产品、从事同类业务的有竞争关系的其他用人单位，或者自己开业生产或者经营同类产品、从事同类业务的敬业限制期限，不得超过二年"的规定。

【例2】某受审核方在知识产权管理手册中规定，发明人享有署名的权利，但在体系运行的时间范围内，仍仅署名企业负责人，实际发明人的署名的权利无法保障。署名权是专利法赋予发明人的权利，也是确定奖励和报酬的依据，但此种情况在审核中时常可见，不符合《专利法》第17条，"发明人或者设计人有权在专利文件中写明自己是发明人或者设计人"的规定。

【例3】某受审核方在《文件控制程序》中明确规定了知识产权管理体系文件在发布前需要经过审核和批准的详细流程，在实际运行中文件的发布却未按照规定的流程进行审批，甚至缺失审批的记录。

三、体系运行环节存在问题的解决对策

关于体系构建方面存在的问题，企业内部重视与组织架构的调整是解决问题的关键，下面围绕上述提到的体系运行环节常见的实务性问题，从达到《规范》要求的角度，提出解决对策。

（一）企业知识产权信息利用工作如何有效开展

（1）从企业内部信息利用的组织架构上改善。在大部分企业还不具备设置独立知识产权部门时，将知识产权部内设在研发部门是比较科学的，因为研发部门是知识产权的直接产出部门，在对知识产权信息利用中也更为频繁。建议企业在体系构建过程中成立知识产权信息分析小组，由相关涉及的知识产权部、采购部、销售部人员组成，固定检索人员负责检索式的构建、数据的去噪和整理，分析人员由各部门人员负责，根据规范中的不同要求进行分析，在分析时一定要"扣题"，切勿忽略规范所要求的任何一点内容。

（2）从提高自身专利信息利用水平上改善。在知识产权培训中强化信息利用的同时，积极参与地方知识产权管理机构组织的专利信息利用相关培训。

(二) 知识产权合同条款究竟该怎么拟定

对于采购合同、对外协作合同中要求的"许可使用范围",可以考虑添加"未经甲方许可,乙方不得以任何形式使用甲方具有知识产权的模具、技术参数、工艺为第三方生产、销售产品""甲方提供具有知识产权技术资料给乙方的,乙方仅可在订购产品上使用,未经甲方书面许可,乙方不得自行复制或向第三方转让""合同中产品涉及的商标归甲方所有,乙方不得擅自改变,也不得在本合同产品范围外使用甲方的注册商标"的条款;对于委托开发、合作开发合同要求的条款,可参考科技部技术开发(委托)合同范本。

(三) 如何做到兼顾相关法律法规和体系文件

(1)《规范》5.3.3 条款中对法律及时更新,确保传达给员工,尤其是在进行合同拟定、规章制度出台、对外发布文件的环节中,注意到相关法律法规的要求,另外最高管理者是法律该项工作的第一责任人,对于法律更新和传达环节进行监督,确保有效且传达到每名员工。

(2)可利用"北大法意""法律家"等专业法律法规查询网站,查询最新的、权威的正式法律条文,避免出现使用老旧版本或者征求意见版本。

(3)在进行知识产权贯标培训中,强调体系文件与知识产权管理手册要求一并学习,要求各部门按照体系文件开展相关工作。

第二十四章　企业贯标中管理者代表的作用和意义

2017年3月，笔者接到一家企业（X企业）电话，说该企业的知识产权管理者代表准备换人，请我们去进行辅导。首先介绍一下这个X企业，该企业2016年6月开始策划贯标，原定计划8月体系文件编制完成并开始实施运行，实际丁12月体系开始运行。选择管理者代表时，笔者将选择管理者代表时的条件告知企业，但企业并没有全面考虑，选择的知识产权体系管理者代表是公司的生产副总，主管生产，未涉及知识产权方面工作，对知识产权工作也不太了解。而办公室和研发中心是主要管理知识产权的部门，由总经理直接管理。上届管理者代表被任命后，主持召开启动会，但并未邀请最高管理者参加，沟通中他认为自己可以起到总经理在启动会上的作用，实际上，他虽已被任命管理者代表，但启动会的召开并没有引起员工对此事的太大重视。后来在贯标过程中，他基本未参与，也未对知识产权贯标过程进行督促和监督，事情都交由办公室来做，而办公室对于本部门工作还可以应付，对于其他部门的协调和任务就无法顺利完成，从而导致贯标工作难以按照计划推进。此次更换管理者代表的主要原因是前任管代工作太忙，根本无暇顾及此项工作。更换管理者代表时，两任管理者代表之间未进行知识产权相关工作交接，新任管理者代表不清楚该做哪些工作，如何去做，导致体系处于瘫痪状态，无人监管。

以上这个企业的贯标工作没有及时完成主要是管理者代表没有尽到应有的职责，最根本原因是他们没有选择合适的管理者代表，并且管理者代表在后续的工作中没有履行自己的职责。经过实际了解，得知问题主要表现在：选定的管理者代表太忙，没时间参与知识产权管理体系管理工作；对知识产权了解太少，知识产权意识薄弱；不了解知识产权贯标工作；不明白自己的职责，从而没有很好地履行其职责；更换管理者代表时未进行交接工作，没有对新任管理者代表就知识产权体系方面的职责进行沟通等。

那么，管理者代表应该做何工作，也就是其具体职责是什么？管理者代表到底在知识产权管理体系中扮演何种角色，他的作用和意义是什么？如何选择合适的管理者代表？如何才能扮演好管理者代表这个角色？结合笔者的工作经历和经验，简要概之。

一、管理者代表的职责

企业的最高管理者负责的事情是多方面的，包括企业的经营、市场、财务以及日常等，想把精力放在管理体系上是不现实的，其对管理体系只能做到贯彻领导作用，但是最高管理者的支持是必须的。这种情况下，企业就需要有人来代替最高管理者负责这方面的工作，而这个人就是管理者代表。那么，管理者代表在知识产权体系中具体职责有哪些？《企业知识产权管理规范》5.4.1条款是这样描述的：

最高管理者应在企业最高管理层中指定专人作为管理者代表，授权其承担以下职责：

a) 确保知识产权管理体系的建立、实施和保持；
b) 向最高管理者报告知识产权管理绩效和改进需求；
c) 确保全体员工对知识产权方针和目标的理解；
d) 落实知识产权管理体系运行和改进需要的各项资源；
e) 确保知识产权外部沟通的有效性。

根据上述的职责描述，可知管理者代表的职责包括以上五方面内容。

从职责中可知，管理者代表在知识产权管理体系中的作用是至关重要、不可或缺的。管理者代表的任命是企业知识产权体系建立、顺利运行的一个重要因素，发挥好管理者代表的作用可以使企业的知识产权管理体系能够顺利、有效地开展和运行。既然管理者代表的作用和意义如此重大，如何选择合适的管理者代表就显得尤为关键。

二、如何选择合适的管理者代表

选择管理者代表可从以下方面考虑。

(1) 管理者代表由最高管理者来指定，并应是最高管理层中的人员，因为一般只有最高管理层中的人员才有足够的权限推动体系的进展、协调各部门的工作，而由最高管理者来指定，以便确保其能够胜任，并给予相应的权限。选择管理者代表时，应考虑学历、经历或是经验、专业等因素，应是能够胜任的。

(2) 了解知识产权相关知识和知识产权体系。知识产权管理者代表，首先应对知识产权和知识产权体系知识有一定的了解，才能在知识产权管理工作中给予指导，才能把工作做好。一个不懂知识产权又不懂知识产权体系的管理人员是不能胜任的，除非采取一些措施，比如培训。一般管理者代表由高层中对知识产权负责的管理人员承担，视企业具体情况而定。

(3) 通常企业中的管理者代表可能同时具有其他方面的职责，但这些职责不能影响管理者代表履行在知识产权体系方面的职责。也就是说，其能够确保管理者代表应有的职责得到落实。

(4) 有足够的协调能力和权限。能够协调涉及知识产权管理体系的各相关职能部门做好知识管理工作，协调管理和推动整个知识产权管理体系的正常工作。

(5) 对于拥有一个以上的现场（或场所）的组织来说，可以委派每个区域管理者代表，但是应有总的管理者代表，并对组织的整个管理体系负责。

被任命的人员本身负有自己的工作，并受自身教育、经验等的限制，不一定符合管理者代表的要求，而企业又没有第二人选，这种情况下，需要采取措施来确保管理者代表能够符合要求，比如教育、培训，又比如工作上的调整，等等。

三、如何做好管理者代表

选择合适的管理者代表固然重要，做好管理者代表应有的工作也很重要。

知识产权管理工作是与企业管理紧密联系的，很难分离，所以管理者代表应密切地参与此项工作。笔者认为企业可以从以下方面着手做好管理者代表：

（1）提高全员意识。在最高管理者的支持下，组织做好内部知识产权意识培训工作，通过培训、会议、文件等方式对企业员工进行知识产权意识培训，使员工深刻认识到知识产权是企业的竞争力、是企业发展的动力、是企业立足发展的保护伞，做好知识产权的保护、管理与每个人息息相关。

（2）培养一支知识产权管理团队。通过多种方式，培养一支比较专业和精干的知识产权管理团队。知识产权团队人员可以由知识产权管理人员、企业中高层管理人员等组成，将企业中层管理人员组织起来，提高知识产权意识，并充分调动积极性，让其成为推动体系的中坚力量，从而实现企业的知识产权方针和目标。

（3）建立知识产权管理体系。在企业内部，应明确合理地划分职责；应充分了解企业知识产权的真实状况、优势、存在的问题等，考虑标准和企业的实际情况，建立适合企业的知识产权体系，并确保体系的充分性和适宜性。

（4）建立、健全企业的激励机制。制定奖惩制度，明确员工知识产权创造、保护和运用的奖励和报酬，明确员工造成知识产权损失的责任。

（5）体系宣贯和运行。管理者代表应组织做好知识产权体系文件宣贯和培训，组织实施、运行体系，定期对体系文件的适宜性、充分性、有效性进行检查和评审，发现问题责成有关部门及时采取措施加以改进，并对改进效果跟踪验证。

（6）组织好内部审核。组织和督促职能部门做好内审工作，如内审员的培训与组织，内部审核时间、地点的策划，审核组的选择等；并监督内部审核提出的整改措施的执行情况。

（7）组织召开管理评审会议。管理评审会议由最高管理者主持并最终作出管理评审结论和改进决策，管理者代表应对体系运行的绩效、存在问题和改进的建议作一汇报。

（8）向最高管理者及时报告。管理者代表要随时了解、掌握体系建立、实施、改进过程中的资源配置情况，对资源需求问题及时向最高管理者建议、报告，并提出适宜的方案。如涉及知识产权方面的立项研发、技术创新、方针目标调整、管理职能变更、管理体系调整等活动或项目，管理者代表应及时策划方案报最高管理者批准后实施。管理者代表可就企业的知识产权管理工作给予最高管理者提出增加效益、控制风险和成本的建议。

（9）知识产权外部沟通。管理者代表应代表企业处理好与外部的知识产权沟通、合作、公关等活动，并确保外部沟通有效。

选好、做好管理者代表都很重要。本章提到的 X 企业，在最初选择管理者代表时没有将众多影响因素纳入考虑范围，管理者代表也没有认真履行该有的职责，导致企业的体系建立、运行起来很困难，甚至一度停滞。更换管理者代表时，通过辅导机构的沟通和指导，企业将各个影响因素综合考虑，选择了合适的管理者代表。在管理者代表的推动下，体系恢复运行，重新进入正轨。

综上所述，管理者代表在知识产权体系中的作用和意义非常重大，其行使着最高管理者赋予的多项职责，选择合适的管理者代表对企业来说至关重要。在体系构建初期，企业就应综合考虑选择管理者代表人员，以便能够顺利开展工作，甚至可以达到事半功倍的效果。

第二十五章 企业贯标中保密及竞业限制条款如何签订

《规范》在6.1.3人事合同部分要求:"通过劳动合同、劳务合同等方式对员工进行管理,约定知识产权权属、保密条款;明确发明创造人员享有的权利和义务;必要时应约定竞业禁止和补偿条款。"

企业应该怎样区分签订保密和竞业限制条款呢?

签订保密条款是企业为预防员工泄露企业商业机密、技术秘密而采取的一种方法。然而法律对于商业秘密的鉴定是严格的,有些信息如客户资料等在法律上并不会构成商业秘密,但此类信息在企业市场的竞争中又起着至关重要的作用,如果员工将此类信息泄露,而企业与员工仅是签订保密协议,企业便很难主张自己权利。

这种情况下,企业需要采用其他的方式保护企业的利益不受侵犯,那就是签订竞业禁止协议。《劳动合同法》第24条规定,竞业限制的人员限于用人单位的高级管理人员、高级技术人员和其他负有保密义务的人员。该条款的含义为此类人员知悉了企业的商业秘密,为防止企业商业秘密泄露,故要签订竞业限制协议,此行为是企业商业秘密保护的一种补充方法。

作为企业具体应该怎样约定竞业限制条款?在何时又以何种方式约定该条款?又应该与哪些人签订竞业限制条款?怎样做既符合相关法律的规定,又能保证企业与员工的利益?

第一,在知识产权贯标中企业该与哪些人签订竞业限制条款?

知识产权是企业的无形资产,在企业经营与发展中占据重要的地位。知识产权贯标是企业规范知识产权管理的方法,涉及的人员在一定程度上都负有保守企业各项秘密的义务。根据《劳动合同法》第24条的规定,企业可以与中高层管理者、研发与技术人员、知识产权管理部门所有人员签订保密及竞业限制及补偿条款,这样公司就有初步证据证明签订了保密协议的人员属于负有保密义务的人员的范围,这种情况下,除非员工能举证证明其工作职责、工作内容不可能接触到公司商业秘密,否则可以认定该员工属于负有保密义务的人员,同时受到竞业限制的制约。

第二,企业应该在什么时候与员工签订保密及竞业限制条款?

保密义务贯穿于员工在职与离职的全部过程,竞业限制是指员工离职后的一定时期内禁止从事与原工作相同或到原单位有竞争关系的单位就业,是一种员工再就业的限制。如果将这些条款的签订时间定为员工离职时,在操作上是有一定难度的,员工一般不愿意签订。所以,与员工签订保密及竞业限制条款的最佳时间是员工入职时,即签订劳动合同时。保密条款及竞业限制条款可包含在合同中,也可以单独签订协议。

在员工入职时签订保密及竞业限制条款或协议,在实际操作过程中亦会遇到一些问题,例如员工仅工作几个月,根本不可能涉及企业商业秘密或技术秘密,若员工离职后履行了竞业限制,要求公司依据竞业限制补偿条款进行补偿,企业则会受到经济损失。

(1) 双方签订竞业限制协议,如解除劳动合同后,员工履行了竞业限制义务,员工可以向单位主张竞业限制经济补偿金。❶

(2) 在竞业限制期限内,单位有权单方解除竞业限制协议,但需要额外支付3个月的竞业限制补偿金。❷

为保证企业与员工双方的利益,需提出新的解决办法,即约定竞业限制开始通知。企业在与员工签订竞业限制条款或协议时,可增加以下条款:

---

❶ 《最高人民法院关于审理劳动争议案件适用法律若干问题的解释(四)》第7条:当事人在劳动合同或者保密协议中约定了竞业限制和经济补偿,当事人解除劳动合同时……或者劳动者履行了竞业限制义务后要求用人单位支付经济补偿的,人民法院应予支持。

❷ 《最高人民法院关于审理劳动争议案件适用法律若干问题的解释(四)》第9条:在竞业限制期限内,用人单位请求解除竞业限制协议时,人民法院应予支持。在解除竞业限制协议时,劳动者请求用人单位额外支付劳动者3个月的竞业限制经济补偿的,人民法院应予支持。

员工方离职时，企业如要求员工履行离职后竞业限制义务的，应于员工离职当日向员工发出《竞业限制开始通知书》。

如企业未向员工发出《竞业限制开始通知书》，则视为企业放弃要求员工履行离职后竞业限制义务，在此情况下，员工亦无权要求企业支付竞业限制补偿金。

有了该条款，员工离职时企业对员工进行评估，认为员工无须履行竞业限制义务的，可以不向员工发放《竞业限制开始通知书》，如此就可以避免员工单方面履行了竞业限制义务后向单位主张支付经济补偿金。作为员工也可以自由择业。

在知识产权贯标乃至其他员工管理过程中，企业与员工签订保密及竞业限制协议的范围应尽可能扩大，保密条款及竞业禁止条款可以约定在劳动合同中，也可以单独签订，但是最好有一个竞业限制开始通知的环节，这样企业才可以掌握主动权，既符合相关法律法规的规定，亦可以保障企业及员工的合法利益。

第二十六章　企业贯标中知识产权管理手册如何编写

知识产权管理手册是规范知识产权管理体系的文件，也是企业知识产权管理的纲领性文件。《规范》在4.2.1中明确要求"知识产权管理体系文件应包括：b）知识产权手册"，简言之，即企业建立知识产权体系必须编制"知识产权手册"。

那么，如何能建立起符合标准又适合企业的知识产权手册呢？首先应从《规范》角度出发，"4.2.3 知识产权手册"条款规定：

编制知识产权手册并保持其有效性，具体内容包括：

a）知识产权机构设置、职责和权限的相关文件；

b）知识产权管理体系的程序文件或对程序文件的引用；

c）知识产权管理体系过程之间相互关系的表述。

《规范》对知识产权手册的要求有如下4点：

（1）编制知识产权手册并保持其有效性。

此条有两点要求，第一是编制"知识产权手册"，第二是"保持知识产权手册的有效性"，要保持手册的有效性，需做到充分理解《规范》要求；因地制宜地编制手册内容，相关部门和人员可参与到手册编制中；手册须按照"4.2.3 文件控制"条款要求，在发布前，经公司领导审批，保证文件的充分性和适宜性；定期对手册内容进行评审，适时修订。同时，手册的适宜性是有效性的基础，手册的管理应为动态管理，适时修订。

（2）知识产权手册内容包括a）知识产权机构设置、职责和权限的相关文件。

对一般企业而言，"知识产权机构设置、职责和权限"必定是已经存在的机构、职责和权限，而此处所指"知识产权机构设置、职责和权限"是指知识产权方面的机构设置、职责和权限，与企业原本的规定可能存在差异。第一是"机构设置"，由于在企业组织机构中，可能存在与知识产权不相关的机构，对于这些不相关的机构，可不纳入知识产权机构设置中；同时也存在为贯标而成立的专门机构，如知识产权部、贯标小组等。第二是"知识产权职责和权限"要求将《规范》条款的管理归属划分到企业相关机构和人员，做到职权明确，避免日后出现推诿、模糊等现象，为日后体系运行做好基础。鉴于以上情形，"知识产权机构设置、职责和权限"需要在企业原有的基础上进行调整、增添，具体视不同情况而定。

（3）知识产权手册内容包括b）知识产权管理体系的程序文件或对程序文件的引用。

此处分别就"或"字前后展开论述，"或"字前"知识产权手册内容包括知识产权管理体系的程序文件"，说明企业建立的"知识产权手册"中可包含"程序文件"内容（程序文件的要求详见《规范》条款），即手册和程序形成一册，包含《规范》要求的手册和程序内容。"或"字后"知识产权手册内容包括对程序文件的引用"，说明"知识产权手册"和"程序文件"可单独成册，但必须在"知识产权手册"中对引用的"程序文件"做出说明，做到文件有支撑、层层递进。以上两种情形，贯标企业择一即可。

（4）知识产权手册内容包括c）知识产权管理体系过程之间相互关系的表述。

《规范》包含九大章众多条款，文件管理、记录管理、外来文件管理、获取管理、维护管理、风险管理、合同管理等多个过程，各个过程各个条款并非独立无关系。例如贯穿整个过程的"4.2.2文件控制""4.2.4记录控制"，每个体系管理过程均可能产生相应的文件和记录，并须按照"4.2.2文件控制""4.2.4记录控制"执行；"5.3.3法律和其他要求"中"识别和获取适用的法律和其他要求"与"7.4.3涉外贸易"中"向境外销售产品前，应调查目的地的知识产权法律、政策及其执行情况"中获取适用法律的要求是一致的；"6.4信息资源"中信息获取、分析和利用要求均是对"8.1立项"中"分析项目涉及的知识产权信息"、"8.2研究和开发"中"对该领域知识产权信息、相关文献及其他公开信息进行检索，对项目的技术发展状况、知识产权状况和竞争对手状况等进行分析"、"8.5 销售和售后"中"及时跟踪和调查相关知识产权被侵权情况"等内容的分解和进一步阐述；"7.4.2 争议处理"中"及时发现和监控知识产权被侵犯的情况"与"8.5.2 销售和售后"中"c）建立产品销售市场监控程序，采取保护措施，及时跟踪和调查相关知识产权被侵权情况"关于知识产权被侵权信息的关注和跟踪是关联的；"7.5 合同管理"中"a）应对合同中有关知识产权条款进行审查，并形成记录"，提到的合同知识产权条款要求除在"7.5 b）规定对外委托业务合同要求""7.5 c）规定对研发合同要求"外，在"6.1.3 人事合同"中明确了人事合同的知识产权条款要求即"通过劳动合同、劳务合同等方式对员工进行管理，约定知识产权权属、保密条款；明确发明创造人员享有的权利和负有的义务；必要时应约定竞业限制和补偿条款"、在"8.3 采购 c）"中明确了采购合同的知识产权条款要求即"在采购合同中应明确知识产权权属、许可使用范围、侵权责任承担等"，同时也在"8.4 生产"中说明了生产对外协作合同的要求即"在委托加工、来料加工、贴牌生产等对外协作的过程中，应在生产合同中明确知识产权权属、许可使用范围、侵权责任承担等"；对于涉外贸易而言，不仅要按照"7.4.3 涉外贸易"的要求执行，也要符合"8.5 销售和售后"的要求，两者互相补充以完善对销售过程的管理。《规范》中各条款、各过程之间相互补充、相互配合，相关联之处还有很多，在编制"知识产权手册"时需要关注其关系，在手册中予以说明。

从《规范》角度出发，"知识产权手册"手册包含以上三点内容即可，但从文件完整性和实际角度出发，一般情况下"知识产权手册"还包括：

（1）封面。

（2）目录。

（3）文件颁布令。

（4）企业简介。

（5）体系覆盖的范围。

（6）职责分配表。

（7）知识产权方针和目标。

（8）组织机构和职责。

（9）知识产权体系要求等内容。

为易于阅读和理解，手册章节与《规范》的条款顺序一致、一一对应，否则应作出对照说明。

在此笔者注意到，在文件和手册方面，《规范》与 ISO 9001 有相似之处，但是 ISO 9001 标准中提到的关于文件的一些内容在《规范》中并未提及。

对于不同组织，质量管理体系成文信息的多少与详略程度可以不同，取决于：

（1）组织的规模，以及活动、过程、产品和服务的类型。

（2）过程及其相互作用的复杂程序。

（3）人员的能力。

以上内容虽未列入《规范》中，但笔者认为 ISO 9001 标准中的以上内容对于"知识产权手册"的编制还是可以参考的，如对于不同组织规模的企业，企业内部原有文件存在差异、其组织结构复杂程度也不同，必然导致建立的知识产权手册详略程度不同；再如对于人员能力不同的企业，人员能力强、执行力强的企业，简略的少量的文件规定可能即可达到《规范》要求和预期效果，反之可能需更多更详细的文件才能使体系正常运行。同时由于《规范》的建立是与 ISO 9001 有机结合的，而最新版 ISO 9001：2015《质量管理体系要求》中已经没有"手册""程序文件"的说法，新增"成文信息"一词，此举也是轻形式重效果的一个表现。总而言之，各企业建立的手册详略程度或形式可以多样化、个性化，只要符合《规范》要求，能够指导体系运行且达到效果即可。

第二十七章 企业贯标中商标国际注册的启动和实施

《规范》在 7.4.3b）中要求"向境外销售产品前，应适时在目的地进行知识产权申请、注册和登记"。对于出口型企业，产品要出口到境外，需要提前进行商标国际注册。

近年来，商标抢注案例非常频繁。前有众所周知的"联想"商标国际注册事件，后有沸沸扬扬的"苹果与唯冠之争"，诸如此类事件，频频发生。但不管是大企业还是小企业，遇到商标被抢注事件，对企业的打击性都是一样的，联想被迫更换新商标，苹果 6 000 万元买回 ipad 商标；一旦商标被抢注，企业在经营活动中将受到很大程度的影响，有些可以挽回，有些则无法挽回。因此，企业知识产权管理规范 7.4.3b）的目的是规避企业知识产权风险，未雨绸缪，使企业知识产权能够适时、及时地获得保护。

企业发展，品牌先行。商标就是人们所俗称的品牌，是区别产品及服务来源的标志。

企业向境外销售产品前，适时在目的地进行商标国际注册很有必要，并有以下好处。

一、知识产权具有专有性、地域性、时间性的特征，某些知识产权的权利获得需要法定程序

商标作为知识产权的一种，具备以上的所有特征。在我国境内注册的商标，只在我国境内有效；企业想要在境外目的地获得商标专有权，必须向当地主管机关提出申请，才可能获得保护。

二、适时进行商标国际注册，可以实现企业的自我保护

未注册商标始终处于一种无权利保障状态，随时可能因他人相同或近似商标的核准注册而被禁止使用。及时进行商标国际注册，可以尽早地取得产品在境外目的地的商标专有权，其他人将不能在相同或近似产品上使用与企业相同或近似的商标，防止、防范他人侵权，同时也争得了市场份额。

三、防止被他人抢注

品牌先行是经验，更是法宝，根据企业发展，适时、及时地在境外目的地进行商标国际注册，可避免已经长期使用并具有一定影响力的商标被经销商、竞争对手或其他利害关系人在境外目的地抢先注册，对企业的经营发展造成巨大影响，打开另一个品牌的市场成本会非常大。

四、树立品牌形象，提升品牌价值，打造国际品牌

商标品牌战略已成为我国企事业单位谋求自主创新发展的重要工作。而品牌战略实施的前提就是要进行商标注册保护。商标获得保护以后，经过长期使用，大力宣传，逐渐形成企业特有的品牌形象，品牌价值也随之增长。

五、商标品牌是企业重要的无形资产

商标作为一种重要的产权，是可以在价值上量化的重要资产。若想稳定地、有保障地使用某个商标，使品牌价值得到最大化体现，只有通过商标注册这一法律手段来完成。

由此可见，涉外贸易中，企业向境外销售产品前，适时在目的地进行商标保护，是非常必要且重要的。此处以实例说明，有某企业商标已在国内进行注册保护，该企业有涉外贸易，产品出口到多个国家，但其并没有意识到

涉外贸易中的知识产权保护问题，以至于企业自身经过长期使用并具有一定影响力的商标在俄罗斯被代理商抢注，给企业造成巨大影响和损失。假如该企业能够及时进行知识产权贯标，以《企业知识产权管理规范》为标准，向境外销售产品前，适时在目的地进行知识产权申请、注册和登记，及早防范，企业商标在俄罗斯被抢注事件就可以避免。

第二十八章　企业贯标中优秀辅导人员是怎样练成的

企业知识产权贯标工作是一项系统工程。贯标工程要顺利推进，作为辅导机构和辅导人员，有义务有责任协助企业构建符合企业实际需要的管理体系，绝非按照标准要求，给一套体系文件模板，按照标准条款填些记录表单，这是对人力物力的浪费。

首先，辅导人员应该深入企业，充分和企业沟通，了解企业的知识产权管理现状以及存在的问题，听取各个部门日常的知识产权工作开展情况，结合前期诊断调研的结果，和体系牵头部门对接，与体系编制人员讨论，再搭建体系框架。切忌一上来就给企业一套文件模板。

其次，体系文件完成后，辅导人员还应指导企业实施运行，可以通过会议或其他形式开展。体系文件形成后，辅导机构会认为自己的咨询工作就结束了，其实不然，实施运行是体系有效的关键环节，是体系能否落到实处的重要保障。否则，就成为挂在嘴上、贴在墙上、锁在柜子里的空壳子，成为走过场的贯标。

再次，体系构建过程中的培训是必不可少的。《规范》6.1.2条款明确要求："对全体员工按业务领域和岗位要求进行知识产权培训；对中高层管理人员进行知识产权培训；对研究开发等与知识产权关系密切的岗位人员进行知识产权培训。"总而言之，知识产权培训，要针对不同的层次，不同的人员以及不同的岗位进行。例如，中高层的知识产权培训，他们是企业的领头者和决策者，可从宏观角度出发，培训知识产权的意识和观念，知识产权管理体系的构建，知识产权管理体系资源配置。再如，对全体员工的知识产权培训，应加强知识产权基础知识培训，包括知识产权法律法规、企业知识产权管理制度、知识产权体系文件要求、知识产权定义和保护意义等,增强其知识产权保护意识。又如,研发技术人员的知识产权培训,他们是企业知识产权的创造者,应从专利的挖掘、布局、检索及专利的申请文件撰写等方面进行培训,力求其精通知识产权基础知识,熟练掌握知识产权申请流程、专利撰写技巧等能力。可以参与企业外部的培训、研讨会、交流会,政府或机构举办的知识产权培训,也可以组织内部人员进行内部考试考核、专利代理人资格考试、专利信息分析人才培养,或聘请知识产权专家进企业进行专题讲座或培训,还可以利用企业内部宣传渠道,如网站、OA 系统、微信、QQ 群、宣传栏开展知识产权相关知识宣传。因此整个贯标流程走完,不是去一趟企业编一堆资料就能完成,相反的,需要三番五次的沟通,需要系统专业的培训。

最后,内部审核是体系能否持续有效运行的重要手段。内部审核,就是针对企业知识产权管理体系展开的一个自我批评与自我反省的过程,发现问题、及时纠正问题。内部审核,是辅导机构和企业最容易忽视的环节,会被认为比较简单,往往就是牵头部门或主要负责人员自己做,结果导致相关部门不清楚体系运行中的文件、资料准备是否符合标准要求,是否符合企业的实际发展需要,可能就是白白做一堆文件,没有执行,形同虚设。因此,内部审核工作是体系运行过程中的重要环节,绝不能敷衍了事,有效开展内部审核是建立动态的知识产权管理机制的重要前提。

一、贯标辅导人员应具备的能力

打铁还需自身硬,作为一名贯标辅导人员,除了能够结合企业实际情况,编制一套适宜的体系文件外,还应具备过硬的专业知识和技能。合格的知识产权贯标辅导人员应该是集各种知识产权能力为一体,能把政策、案例等相关内容融入企业,能全方位解决企业的问题且满足企业的需求,并能给出一些合理的建议或意见。

(一)协调与沟通的能力

《规范》提出三大指导原则,其中一条原则为"全员参与",知识产权管理活动涉及企业各个业务环节，因此，也需要全体员工的参与和支持，要发挥全体员工的创造性和积极性。很多企业都存在一种偏见，认为贯标是一个人或一个部门的事情，其实不然。辅导人员进入企业，要充分发挥自己的专业特长，讲清楚各部门的职能职责，各部门在知识产权体系建设过程中参与或承担的工作，需要配合的事项，协调企业各部门人员参与其中。

笔者在一次贯标辅导中，遇到一家企业非常重视知识产权文化，但在体系运行过程中接二连三的"出事"。技术部门知识产权专员频繁调换，加之没有系统学习并理解《规范》内容，导致该人员非常排斥知识产权工作，认为规范中要求形成的记录文件都是多余的，是给他们"找事"。笔者在协助知识产权牵头部门对管理体系运行进行抽查时发现这一情况，当即和技术部知识产权专员进行沟通，解答其困惑，交流知识产权观点，结合案例讲解《规范》中关于技术部门的职责以及工作要求，该人员豁然开朗，立刻站起来握着笔者的手连连道谢，说解决了他一直以来对贯标的疑惑且加深了对知识产权的认识。

（二）知识产权业务能力

《规范》已实施5年，如果将贯标简单地理解为专利工作，显然是不够具体和深入的。知识产权包含专利权、著作权、商标权等，由此衍生的知识产权业务也非常多。对辅导人员来说也是新的挑战，要求辅导人员对专利、商标、著作权等基础代理业务要熟悉，如申请流程、种类、周期、费用及所需资料；对专利信息检索、分析、专利布局、预警、导航等咨询业务要能讲清楚、说明白；对知识产权运营、成果转化、知识产权维权等业务要清楚相关法律法规要求。

笔者曾参与一家企业辅导，不同于以往企业，侧重专利，产出专利，研发、生产、销售、全过程涉及。这家企业没有研发，没有生产，销售也不是通常所理解的传统产品，有效的知识产权仅有商标。这样的企业，编制出的体系文件应该是针对企业实际情况的，首先应和企业充分沟通，结合规范内容，看看哪些内容是企业不可能涉及的，哪些内容是暂时不涉及的，对标准的适用范围界定清楚，再进行文件编写。其次也是考验辅导人员的综合业务知识能力，如果辅导人员不具备商标业务基本知识及技能，不能识别不同企业不同需求对体系的适用范围。笔者认为，这样的体系构建是不成功的。

(三) 有耐心、善于学习的能力

知识产权贯标辅导，不仅需要加强专业技能知识的学习，不断提高辅导水平，还需要有一颗平常心对待，能帮助企业开展知识产权业务培训。企业会因为经营范围、所属领域、行业特点的不同而不同，因此辅导机构要因地制宜，结合企业的实际需求，制定出符合企业发展的体系文件。遇到的问题，交流的人员，运行的障碍，培训的策划，巩固的重点，都会成为体系建设路上的拦路石。作为贯标辅导人员，本身就扮演着"老师"的角色，在知识经济爆发的时代，唯有不断加强自身能力建设，养成良好心态，方能传道授业解惑。

(四) 发现问题并解决问题的能力

深入企业一线，发现问题是每位辅导人员的基本能力，通过前期沟通、调研，找出问题关键点，综合分析，给出最适宜的解决方案或办法。贯标辅导人员要有敏锐的洞察力，善于发现问题，站在企业角度，解决企业的真正所需。如笔者对参与辅导的一家贯标的企业进行诊断时发现，企业的发明专利申请数量逐年降低，实用新型专利取而代之，经了解，企业认为申请实用新型专利的费用较发明专利便宜，周期快，申报项目没有影响，就不太重视发明专利的获取。笔者听后，耐心讲解了各级政府对专利申请的资金支持及项目政策扶持，并为企业找到所属市区的配套政策。企业表示很惊讶，这些信息他们从来都没有听说过，更没有享受过。不同类型专利资助力度不一样，资助拿下来企业根本不用花太多钱时，还能将真正有价值的专利得到保护和维护。该企业表示，今后要设知识产权管理专员，关注政府公告通知，及时申报项目和政府资助，利用政府的推手为企业"减负"。

二、贯标辅导机构的作用

(一) 外来和尚好念经

知识产权管理体系建设，上至最高管理者，下至全体员工，还要协调各部门参与，的确是一项庞杂的工作。有可能还会遇到其他人的不理解、不配合，甚至是抱怨和冷语相讥。因此，企业可以聘请专业的辅导机构，既可以借助辅导机构的力量和经验，说服员工贯彻规范，认真执行，也可以借助辅导机构，向员工传达企业管理制度具体要求，使其快速理解知识产权贯标内容，掌握知识产权贯标工作方法，重视知识产权工作，从而有效执行，顺利开展。

（二）丰富的资源配置

目前市场上已有500余家知识产权服务机构在承担企业贯标辅导工作，大部分服务机构都能同时提供全方面的知识产权一条链的业务，并根据不同的业务，配备专业团队，在辅导过程中，根据企业的实际问题，能全方位答疑献策。

（三）标准化的服务模式

每家贯标辅导机构都有着属于自己的一套完备的辅导流程和应对方案。笔者所在的机构，在接受企业委托后，按企业意愿量身定做贯标方案，并运用独创的"企业知识产权美容法"让企业花最少的时间和精力，轻松顺利完成贯标工作。凭借积累的大量不同类型企业的辅导经验，可以让企业节约人力物力，科学合理的完成体系搭建，并顺利通过第三方认证。

三、知识产权贯标的真正意义

通过知识产权贯标，真正意义不在于获得一张证书或者拿到政府资助资金，而在于企业通过贯标工作，能够将知识产权运用到自己的实际工作中，能够保护知识产权，防范知识产权风险，让知识产权真正为公司的发展保驾护航。

（一）贯标是企业增强知识产权管理能力的重要举措之一

它涉及企业的立项、研发、生产、采购、销售等各个环节的知识产权管理。通过贯标，全体人员，尤其是中高层管理者，知识产权的意识得到提升，创造力被激发，企业会获得高质量的自主知识产权产出，通过生产、销售、许可转让等方式给企业带来经济效益。曾有企业高管就说过，通过贯标，使他们的员工认识了知识产权，从而有了保护和运用的意识，他认为这就是贯标的作用。

（二）传授知识和经验，为企业培养知识产权人才

知识产权管理体系构建，企业是主体，不能过分依赖辅导机构，什么都交给辅导机构做，而应该紧密配合辅导机构，认真学习辅导机构的经验做法，借助辅导机构的专业背景和资源优势，培养一批知识产权能力较强的工作团队。

（三）防范企业知识产权风险

知识产权贯标，可以有效避免或减少企业在管理过程中出现的知识产权或法律风险。企业在生产经营活动中对涉及知识产权的各类活动，应加强知识产权管理，对有关知识产权合同做出明确要求，合同中必须要有知识产权条款，要做相应的知识产权审查或形成相应的记录。《规范》6.1.3 人事合同、6.1.4 入职、6.1.5 离职、7.4.1 风险管理 a）、7.5 合同管理、8.1 立项、8.3 采购、8.4 生产、8.5 销售等条款，针对不同类型的风险提出了具体防范要求。企业应加大风险防范措施，增强风险防范意识。

第二十九章 企业贯标中如何撰写出具有可操作性的贯标方案

企业如何推进知识产权贯标工作、由谁牵头组织、时间需要多长、如何推进、需不需要辅导机构的参与协助等都是企业必须面对的问题。笔者结合自己的实践,总结出以下心得。

一、组织机构

《规范》的三大原则之一就是"领导重视",因此最高管理者是否重视并参与知识产权贯标工作全过程显得尤为重要。组织成立知识产权贯标领导组和工作小组,明确领导组和工作小组的职责。

(一)贯标领导组

组长:最高管理者

副组长:管理者代表

组员:企业管理职能部门、行政职能部门、人力资源职能部门、财务职能部门、法务职能部门、投资职能部门、信息管理职能部门、研发职能部门、采购职能部门、生产职能部门、销售职能部门以及知识产权部负责人

职责:确定体系范围、框架;确定知识产权管理体系方针、目标;确定组织机构及其职责分工;任命管理者代表并明确其职责;实施过程中的资源调动和保障;审批实施方案及计划、管理手册等重要文件;负责组织实施中的管理评审和重大事项的决策。

（二）贯标工作小组

组长：管理者代表

副组长：企业管理职能部门、行政职能部门、人力资源职能部门、财务职能部门、法务职能部门、投资职能部门、信息管理职能部门、研发职能部门、采购职能部门、生产职能部门、销售职能部门以及知识产权部负责人

组员：企业管理职能部门、行政职能部门、人力资源职能部门、财务职能部门、法务职能部门、投资职能部门、信息管理职能部门、研发职能部门、采购职能部门、生产职能部门、销售职能部门以及知识产权部联络员

职责：制定知识产权管理体系建设实施方案及计划；编制知识产权管理体系文件；知识产权管理体系的建立、运行以及内审工作；认证审核前的准备，并协调配合认证审核；落实贯标领导小组交办的其他事项。

二、实施方案及计划安排

第一步：策划阶段

时间：2周

主责部门：知识产权部

工作内容：制定贯标计划和实施方案；明确最高管理者职责；制定知识产权方针和目标；任命管理者代表并明确其职责；明确领导小组、知识产权部、相关职能部门的职责；召开贯标启动会。

第二步：诊断阶段

时间：1~2天

主责部门：知识产权部

协作部门：企业管理职能部门、行政职能部门、人力资源职能部门、财务职能部门、法务职能部门、投资职能部门、信息管理职能部门、研发职能部门、采购职能部门、生产职能部门、销售职能部门以及知识产权部

工作内容：召开贯标诊断会；梳理现有相关制度；根据标准条款现场诊断各部门知识产权工作现有情况。

第三步：体系搭建阶段

时间：2 个月

主责部门：知识产权部

工作内容：编制知识产权管理手册、管理制度、控制程序以及记录表单；开展体系文件宣贯和培训。

第四步：实施运行阶段

时间：长期

主责部门：企业管理职能部门、行政职能部门、人力资源职能部门、财务职能部门、法务职能部门、投资职能部门、信息管理职能部门、研发职能部门、采购职能部门、生产职能部门、销售职能部门以及知识产权部

工作内容：实施知识产权标准化管理，运行知识产权管理体系；形成管理活动记录；检查知识产权管理体系的实际运行情况，并对检查结果进行分析和改进。

第五步：内审阶段

时间：1~3 个月

周期：至少 12 个月一次（体系运行至少 3 个月）

主责部门：管理者代表、知识产权部

工作内容：制定内审计划；组织内审会议；根据标准条款现场审核各部门知识产权工作情况；对内审中发现的问题进行分析和改进。

第六步：管理评审阶段

时间：1 个月

周期：至少 12 个月一次

主责部门：最高管理者、知识产权部

工作内容：制定管理评审计划；组织管理评审会议；各部门汇报本部门知识产权工作；最高管理者进行评审；对管理评审中发现的问题提出改进建议。

第七步：认证阶段

时间：1~3 个月

周期：至少 12 个月一次

主责部门：知识产权部

工作内容：准备并提交认定申请材料；接受外部审核；对审核问题进行整

改；提交整改材料；取得知识产权贯标证书；报送国家及省、市、区相关部门，获得资助。

三、示　　例

××××公司
关于《企业知识产权管理规范》贯标工作的实施方案

××××公司目前已经启动《企业知识产权管理规范》贯标工作，为了扎实做好知识产权贯标工作，积极推进此项工作，特签约××××事务所作为本项工作的咨询辅导机构，将协助我方在全公司范围内开展《企业知识产权管理规范》贯标工作。

目的意义

通过贯标活动，进一步贯彻国家、省、公司知识产权战略，落实"鼓励创造、有效运用、科学管理、依法保护"的战略精神，推动公司内部建立科学、规范、系统的知识产权管理体系，有效防范知识产权风险，保护创新成果，提升自主创新能力和核心竞争力。

同时，企业知识产权管理达标，将作为今后高新技术企业认定、创新型企业、工程中心认定等门槛和条件，国家一些科技政策、项目、资金、税收优惠政策、专利申请绿色通道等也将向知识产权管理达标企业倾斜。

贯标原则和目标

××××公司此次贯标工作，希望在公司领导层的直接领导下，在咨询辅导机构的辅导帮助下，以贯彻落实国家、省、公司知识产权战略为主线，以提升公司自主创新能力为核心，以提高公司知识产权创造、运用、保护和管理能力为着力点，以知识产权管理的策划、实施、检查和改进四个环节为关键点，形成贯穿公司管理各环节的知识产权管理体系。力求在20××年底使知识产权管理标准成为公司管理体系的有机组成部分，使公司知识产权综合运用能力显著提升，基本形成一套适合××××公司发展的知识产权管理体系，并通过国家《企业知识产权管理规范》审核认定。

一、组织机构图（体系覆盖范围）。

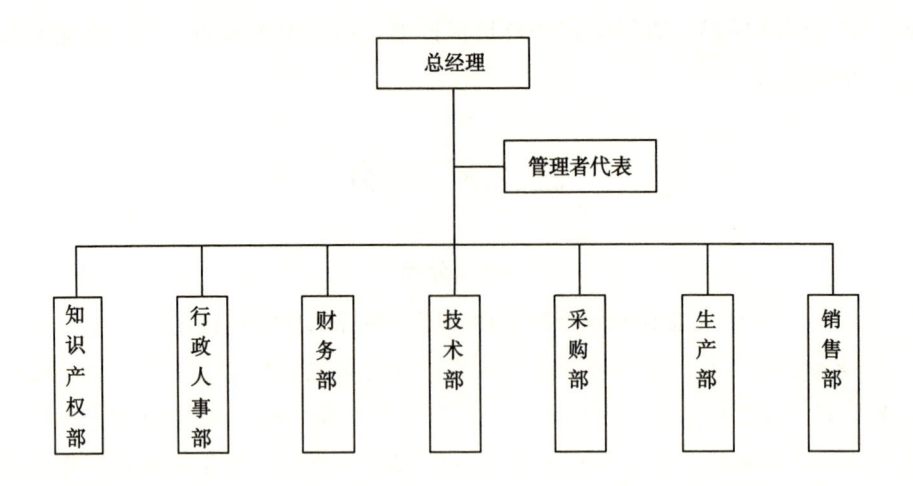

```
                    总经理
                      │
                      ├── 管理者代表
                      │
    ┌────┬────┬────┬──┴─┬────┬────┬────┐
   知识  行政  财   技   采   生   销
   产权  人事  务   术   购   产   售
   部    部    部   部   部   部   部
```

二、建议公司尽快成立知识产权管理规范贯标领导小组并下设知识产权部。

1. 贯标领导小组：

组　　长：总经理

副组长：管理者代表（分管副总）

成　　员：各部门负责人

2. 贯标工作小组：

组　　长：管理者代表（分管副总）

副组长：部门负责人（知识产权部、行政人事部、财务部、技术部、采购部、生产部、销售部）

成　　员：部门知识产权联络员（知识产权部、行政人事部、财务部、技术部、采购部、生产部、销售部）

3. 具体职责划分：

3.1 贯标领导小组职责：

1）保证贯标工作的必要资源（人员、设备、设施、资金等）；

2）成立贯标工作小组；

3）负责公司组织机构和知识产权管理体系的建立，确定与知识产权工作有关的人员职责和权限；

4) 召集召开贯标启动会；

5) 协调企业内外有关的知识产权工作；

6) 确定并任命管理者代表；

7) 体系策划讨论；

8) 组织进行管理评审；

9) 制定知识产权管理绩效考核机制和提出改进需求。

3.2 贯标工作小组职责：

1) 具体落实领导小组各项职责；

2) 完成整个贯标体系建立、运行、内审、评审及外审。

3.3 联络员职责：

1) 接受《企业知识产权管理规范》培训；

2) 培训本部门人员；

3) 配合前期诊断和调研；

4) 配合编写体系文件；

5) 参与体系文件的讨论；

6) 监督部门实施和运行体系文件情况；

7) 配合内审员做体系内审、审核及改进；

8) 配合公司接受外部审核。

三、实施进度

1. 启动阶段

1.1 时间：2017 年 7 月 1~31 日

1.2 主要内容

1) 与咨询辅导机构签订服务协议；

2) 制订贯标计划和实施方案；

3) 明确牵头部门、工作职责、各部门内管人员；

4) 成立公司知识产权贯标领导小组、工作小组；

5) 确定公司贯标工作指导思想、目标；

6) 任命知识产权管理者代表；

7) 公司召开贯标启动会。

2. 诊断阶段

2.1 时间：2017 年 8 月 1~15 日

2.2 主要内容

1) 咨询辅导机构进驻公司；

2) 咨询辅导机构通过与公司最高管理者、各部门负责人、部分员工进行座谈，召开诊断分析会议，收集了解公司现有质量管理体系及知识产权管理文件等资料，了解公司知识产权管理现状及存在的主要问题；

3) 咨询辅导机构对公司知识产权管理进行诊断；

4) 咨询辅导机构提出公司知识产权管理体系建设方案和贯标实施意见。

3. 体系搭建阶段

3.1 时间：2017 年 8 月 16 日~10 月 31 日

3.2 主要内容

1) 确定公司知识产权方针、目标；

2) 确定公司知识产权管理体系模式及构建知识产权管理体系；

3) 编制公司知识产权管理手册；

4) 编制适合公司实际发展需要的知识产权内部控制制度、流程、表单文件；

5) 在公司范围内开展知识产权贯标培训、宣贯。

4. 运行实施阶段

4.1 时间：2017 年 11 月 1 日~2018 年 1 月 31 日

4.2 主要内容

1) 按照知识产权管理手册和内部控制制度的规定在公司实施知识产权标准化管理，运行知识产权管理体系；

2) 按体系要求形成管理活动记录；

3) 在运行实施过程中，根据运行实施的具体情况进行检查、分析和改进。

5. 内部审核阶段

5.1 时间：2018 年 2 月 1~28 日

5.2 主要内容

1) 按知识产权管理体系要求进行内审；

2) 对内审中发现的问题，进行分析、改进。

6. 管理评审阶段

6.1 时间：2018年3月1~31日

6.2 主要内容

1) 按知识产权管理体系要求进行管理评审；

2) 对管理评审中发现的问题进行修正、完善。

7. 评审认证阶段

7.1 时间：2018年3月1日~2018年6月30日

7.2 主要内容

1) 准备认证申请材料；

2) 向国家认证机构提出认证申请；

3) 认证评审；

4) 对认证提出的问题整改；

5) 认证通过，取得认证证书；

6) 贯标工作总结，并上报省知识产权局申报资助。

本公司作为全国知识产权示范企业，希望重视此次贯标工作，要求各部门在贯标领导小组的组织领导下，积极配合贯标辅导，公司领导和各部门负责人充分重视、合理安排、分工协作，全员认识与参与，使知识产权贯标工作顺利完成。

第三十章　企业贯标中管理评审环节的常见问题

管理评审是最高管理者根据知识产权方针和目标对知识产权管理体系的适宜性、充分性和有效性定期进行系统评价以确保其持续适宜和有效，并对知识产权管理体系进行合理必要的修改。管理评审还应当确保企业知识产权管理体系持续符合 GB/T 29490—2013 的要求。本章就企业知识产权管理体系运行过程中管理评审发现的问题——梳理。

一、评审输入材料常见问题

（一）知识产权方针、目标

此即收集整理企业的知识产权方针适宜性信息及目标的达成情况，方针、目标的适宜性可以从以下几个方面进行评价：是否符合企业发展现状、是否满足企业的发展需求、是否与公司发展战略相统一。

例如，某企业在管理评审输入资料中写到，"我公司方针具有适宜性，目标达成情况良好"。这一论述未从公司发展状况、发展需求、市场定位等方面综述知识产权方针是否具有适宜性，也未从目标设置是否符合公司现状、目标达成情况、未达成原因分析等方面综述知识产权目标的适宜性。

（二）企业经营目标、策略及新产品、新业务规划

收集整理公司经营目标、经营策略、新产品、新业务规划方面的信息主要是为公司评价知识产权方针和目标的适宜性提供依据和基础。

例如，某公司在管理评审输入材料写到：根据行业预期发展情况，我公司计划实现销售收入×元，发展策略为"布局核心专利，服务商业运营，参与全球市场"；新产品、新业务规划"加大知识产权体系建设和推广"。这一表述没有以公司经营目标达成情况、经营目标设置是否合理、经营策略以及新产品、新业务规划信息为基础对方针目标的有效性进行评价。

（三）企业知识产权基本情况及风险评估信息

企业知识产权基本信息包括知识产权（专利、商标、著作权/版权以及商业秘密等）的数量以及法律状态，在不同技术领域的整体知识产权分布情况，竞争对手知识产权状况，针对这些信息进行风险评估，并对风险评估结果进行分析。

例如，某公司仅表述公司专利、商标、著作权数量情况，未对知识产权的法律状态、不同领域分布情况进行分析，未调查竞争对手知识产权状况（包括知识产权数量、知识产权法律状态、地域分布、技术构成、知识产权申请量等信息），也未对这些信息进行风险评估。

（四）技术、标准发展趋势

收集整理有关技术的专利情况、市场情况分析技术的发展趋势以及各类标准（产品和技术标准）的发展趋势资料。

例如，某企业在技术、标准发展趋势写到："技术为领先技术，标准参考国际标准"，却未检索相关技术专利情况了解技术发展趋势，也未对市场情况进行整理分析。

（五）前期审核结果

收集和整理前期审核结果资料包括对日常工作中和内部审核发现的不合格项采取纠正和预防措施的实施及有效性的监控结果。

例如，某企业在前期审核结果写到："针对内部审核发现的一个不符合项为生产部没有对生产过程中涉及产品及工艺方法的改进与创新进行及时评估，明确保护方式，适时形成知识产权，为避免上述问题的再次发生，给公司带来知识产权风险，需要进一步加强对标准、手册、程序文件的要求，严格按要求执行。"其中未表述跟踪监控不符合项整改及预防措施情况。

除以上所述信息之外，企业还可以对知识产权争议及诉讼情况、专利布局情况、知识产权工作专业人员情况、知识产权工作资源需求等方面的信息和资料分析作为评价知识产权管理体系的有效性和适宜性的依据。

二、评审输出常见问题

标准对管理评审的输出有以下要求。

（一）知识产权方针目标的改进建议

依据管理评审输入资料分析情况，为使知识产权管理体系更加适应公司发展策略，对知识产权方针、目标提出改进建议。有的企业实际操作过程中以"知识产权方针目标具有适宜性，不需要进行改进"一语带过。知识产权方针目标的改进调整必须基于管理评审输入的信息进行分析得出改进以及维持的结论。

（二）知识产权管理程序改进建议

通过内审以及管理评审对知识产权管理体系全面审查之后，对于知识产权管理体系中不能有效支撑公司发展以及不符合企业知识产权管理标准的相关文件进行改进。有些企业在管理评审报告里仅仅写到"知识产权管理体系文件基本满足企业发展，符合企业知识产权管理规范的要求"，却未对发现的不符合项所折射出的体系文件与实际运行不符之处提出改进建议。

（三）资源需求

通过管理评审以及内审，发现因为资源不足导致知识产权管理体系的实施受阻，尽快进行资源的提供，以便知识产权管理体系持续有效的运行。有些企业在此表述为"资源配备基本满足知识产权管理体系"，未考虑到资源配置是否为达成知识产权目标、体系良好持续运行提供坚实基础。

三、管理评审环节存在问题的解决对策

(一) 加强知识产权专业工作人员的培养力度

只有专业背景和业务水平过硬的知识产权工作人员，才能长久地维持企业知识产权工作良好的运行。

(1) 内部培养。选拔具有理工科背景，有一定技术开发、科学研究工作经历，具有一定的法律知识以及信息分析能力的人员，并为其提供参加各种知识产权培训机会。

(2) 外部引进。引进专业的知识产权工作人员，需注意了解其专业背景以及业务水平是否满足公司知识产权工作的要求，同时对其进行背景调查并要求签署知识产权声明文件。

(二) 确保知识产权方针、目标与公司发展相适应

最高管理者应根据企业发展战略、市场地位情况，准确制定与之相适应的知识产权方针、目标，落实领导重视原则，引导企业知识产权工作良好有序地开展。

(三) 持续监督

管理评审之后，指定专人持续监督和检查实施评审的决定和措施情况，一旦发现因内外部因素导致知识产权方针、目标不适应企业实际发展或不能达到企业目标，就需及时召开管理评审会，分析原因并及时调整知识产权方针、目标。

第三十一章 企业贯标中第三方认证时不符合项如何整改

一、不符合项

"不符合"的定义虽然未在 GB/T 29490—2013 中找到答案,但是 GB/T 19000—2008 条款 3.6.2 给出定义,"未满足要求"为"不符合"。针对"要求",GB/T 19000—2008 条款 3.1.2 的定义为"明示的、通常隐含的或必须履行的需求或期望",共 5 个注释。

注 1:"通常隐含"是指组织(3.3.1)、顾客(3.3.5)和其他相关方(3.3.7)的惯例或一般做法,所考虑的需求或期望是不可言喻的。

注 2:特定要求可使用限定词表示,如产品要求、质量管理要求、顾客要求。

注 3:规定要求是经明示的要求,如在文件(3.7.2)阐明。

注 4:要求可由不同的相关方(3.3.7)提出。

注 5:本定义与 ISO/IEC 导则第 2 部分,2004 的 3.12.1 中给出的定义不同。

3.12.1 要求:表达应遵守的准则的条款。

可以看到注 1、注 2 和注 4 的解释与《企业知识产权管理规范》(GB/T 29490—2013)覆盖的范围不同,可以将注 3 和注 5 的内容简化为文件和规范的要求。也就是说不满足文件和规范的要求即为"不符合项"。

二、一般不符合项与严重不符合项

(一) 严重不符合项判定方法[*]

出现以下情况之一,即构成严重不符合项:

(1) 体系出现系统性失误。如体系某一条款、某一关键环节重复出现失效现象,而又未能采取有效的纠正措施加以消除,形成系统性失效。

(2) 体系运行区域性失效。如某一部门或场所的全面失效现象,或者各层次各部门培训出现失效,且没有纠正措施。

(3) 造成严重的知识产权损害,或潜在严重有害的知识产权后果。

(4) 企业违反法律法规或其他要求的知识产权行为较严重。

(5) 一般不符合项没有按期纠正。

(6) 目标未实现,且没有通过评审采取必要的措施。

(二) 一般不符合项判定方法

出现以下情况之一,即构成一般不符合项:

(1) 对满足知识产权管理体系条款或体系文件的要求而言,是个别的、偶然的、孤立的、性质轻微的问题。

(2) 对整个知识产权管理体系的运行效果影响轻微的问题。

三、不符合项整改步骤

(一) 确认不符合项事实

在现场审核活动结束前,审核组会以不符合项报告的形式将确定的所有不

---

[*] 杨勇,黄文霞.《企业知识产权管理规范》理解及知识产权管理体系审核指南[M].北京:化学工业出版社,2014.

符合项提交给受审核方，请受审核方的代表确认不符合项事实。此时，受审核方应就不符合项事实描述进行充分沟通和确认，确认不符合项事实描述、明确不符合项要点、为不符合项整改找准方向。受审核方往往会忽视与审核组之间就不符合项结果的不同意见进行详细讨论，导致后续不符合项整改陷入僵局。一般，受审核方对不符合项事实不理解或不确认，审核组会耐心解释，必要时会展示相应证据，使受审核方理解并确认不符合项事实。

（二）纠正情况

受审核方确认并收到不符合项后，应针对不符合项进行纠正。重构不符合项事实，将此作为原因分析的依据。针对不符合项提出的问题，进行具体分析，立即解决目前存在的问题，消除、遏制或减少该问题可能产生的不利影响。当不符合项事实无法纠正，或者可以纠正但是成本无法估量、立即整改不现实，此时应与审核组联系说明情况并给予合理解释。

（三）原因分析

不符合项的原因分析是不符合项整改最关键的一步，原因分析决定了不符项合整改的方向以及纠正措施的制定和实施。导致不符合项形成的原因有许多，只有找到根本原因才能解决根本问题。只有不符合项得到根本解决，才能防范此类或类似不符合项再次发生。

（四）纠正措施

针对不符合项发生的根本原因制定的纠正措施，是为了防止此类或类似不符合项再次发生。如果不符合项的发生是因为体系文件策划有问题，则需要先修改体系文件并进行培训学习，确保文件宣贯到位，然后对不符合项内容进行修改和完善，确保整改的有效性。

（五）有效性验证

受审核方应在规定期限内提交不符合项整改资料，由审核组对受审核方的不符合项的纠正措施及纠正文件进行有效性验证，必要时到现场进行有效性验证；审核不符合项的原因分析是否到位；纠正措施是否按期完成；纠正措施是否完成；实施情况是否有据可查；纠正措施效果如何等。经审核组验证后，认为不符合项的纠正已按规定实施且有效，并有充分的证据，则可以关闭不符合项；如果经审核组验证纠正措施未按规定实施或者未达到效果，受审核方应重新制定更为有效的纠正措施，并再次进行验证。

四、示　例

不符合报告的示例如表19-1、表19-2所示。

表19-1　不符合项报告示例1

受审核方：陕西××能源股份有限公司	审核日期：2017.01.25
受审核部门：技术部	性　　质：■一般　□严重

不符合事实描述：
查见受审核方与陕西××知识产权服务有限公司签署的《知识产权服务代理委托合同》，签署日期为2016.4.1，但其中未查见知识产权权属的相关约定内容。
以上事实不符合■GB/T 29490—2013　标准7.5b）条款关于"对检索与分析、预警、申请、诉讼、侵权调查与鉴定、管理咨询等知识产权对外委外业务应签订书面合同，并约定知识产权权属、保密等内容"的规定。
审核员（签字）：郭××　　审核组长（签字）：罗××　　客户代表：肖××

原因分析：
没有全面深入理解标准内容，并且合同采用陕西××知识产权服务有限公司的制式合同，也没有自己审查合同条款。
客户代表：肖××　　　日期：2017.02.10

纠正、纠正措施实施情况或纠正措施计划（仅针对一般不符合项）：（请提供相应见证材料）
1.《知识产权服务代理委托合同》补充协议。
2. 合同条款审查注意事项培训。
客户代表：肖××　　　日期：2017.02.10

跟踪结论：
□纠正和纠正措施可以接受且证实有效
■纠正和纠正措施计划可以接受，将在下次审核中验证有效性（仅针对一般不符合）
□纠正和纠正措施不能接受，或纠正措施未有效实施
审核员签名：罗××　　日期：2017.02.12

表 19-2　不符合项报告示例 2

受审核方：陕西××能源股份有限公司	审核日期：2017.01.25
受审核部门：技术部	性　　质：■一般　□严重

不符合事实描述： 受审核方未能提供相关的证明文件及时获取行业所属领域的知识产权信息。 以上事实不符合■GB/T 29490—2013　标准 6.4.a）条款，关于"建立信息收集渠道，及时获取所属领域、竞争对手的知识产权信息"的规定。 审核员（签字）：郭××　　审核组长（签字）：罗××　　客户代表：肖××
原因分析： 技术部未能进行行业领域知识产权信息搜集，相关人员知识产权意识淡薄，对知识产权认识不深入。 客户代表：肖××　　日期：2017.02.10
纠正、纠正措施实施情况或纠正措施计划（仅针对一般不符合项）：（请提供相应见证材料） 1. 知识产权信息汇总表。 2. 销售市场人员信息反馈记录。 3. 合同条款审查注意事项培训。 客户代表：肖××　　日期：2017.02.10
跟踪结论： □纠正和纠正措施可以接受且证实有效 ■纠正和纠正措施计划可以接受，将在下次审核中验证有效性（仅针对一般不符合） □纠正和纠正措施不能接受，或纠正措施未有效实施 审核员签名：罗××　　日期：2017.02.12

第三十二章 企业贯标中多场所问题如何处理

企业在贯标中，接受第三方认证机构审核时，面临的常见问题是如何处理好多场所问题。笔者结合案例，来进行分析说明。

【案情】

某大型国企，知识产权管理体系覆盖的职能部门共计19个（包括领导层/分公司/分公司下级职能部门），其中全部地址有3处，西安1处（总部）、渭南2处；公司总人数5 400余人，体系覆盖人数4 700余人，其中总部670余人，渭南两处分别为3 800余人、270余人，位于渭南的部门为采矿场（生产部门）。企业在确定认证范围时，考虑的是要将所有部门、所有产品全覆盖，因此将上述几个采矿场也放在了认证范围内，并提交多场所分布表，赋予其生产方面的职能。贯标过程中，上述部门主要贯彻的是生产方面的相关条款，企业最终认证范围涉及产品研发、生产、销售、采购的知识产权管理。在完成企业知识产权管理制度的建立之后，企业与第三方认证机构首次确认签订合同，第三方认证机构根据企业所递交的申请资料，确定审核人日数，进而确定合同金额为56 000元。

第一，对于多场所产生费用的确认。

企业按照认证公司提交材料的要求进行了材料整理以及提交，材料中涉及公司组织架构和人数、体系所覆盖机构图和人数，其中未明确每个场所的具体地址、往返日程等；认证机构针对企业人员规模以及场所数制定了合同，合同中明确了金额。企业收到合同后，在准备向第三方认证机构付款时财务需要费用明细，因而要求认证机构出具价格说明（各个场所需要的审核人日数以及该人日数是如何计算得出），认证公司认为合同中已写明整个企业审核所需要的人日数和价格，无法准确提供各个场所需要审核员人数以及审核天数，需要进入审核环节后，由审核组长具体确定如何安排。在企业的一再要求下，审核机构最终给企业提供了收费标准，企业认为与本企业的实际情况不符，渭南的两个场所仅仅负责生产职能，虽然人数多，单职能交单一，审核起来比较快，不应当分配较多的人日数，费用太高。

第二，合同签订后，进入审核阶段，审核老师在审核手册时，企业简介中提及除陕西外，在河南、山东均拥有生产基地，而多场所分布表中只有3个场所（西安1处、渭南2处），未涉及省外基地，故询问企业河南、山东基地是什么情况。若还包括这两处基地则审核任务会增加，签订合同时未与认证公司确认清楚，企业认为提交的多场所分布表中已明确地址，不包括省外场所，觉得认证机构没有充分了解企业的情况，只想多收钱。

【解决方案】

问题1：双方协商后，认证公司出具了一份收费说明：将每个场所审核需要的人日数、费用及人日数如此确定的原由进行说明，最后收费总计60 000元。企业收到价格说明后，对价格说明中各个场所进行注明，包括各个场所涉及的部门有哪些，涉及的条款职责。经过双方沟通，发现渭南两个场所确实职能单一，无需如此多的人日数，认证机构根据情况适当调整人日数，最终确定合同金额为56 000万。

问题2：企业与审核员沟通，说明省外基地不在本次认证范围内，无需去往现场进行审核，本次认证只涉及陕西省内，并重新提交多场所分布表，在企业简介中注明外省的两个企业情况，以及为何不在此次认证范围之内。同时，企业在多场所分布表中注明了从总部至各个场所需要的时间、去往多场所的方式等详细情况。

最终，该企业的认证工作顺利完成。

【总结】

（1）若企业营业办公场地涉及多场所，在提交多场所分布表时，应在表中注明各个场所的人数、涉及哪些部门、对应部门的工作职能、总部去往各个场所所需要的时间、去往方式等内容，以便审核员清楚明确地了解情况并安排审核计划，同时认证公司可以根据信息更加准确的确定审核所需的人日数。

（2）若企业涉及多场所，认证公司在制作合同前，应当与企业进行确认，并与审核员沟通多场所的情况，审核时应以提交的多场所分布表为准。

（3）多场所分布表中的地址应该详细，具体到××省××市××县/区××路××号。

（4）企业在准备认证资料时，要保证所有信息的前后一致，不要出现类似"企业简介中明明提到有外省的场所，认证时多场所分布表里又不涉及上述场所"这种情况。

实 践 篇

第三十三章　案例一　陕西省推动知识产权工作的模式和举措

近年来,陕西省深入贯彻党的十八大和十八届各次全会精神,推进创新驱动发展战略和知识产权战略,落实《国务院关于新形势下加快知识产权强国建设的若干意见》精神,实施陕西知识产权"一一八"工程,将知识产权管理规范化作为企业知识产权能力建设的基础性工程,立足企业需求,引导企业建立科学、系统、规范的知识产权管理体系,提升核心竞争力,发挥知识产权促进和支撑企业创新发展、科学发展的功能与作用,为加快创新型省份建设,推进大众创业、万众创新,实现知识产权"追赶超越"作出了应有的贡献。

一、基本情况

2012年,陕西省作为全国六个试点省份之一,在全国率先开展企业知识产权管理规范贯标工作。特别是2015年以来,省知识产权局连续三年作为"贯标年"强力推进知识产权贯标工作。截至2017年8月,已经有575家企业列入省级计划开展知识产权贯标工作,省知识产权局共投入专项经费1 553.6万元。

二、加强部门横向协同,引导企业开展知识产权贯标

部门联合发文部署贯标工作。近年来,在陕西知识产权"一一八"工程的指引下,省知识产权局与省国资委、省中小企业局等省级部门加强部门之间横向协同,共同推进企业知识产权贯标,联合印发了《关于在全省开展企业

知识产权管理规范贯标工作的通知》，对贯标的指导思想和主要目标、组织领导和贯标内容、辅导咨询和验收认证等内容作出制度性安排。

成立贯标工作领导机构。成立由各部门主管领导任组长、副组长，各单位业务处处长为成员的陕西省企业知识产权贯标工作领导小组，加强对全省知识产权贯标工作的统一领导。领导小组办公室设在省知识产权局专利管理处，具体承办相关工作。

发挥政策合力促贯标。各部门对通过省验收或专业认证的企业在申报国家知识产权优势企业、中国专利奖、省专利奖和创新研发中心以及知识产权质押贷款项目、贷款贴息项目等方面优先予以支持。省知识产权局还对列入省级计划的企业每家给予2万元启动经费支持，并对按期完成贯标并通过省验收或专业认证的企业给予3万~5万元补助。

三、完善贯标工作机制，稳步推进知识产权贯标工作

为了确保知识产权贯标工作稳步推进，省知识产权局逐步完善了贯标工作机制。

（1）企业遴选机制。根据属地管理原则，各设区市、杨凌示范区、韩城市坚持企业自愿原则，优先组织辖区内知识产权密集型产业中的企业、高新技术企业、设有创新研发中心的企业（中、省、市、县）开展贯标。

（2）贯标辅导机构备案机制。为了发挥专业机构在知识产权贯标中的作用，省知识产权局面向全国公开征集有条件、有意愿参与贯标的具有独立法人资格的知识产权、科技、法律等服务机构或行业协会，为企业提供咨询辅导服务。截至2017年4月，累计征集公布了三批65家省内外服务机构，由企业自行选择服务。

（3）专业认证与省验收并行机制。企业实施运行知识产权管理体系至少三个月后，可以对照国家标准评审程序要求，自愿选择向专业认证机构申请专业认证或者向省贯标工作领导小组办公室申请省验收。省验收采取与专业认证相同的程序、相同的标准、相同的外审员，确保标准的一致性。

（4）省验收随机抽取专家机制。省知识产权局设立贯标验收专家库，由

获得中知、中规等专业认证机构颁发外审员证书的人员自愿入库，目前已经有来自企业、专利代理公司、律师事务所、知识产权咨询服务等机构的省内外外审员58人入库。省验收时从专家库里随机抽取专家参与验收，确保公平、公正。

（5）省验收程序标准化机制。为了规范省验收工作，省知识产权局制定了《陕西省企业知识产权管理规范贯标验收工作指南》，对验收工作的组织、材料受理、文件评审、现场审核、验收报告、整改评审等作出了详细规定，使验收工作本身也按照标准程序进行。

（6）贯标辅导服务考核机制。为了规范贯标辅导服务，提升贯标辅导机构服务质量，省知识产权局制定了《知识产权管理规范贯标服务管理办法》，对承担省级工作计划的贯标辅导机构开展相关服务进行监督和指导。企业完成贯标工作任务后，省贯标工作领导小组办公室向企业发放《知识产权管理规范贯标服务满意度调查问卷》，回收后进行统计分析并定期公布。

四、主要效果

企业通过宣传培训、摸排知识产权状况、制定实施计划、建立知识产权管理体系、开展内部运行和改进修正等环节，知识产权贯标工作取得了较好的效果：一是增强了员工知识产权意识；二是整合了知识产权管理机构；三是激发了员工的创新热情；四是防范了知识产权风险。

第三十四章 案例二 "一带一路"起点咸阳的知识产权贯标工作

《企业知识产权管理规范》贯标工作自2013年开始推行，从企业贯标，发展到现在的企业、高等院校和科研院所的知识产权三标同贯。企业踊跃参与，各地政府积极推动，先后出台了各种贯标资助和奖励，产生了积极效果。陕西省咸阳市是国内目前少有的做到企业、高等院校和科研院所"三标同贯"的城市，在推动贯标工作的过程中，形成了一套独特的方式方法，值得学习和借鉴。

咸阳市2014年被确定为国家知识产权试点城市。贯标企业的数量是试点城市考核的一个重要指标，咸阳市以此为契机，并借助陕西省知识产权局大力推动贯标工作的机会，认真落实、扎实推动、成效显著，形成了一套独特的方法模式。这种模式区别于一般粗放式的知识产权管理方式方法，要求在贯标全过程中对关键环节进行管控，在贯标单位和辅导机构的遴选、目标责任书的签署、贯标过程的跟进、认证后再审核及贯标后续的跟踪服务方面形成了一套值得借鉴的方式办法。

一、严格筛选企业

咸阳市知识产权局对贯标企业进行严格筛选，入围的企业必须是领导重视贯标工作、企业对于贯标有真正内在需求、知识产权工作基础较好的单位。

筛选企业采用企业自行申报与各区县科技局推荐相结合的方式。对于初步符合条件的企业，咸阳市知识产权局会组织人员现场考察，与企业负责人全面交流，告知其贯标工作的流程、后期需要的配合，要求全体员工必须参与到贯标中来，并且必须按照标准贯彻执行。企业都会深思熟虑，最后被确定下来的，都是真正有贯标意愿的企业。

咸阳是中国西部的地级市，大多数企业对知识产权工作不够重视。在企业的观念中，政府资助贯标就像科技项目申报一样，是企业无偿获得的，政府对项目成果本身的考核不严格。大部分企业在前期申报的时候就是抱着这样的心态，但经过咸阳市知识产权局人员耐心说明贯标工作的要求后，很多企业就退缩了，从而为真正有贯标需求的企业留下了宝贵的贯标名额。最终，这些参与到贯标工作中来的企业，都是有真正内在需求的企业。

咸阳局正是通过这种方式，确定了一批真正有贯标需求的企业，参与到贯标工作中，优中选优，分批次解决企业知识产权贯标需求。

二、扎实学习业务

咸阳市知识产权局非常重视人员专业能力的培养和提升，以考促学。该局现有工作人员10名，其中6人具有专利代理人资格证，其他几位也都在积极备考。成胤作为咸阳市科技局分管知识产权工作的副局长，自己身先士卒，对知识产权工作倾注了一腔热情。军转干部的他，每天晚上学习到十二点，遇到有价值的信息，就及时向多个相关微信群推送，让企业人员和知识产权从业人员尽快了解知识产权行业最新热点资讯。他已经在国内四十多个微信群坚持推送知识产权信息达一年半时间，国内很多的知识产权人都是从微信群内认识了他。

成胤副局长还督促团队里的每一位成员要扎实学习，要求每个人都要制定自己的学习计划，因人制宜，钻研各项业务知识。他充分利用外派、请进来等各类学习方式，参与辅导机构现场辅导、观摩认证过程，鼓励大家学习贯标内审外审业务。咸阳市知识产权局局长王军，拥有专利代理人资格证和律师资格证，从事知识产权工作30年，坚持不断学习，2016年被评为全国知识产权先进个人，在知识产权工作上兢兢业业，而且非常专业。

此外，咸阳市知识产权局还对知识产权工作进行专业化管理，学习宏观管理、学习专利技术转移、专利质押融资、专利保险、专利分析。有送出去学习的，到四川、广东、上海、浙江……足迹遍及全国各地；有把老师请进来的，如举办中医药培训班、举办专利申请实务初级班、中级班、电子商务企业培训、煤炭企业知识产权培训、茯茶企业知识产权培训、专利检索分析培训班等，每年10多场；还进行各种小规模专题培训，一对一辅导。参加学习人员回来后制作PPT给其他人员现场讲解，知识共享。

除了面对面学习以外，成胤副局长关注的全国各地知识产权类的微信公众号150多个，加入的知识产权微信群80多个，同时，还自己组建了多个知识产权学习交流群。他加入及组建的知识产权微信群包括：中国知识产权贯标群、咸阳市知识产权贯标群、咸阳市专利实战群、中国知识产权基层工作者俱乐部群、咸阳企业家知识产权交流群、为了培养知识产权人才的初学者群等。成胤副局长还在咸阳市科技局的扶贫点建立了秦庄村（扶贫村）知识产权就业培训群，群内聚集了全国各地知识产权专家、省市知识产权界领导、知识产权代理人和企业知识产权主管，群内每天推送各种知识产权资讯、新闻和案例，相互讨论分享。比如针对国家发明专利奖获奖情况，咸阳迄今没有一件专利真正获奖，大家纷纷献言献策，从如何培育和筛选优质专利、如何获得推荐机会、如何成功申请等多方面提出对策，线上讨论热烈。还有人向成局长提议，邀请大家做一期关于如何获得专利金奖的讨论会，关于如何将知识产权与扶贫工作相结合，群内讨论推行"品牌+龙头企业+农户模式"，甚至还提出商标扶贫，为合作社免费注册商标。诸如此类的好建议，群内每天都有，不断有新的创意出现。

在各方的努力下，经过充分讨论和群友们献计献策，咸阳市有两件发明专利被省知识产权局推荐参加全国专利奖评选活动。

企业在贯标中涉及信息资源收集和利用部分内容中，很多企业不知道如何建立信息收集渠道，有企业老总开玩笑说，加上了成局长的微信号，他的朋友圈就是最全最及时的信息库。

正是通过以上各种途径、各种方式，自上而下掀起学习的热潮带动了整个咸阳市知识产权人的学习热情。

三、辅导机构选择

要想把贯标工作落到实处，必须有优秀的辅导机构参与进来。咸阳局规范辅导机构选择标准，确立淘汰机制。辅导机构必须具有良好声誉，有专业辅导能力，辅导人员要有长期从事知识产权工作经验，并由省级以上机构进行过系统贯标知识培训并经考核合格的人员。

同时，辅导人员具有专利信息分析能力，能在辅导过程中教会企业熟练掌握各种检索技能，灵活运用专利数据。上年度辅导能力差、效果不好的机构，下年度将不被支持参与辅导工作。咸阳市知识产权局对每一家辅导机构的现场辅导都派人跟踪，掌握贯标工作每一个环节情况。曾经有一家辅导机构，因为没有专业的人员，在启动会环节外聘了一名老师进行辅导，但后期工作迟迟无法开展。对于这种情况，咸阳市知识产权局为了对贯标市场进行规范化管理，表示今后不支持该辅导机构参与咸阳的贯标辅导工作。

知识产权贯标是一项新生事物，质量的好坏，辅导机构起到很大的作用。因此，对辅导机构的选择至关重要。而大多企业不了解这个行业，导致前期选择的机构开完启动会后就再也没有下文。针对这种情况，咸阳局帮企业把关，对重点、关键节点进行跟踪和管理。贯标的企业都是基础好、领导重视、有提升知识产权工作管理需求的企业，如果前期这项工作流于形式，会对企业产生不良效果，会有企业不积极参与或者走过程的情况出现。这样，对监管贯标工作各级的政府部门、对企业自身、对贯标的辅导机构三方的声誉都会受到影响，并且会直接影响到国家重视知识产权工作的战略大局。因此，咸阳市知识产权局派专人负责跟踪，每次启动会、诊断会、宣贯会都会派人参加，使辅导机构不能浑水摸鱼、滥竽充数。

四、贯标的全过程跟进与管理

（一）多次召开推进会

咸阳市知识产权局对贯标工作的每个环节全程参与、每家企业亲临观摩，迫使企业重视、辅导机构不能走过场。很多企业在前期申报的时候信心满满，但因为贯标工作周期长、环节多，长则一年，有些企业人员频繁更换，新人对贯标工作有畏难情绪，导致贯标工作很难开展，迟迟没有进展。比如咸阳某集团公司，在 2013 年就被省知识产权局确定为贯标试点单位，但一直到 2014 年年底都没有任何进展，2015 年年初，又被咸阳局确定为第一批贯标支持单位，2015 年 5 月，所有贯标企业都在顺利推进，而这家公司的贯标工作还未真正开始。经过与公司总经理沟通，找到了症结所在，立即成立工作小组，召开启动会、诊断会和接下来的各种文件编写工作，推进速度大大提高。2015 年 9 月底，该集团公司成为陕西省第一家接受第三方认证机构现场审核的企业，并顺利获得认证证书，年底还应邀参加了全国贯标服务联盟经验交流会。且凭着出色的贯标工作，获得陕西省知识产权局、咸阳市知识产权局和渭城区政府共 100 多万元的资金扶持，获得了外界的高度认可。

召开贯标进程中的推进会，能够及时发现问题、解决问题，为企业、辅导机构扫除障碍，使得这项工作才能在企业中顺利推进，确保贯标工作如期、高质量完成。

（二）签订贯标项目责任书

咸阳市知识产权局会和进入确认贯标名单的企业、辅导机构三方共同签订贯标项目责任书，明确贯标各阶段工作时间、效果和目标。责任书明确规定：对于未按责任书要求完成贯标的企业，三年内市知识产权局不再受理其申报的各类知识产权项目或资助。对于辅导机构，如果没有按照责任书要求完成贯标辅导工作的，或只为企业做贯标文件不进行全面辅导的，三年内将不支持其在本区域内开展相关业务。

咸阳市知识产权局负责对知识产权贯标工作进行监督管理，对贯标工作中的重要环节指派专人进行跟踪，在企业通过第三方认证的 6 个月内，对企业的贯标工作进行随机抽查监督，对达标企业及有关单位及时支付资助资金，对不按标准要求完成辅导的辅导机构上报陕西省知识产权局予以通报。

（三）建立贯标工作跟踪卡制度

为了对辅导机构的服务频次和服务质量进行精细化管理，防止辅导机构和企业相互推诿，咸阳市知识产权局建立了贯标工作跟踪卡制度。辅导机构每次去企业辅导，对服务时间、地点、服务内容、解决的问题、面临的困难和参加人员等进行详细登记，并由企业管理者代表和辅导机构人员签字确认。辅导周期结束后将对跟踪卡进行统计汇总，对整体情况进行评价。

（四）集中解决贯标中的共性难题

在贯标过程中辅导机构和各家企业都会面临新的困难，比如，检索对于大多数企业来说，是贯标中难度最大的工作。但是贯标中专利申请前检索、信息收集和利用，立项前检索，研发前、中、后检索，销售前及展会等检索预警等，都对检索有明确的要求。作为贯标中的重中之重，如果企业掌握不了检索手段，贯标工作很难落到实处。为了解决企业研发、销售及知识产权管理人员检索能力不足的问题，咸阳市知识产权局先后多次组织召开专利检索培训班，邀请国知局审查人员进行系统全面的实战检索培训，2017年又针对当年的贯标企业，邀请了解贯标工作、又熟悉检索工作的审核员专门进行检索分析培训。

（五）定期抽查企业贯标效果

咸阳市知识产权局定期对贯标企业进行抽查，检验贯标效果。

1. 企业知识产权意识是否提高

企业各项知识产权管理是否得到规范，从门卫的保密登记，到行政文件管理、财务费用预算、采购中知识产权调查、人员招聘与离职、销售风险的排查和市场跟踪等各个部门要管理规范，有规程可依，尤其是查看企业一把手知识产权意识是否有所提高。

2. 企业知识产权能力是否提升

企业是否能积极主动将规范要求融入日常管理工作，自觉自发进行各种知识产权活动，比如充分挖掘并合理进行专利布局，熟练运用各种检索技能，跟踪竞争对手知识产权信息，在竞争中知己知彼。

3. 企业知识产权风险是否降低

企业的各种知识产权风险是否降低。商业秘密的保护、人员的管理、合同的规范、侵权风险的避免和知识产权的流失等各种风险识别、管控、评价和应对能力显著提升。比如咸阳某企业在贯标之前，接待同行来访的时候，没有任何保密管理及风险防范意识，导致该企业的重要图纸和其他经营信息出现泄密。通过贯标，企业风险意识得到提高，在各个环节设置了风险控制和防范管理措施，此类情形再也没有发生过。

咸阳的生益科技和西诺医疗集团，通过贯标后，在企业内部建立起了专利信息跟踪利用制度。公司专门人员对行业内和竞争对手专利情况进行跟踪，将信息汇总后每周向公司领导和主要相关部门推送一次信息情况，做到知己知彼，帮助企业决策，收到良好效果。正是通过贯标，咸阳越来越多的企业在知识产权风险防范上加强了自我保护。

(六) 认证观摩

企业接受外部审核时，咸阳市知识产权局会派管理人员现场观摩审核过程，了解贯标认证过程中的有关要求，督促企业后期查漏补缺并跟踪纠正不符合项。

(七) 建立知识产权贯标操作程序

为了对贯标工作进行监管，制定了《咸阳市知识产权贯标管理工作操作程序》，对企业的选取、中间环节的监督、后续的补助以及如何保证贯标工作效果都有流程性规定。注意收集贯标中每个环节的文件和表单，为每家企业建立贯标档案，以便于系统全面管理。

五、资金和项目扶持

(一) 贯标中后补助模式

咸阳市知识产权局与全国其他政府对贯标的资助模式有所不同，采用后补助的形式。对于确定的贯标企业，要求其前期先开展贯标工作，通过认证之后，半年之内咸阳市知识产权局通过抽查企业的知识产权管理工作，认为其确实实际运行的，拨付贯标资助款项，防止企业领取了资助却对贯标工作不重视的情况发生。

(二) 监督审核费用资助

与其他地方的贯标资助不同，咸阳局除了资助企业前期的体系建设和认证工作而外，还准备设立专项资金资助贯标后每年完成监督审核的企业，给予每一家企业一定数额的资助，防止有些企业建立了体系，却在后期因为费用问题中途放弃监督审核，使得贯标企业后续的持续运行无后顾之忧。

(三) 专利分析项目资助

在贯标过程中，鼓励企业将贯标工作与其他工作深度融合，辅导机构与企业共同挖掘内在深层次需求，为后续有针对性深入服务提供依据。对于真正有需求的企业，咸阳局会进行重点扶持，主要是支持企业开展专利分析、专利导航、重大评议、专利预警等工作。已经连续两年支持了近十家企业专利分析项目。对通过贯标的生益科技，进行了行业数据库项目支持，帮助企业进行信息分析和利用。让这些企业先行先试，起到示范、带动和引领作用。

六、经验交流和推广

对上年度贯标工作突出的企业，作为典型，邀请其做经验交流。

超越离合和蓝博机械两家分别在全市的知识产权培训班和工作会议上做了经验交流。这两家从知识产权管理对企业的作用、领导的态度、企业知识产权管理人员角色和工作内容的改变等方面，与其他企业进行了分享和交流，使得其他企业跃跃欲试学习其先进经验和好的做法。让那些对贯标还持观望态度的企业，树立信心做好贯标工作。

七、企业、高校和科研机构贯标齐抓共管

咸阳市连续3年共完成近50家企业贯标，在知识产权基础较好的企业内部建立起了规范化管理，还积极推进科研机构和高等学校规范管理工作。在咸阳的毕塬路上，出现了知识产权贯标一条街。这条街上多家企业、科研院所、

高校都实施了贯标工作，有全省第一家通过现场审核贯标的西诺医疗器械集团，有被中规公司审核员称为全国中小企业贯标样板的超越离合公司，有全国率先开展科研机构贯标的陕西中医药研究所和中国兵器科学研究院202所，有全国第一家启动高校贯标的高职类院校陕西工业职业技术学院，以及刚刚启动贯标的陕西省机械研究院、陕西省农业机械研究所等。

八、继续探索贯标工作的新模式

（一）贯标模式大胆创新

咸阳的贯标工作取得了一定效果，但不会停留在既有模式上。咸阳市知识产权局将在现有规范的基础上继续大胆创新，探索多种贯标模式，如探讨知识产权贯标如何与"互联网+"结合，尝试运用互联网模式，推动贯标。

（二）打造全国首辆贯标公交专线

咸阳市知识产权局专门做了贯标公交专线18路公交线，2017年"4.26"期间，全国第一辆知识产权贯标公交专线出现在公众的视野里。独特的车体，靓丽的外观，"贯彻知识产权管理标准推进创新驱动发展战略""贯彻知识产权标准护航企业创新发展"的宣传用语格外醒目，吸引了不少市民驻足观望。

（三）探索新的贯标形式

咸阳市知识产权局积极探索行业知识产权贯标，如准备在茯茶行业或电子商务（行业）领域选择一批基础好、积极性高的骨干企业，进行整体贯标。此外，还准备推动园区的整体贯标，将贯标工作与企业管理工作相互结合，作为服务企业、产业和区域经济的一种手段，让各行各业都能受益。

通过几年的贯标，咸阳市已经涌现出一批知识产权基础扎实、管理规范、运用灵活和风险防范意识较强的企业，有力推动了咸阳市知识产权工作的开展，促进了咸阳市经济的快速增长。

第三十五章　案例三　陕西摩美得制药有限公司案例

陕西摩美得制药有限公司（以下简称摩美得公司）位于中国中医药文化正源之地的古城咸阳，于1995年成立，在制药产业的潮涨潮落中从小到大，由弱求强。近年来，摩美得公司在国家大力发展中医药产业的政策扶持下，规划投资，企业拥有九个药用剂型的生产线，已经通过了国家的GMP认证。在独立创新发展，保护知识产权的过程中，摩美得公司采用自主研制与合作开发相结合的方式，完成了妇科、儿科、胃肠科、心脑血管科、骨科、泌尿科等十余种分科产品的组合配置。摩美得公司坚持以"网络建设为基础，品牌建设为核心，文化建设为支柱，质量建设为生命，科技建设求发展"的企业宏观发展战略，在多年的实践中，创新、完善，逐步形成了多层次、多渠道的独特销售模式，具备了成熟的管理体系，拥有强大主导品牌，始终坚持品质至上，科技领先的企业发展原则。

2017年6月，摩美得公司顺利通过企业知识产权管理体系认证并获得证书。说起知识产权贯标，摩美得公司的员工有很多收获和感想。

一、领导重视

摩美德公司2016年5月31日召开贯标启动会，由董事长牵头，各部门负责人及业务骨干200余人参加。启动会的成功召开，标志着知识产权贯标工作正式启动。主要工作为：

（1）由董事长担任第一责任人，任命了管理者代表，明确了牵头部门及各部门职责，责任落实到人，目标分解到部门。

（2）将体系建设工作纳入员工考核范围，大大提升员工工作积极性，奖惩结合，全方位推进贯标工作。

（3）建立阶段汇报机制，要求各部门按阶段汇报工作进展情况，使实际工作中遇到问题、存在的难点以及对资源需求能够及时协调并快速解决。

（4）与辅导机构保持及时沟通，对于企业的发展现状、发展目标有清晰的把控，紧扣《企业知识产权管理规范》的指导原则和要求，使知识产权管理体系切实符合公司实际发展情况。

二、选择重点环节重点培养

市场是企业生存发展的重要保障，是企业获取直接利益的通道，但也是企业面临知识产权风险最大、最容易引发知识产权纠纷的环节。摩美得公司市场部结合标准要求和部门的实际工作，正视不足，发现问题，及时汇报，以知识产权为抓手大大提升市场竞争力。具体措施主要有：

（1）市场部在辅导机构的协助下对市场人员定期进行知识产权业务培训及知识产权贯标体系培训。首先针对《企业知识产权管理规范》8.5销售和售后条款进行讲解，保证市场部人员能够理解并且熟练实施；然后加强市场人员的知识产权保护意识，力求知识产权工作契合于市场部日常工作中；最后培训市场人员信息收集整理及分析能力和专利信息检索分析能力。专业系统的培训为知识产权管理体系良好有序运行提供了保障。

（2）开展对竞争对手产品知识产权信息、对重点领域同类产品知识产权信息调查工作，定期监控市场同类产品市场环境变化情况、产品更新换代情况、产品技术情况等信息，形成分析报告，为公司产品研发提供参考。同时监控本公司相关知识产权侵权与被侵权情况，以便公司做出应对措施。

（3）市场人员在商标的市场监控方面做得尤为突出。商标作为无形资产，已成为打造企业品牌形象的重要手段。市场人员在市场监控环节十分注重商标保护，密切关注市场情况，对收集回来信息进行整合分析。协同研发中心、知识产权部制定知识产权风险预案，一旦发现侵权与被侵权情况发生，立即采取措施，最大程度降低公司的损失。

（4）建立专门的对外信息发布审批制度。市场部门结合标准要求，将公司原有的广告印刷流程进行修改，分别制定了网站信息发布、产品宣传册、广告媒体信息发布等审批制度，从制度层面规范化管理，极有力地加大了公司商业秘密的保护。

摩美德公司知识产权贯标工作从实施至今，不仅弥补了公司的知识产权管理漏洞，而且大大提升公司市场知识产权管控能力，降低经营风险，为保持市场竞争力提供坚实的基础。

第三十六章 案例四 咸阳泾渭茯茶有限公司案例

咸阳泾渭茯茶有限公司（以下简称泾渭茯茶）成立于2009年，是集茶叶科研、茶叶生产、茶叶包装、茶叶加工销售、茶文化传播于一体的专业茶产业公司。随着知识产权战略经济的发展，企业意识到知识产权的重要性，泾渭茯茶于2016年9月启动了知识产权贯标工作，在辅导机构的协助下企业顺利于2017年4月25获得知识产权管理体系认证证书。

对贯标工作，泾渭茯茶有自己的独特做法，具体表现在以下方面。

(1) 随着知识产权贯标工作的深入进行，研究所定期对竞争对手、行业领域及市场情况进行收集整理，并委托专业机构开展专利信息分析工作，为企业发展、市场定位、技术研发提供依据。

(2) 知识产权贯标前，公司人员对知识产权理解不深入，认识不到位，不知道知识产权到底是什么、为什么要保护知识产权。贯标后，公司员工的知识产权意识增强，并能有效运用和保护知识产权。在公司密切配合下，辅导机构在调研诊断阶段制定了缜密的工作计划和方案，采取"一对一"的面谈方式，与各个被调研部门负责人及知识产权联络人员沟通，了解目前知识产权工作状况和存在问题。如生产部门不理解知识产权和本部门的关系，牵头部门和辅导机构进行现场讲解并记录问题，以便后续开展针对性的培训，深化知识产权意识。

(3) 知识产权贯标体系建设后，公司针对专利撰写要求、专利挖掘和布局进行专题讨论。从专利撰写层面，加强发明人的撰写能力和知识产权管理人员的综合业务能力，从源头控制好，从重视数量到重视质量。对于核心专利和重点技术进行布局，使公司科研成果得到充分保护。

（4）知识产权贯标后更关注商标品牌战略实施和商标品牌的保护及运用。知识产权贯标体系建立后公司对现有商标规范化管理，每个商标的使用方式、使用时间都在受控状态，对到期商标及时续展。商标在申请前进行检索，避免人力、财力、物力的浪费。

（5）贯标后，公司细化了各类合同中知识产权条款。人事合同中要约定知识产权权属，明确发明创造人员享有的权利和负有的义务；公司物资采购部在进行采购时，除了要求供应商提供相关资质外，对涉及知识产权的产品还应提供权属证明，还在采购合同中增加了知识产权权属、许可使用范围、侵权责任承担等内容。

知识产权管理体系的建立，使公司的知识产权管理有了明显改善，员工的知识产权意识明显提高，比如发现的知识产权侵权行为，就是市场人员提供的信息，从市场收集的证据。总之，通过知识产权贯标，泾渭茯茶的知识产权工作有了质的飞跃，相信在未来，知识产权一定能引领公司的发展，提升公司的竞争力。

第三十七章　案例五　陕西派诚科技有限公司案例

陕西派诚科技有限公司（以下简称"派诚科技"）成立于2005年，注册资本6 000万元，先后荣获国家级高新技术企业、CMMI三级认证企业、信息系统集成三级资质和西安小巨人优势企业等荣誉称号。公司业务分为软件开发、系统集成、通信基础服务等三大模块，涉及政府电子政务、移动警务、智能安防、智慧旅游、无线城市、智慧教育等多个行业领域，与中国移动、中国电信、中国广电等多家运营商展开业务合作，为客户提供全流程、全周期的一体化解决方案，是信息业务服务提供商。派诚科技现有员工近百人，专业技术人员占公司总人数70%以上。现有知识产权证书42项，其中软件著作权证书34项、商标证书8项，申请中软件著作权4项、商标4项。

在派诚科技知识产权体系贯标初期，企业知识产权负责人就表示："在目前高新技术产业加快发展的形势下，企业要实现跨越式发展，必须努力提升技术创新层次，注重强化原始创新，获得更多的原创性技术创新成果，使企业的技术创新真正达到国内、国际领先的高水平，从而创造更多的利益。因此对于知识产权贯标一事，公司领导高度重视和支持。目前公司知识产权储备是以软件著作权为主，未涉及专利，这与企业的一直以来的业务类型、发展方向相关，但公司希望能够在专利方面尤其是发明专利方面有所突破，希望能借此机会提高公司知识产权创新能力、提升知识产权管理水平。"为实现公司"发明专利零突破"的知识产权目标，派诚科技从多个方面努力。

一、设立知识产权部

派诚科技成立了知识产权部,明确其职权,专门负责公司知识产权申请、维护、布局、体系贯标等方面的事务。知识产权部2人,有明确的任职条件和岗位职责。此举按照GB/T 29490—2013《企业知识产权管理规范》5.4.2、6.1.1条款要求执行,能够避免了互相推诿的现象,并保证各司其职、体系正常运行。

二、加强培训,增强人员知识产权意识和能力

加大知识产权培训力度和效果评定,是提升员工知识产权意识和能力的一个重要保障。派诚科技关注省、市、专业机构的动态并保持联系,有相关的知识产权培训均会安排人员参加。近一年来,派诚科技邀请专业机构人员到公司进行了专利知识的培训2次,内部组织培训多次,同时参加了省、市、区等知识产权管理部门、机构组织的检索分析培训班、知识产权维护保护班、专利布局等方面诸多培训。为保证培训效果,每次培训完毕均通过笔试、内部分享讨论或实践操作等方式进行考核,确保理解培训内容并总结分享给公司其他人员。通过多次培训和考核,派诚科技人员的知识产权意识深入人心,研发人员通过检索、分析等手段学习和掌握更多的行业知识,拓宽了研发思路。

三、制定激励奖励政策

贯标以前公司对于知识产权方面的创新并无激励政策。在贯标后,知识产权负责人首先按照《规范》5.3.3条款识别了相关法律法规并学习了其中关于专利奖励的内容,结合《规范》6.1.6条款要求制定了知识产权奖惩的规定,明确了对于公司的知识产权创造、保护、合理化建议等方面的奖励。此举对于做出创新的人员是一种物质和精神方面的支持和鼓励,对公司内部的创新改进氛围起到了很大的积极作用。

目前，派诚科技的知识产权管理水平有了很大的提高，发明专利正在申请中，为公司实现"专利零突破"迈进了一步。

《规范》中关于知识产权各过程的管理要求明确而详尽，以上所列内容仅是派诚科技也是所有贯标企业工作中的一部分。据了解，在派诚科技知识产权体系有效运行的同时，鉴于体系运行带来的诸多好处，公司知识产权负责人有意将知识产权体系的运行模式分享和推广到派诚兄弟公司，希望能为企业和知识产权事业的发展添砖加瓦。

第三十八章　案例六　陕西斯瑞新材料股份有限公司案例

陕西斯瑞新材料股份有限公司（以下简称斯瑞新材料公司）是目前国内规模较大的专业制造铜铬锆合金系列材料的厂家，拥有电力领域用铜铬合金触头材料及轨道交通大功率牵引电机用铜铬锆合金转子材料两个细分领域的世界第一，主要客户有西门子、施耐德、ABB、美国GE、阿尔斯通、庞巴迪、中车集团、国网天津平高、宝光、旭光等，并荣获美国GE"2015年度最佳竞争力供应商奖"、美国GE能源"2015年度最佳配合奖"、美国GE交通2016年"最佳供应商奖"等奖项。

斯瑞新材料公司目前已具有一定的规模，客户基本是国内外知名大型企业，并且客户在知识产权管理方面已经有了一定的成熟度，并且对供方也提出了一些知识产权方面的要求。同时，斯瑞新材料公司拥有的知识产权不在少数，但是企业内部对于知识产权的获取、维护、保护、运用和日常管理存在一定的不足，合同的知识产权管理也不完善，内部知识产权管理制度不健全。在这种情况下，企业领导决定，开展《企业知识产权管理规范》贯标工作，规范管理企业知识产权，以提高企业知识产权管理水平，应对市场竞争。

2016年4月底，斯瑞新材料公司全面启动GB/T 29490—2013《企业知识产权管理规范》贯标工作，经过最初的懵懵懂懂，到略知一二，再到管中窥豹，层层深入、循序渐进地认识到贯标给企业带来的益处。从最初体系建立、运行，到内审、管理评审，再到外部验收，企业的知识产权管理体系逐渐完善，内部管理水平不断提升，培养了专业的知识产权工作人员，知识产权的保护、维护和获取有了很大的突破，在很大程度上防范了知识产权风险。企业在知识产权体系贯标过程中做了大量的工作，取得了很好的成效，主要突出表现在以下方面。

一、规范信息资源管理

贯标之前企业内部的知识产权信息零零散散,虽然也有收集,但信息收集少,管理不系统,并且没有对信息进行充分的利用,起到该有的作用。贯标以后,为了规范化管理,企业制订了《知识产权信息控制程序》,明确了信息归口管理部门,各部门的职责,明确了信息的分类、收集的渠道、信息的保存和传递等具体的要求,各部门及人员及时收集相关的知识产权信息,分析利用所收集到的信息,将分析结果运用到企业的生产经营过程中。

二、提高自我保护意识

由于企业截至目前还没有遇到知识产权纠纷、涉外贸易纠纷等,故公司大多数管理干部在知识产权风险管理方面意识模糊,甚至是非常淡薄;贯标之前,生产部、销售部、采购部等部门部分人员甚至认为自己部门的工作根本不涉及知识产权,并对知识产权的概念仅有狭隘认知,认为知识产权就是专利,知识产权的管理是企业的研发中心的事情,与自己没有关系。这种情况下,企业内部便存在很大的知识产权风险。贯标后,企业对不同层次人员培训不同的内容,包括:全体员工的业务领域和岗位要求的培训;企业中高层干部以及相关人员参加 GB/T 29490—2013《企业知识产权管理规范》标准的培训;研发人员参加省知识产权局组织的专利检索、分析等相关知识培训;研发人员参加外部知识产权代理机构组织的专利申请培训;组织全员参加知识产权管理体系体系文件的培训;在企业内部进行全员保密知识培训等。经过分层次多轮次培训,循序渐进,企业员工的知识产权意识有了很大的提升,并且能够明白自己在知识产权管理中扮演的角色,在企业的检查和监督下,在工作中扮演好自己的角色。

企业建立了《知识产权风险管理控制程序》《知识产权纠纷处理控制程序》《知识产权保密控制程序》,通过培训,员工了解到:企业存在的知识产权风险都有哪些,怎么去防范;发生知识产权纠纷时该如何做,如果进行保密管理，防止保密信息的泄露，从而防范知识产权风险。除此以外，企业内部大会小会强调知识产权风险意识，并且企业开设专门的风险意识培训课程。与此同时，彻查企业生产设备、办公设备、使用的软件是否有侵权行为，一旦发现可疑，立即启动《知识产权应急方案》。通过这种方式，不仅可以降低生产经营风险，还可以避免或减少在产品全生命周期管理过程中出现知识产权或法律风险。

三、加强合同知识产权管理

在知识产权管理体系诊断调查时发现，企业的销售合同、劳动合同、采购合同、外协合同等，只有少部分涉及知识产权条款的规定，并且知识产权条款内容也不全，借用企业人员的一句话，"看了我们的合同，结合标准的要求，发现存在的风险，让我们如履薄冰"。不错，合同知识产权条款缺失或者不全，会让企业存在很大的知识产权风险。比如采购合同，如果没有与供方在合同中明确知识产权属、许可使用范围和侵权责任承担，那么如果发生侵权事件，责任到底由谁来承担？如果由企业来承担，如果是很大的赔偿，企业岂不是得不偿失。了解利害关系后，企业依据标准要求制定了《知识产权合同管理控制程序》，补充完善相关合同知识产权条款内容。并将合同的知识产权条款拥有率100%列为企业的年度知识产权目标。经过一段时间的体系运行，内审时发现，所以的合同中知识产权条款已经完全，有的知识产权条款直接添加在合同内，有的制定专门的《知识产权补充协议》作为知识产权内容的补充。通过以上手段防范了合同中存在的知识产权风险。

四、规范立项、研究开发管理

在立项、研发管理方面，企业从未系统的收集各项目的知识产权信息，也没有在立项阶段明确产品潜在的合作伙伴和竞争对手，导致知识产权分析不够全面，也无法很好地与市场调研相结合，这样一来风险评估也就显得苍白无力了。

启动贯标后，企业及时发现问题并制订了《知识产权实施运行控制程序》，明确立项、研究开发阶段需要做的工作，及时分析项目所涉及的知识产权信息，并与市场调研相结合，明确产品潜在的合作伙伴和竞争对手，及时进行知识产权风险评估，并将评估结果合理运用。除此以外，定期对开发的创新成果加强监控与管理。在专利的分析、评估、申报与管理方面，强化新项目的知识产权查新检索工作，及时跟踪监控研发活动中的知识产权，避免或降低知识产权侵权风险；有研发成果时，由研发部门提出申请，办公室、研发中心等及时对研发成果进行评估和确认，并明确其保护方式，是以申请专利、商标还是商业秘密的形式保护，或者其他方式，适时形成知识产权。

斯瑞新材料公司是目前国内规模最大的专业制造铜铬锆合金系列材料的厂家，拥有电力领域用铜铬合金触头材料及轨道交通大功率牵引电机用铜铬锆合金转子材料两个细分领域的世界第一，在行业内、国内均具有一定的地位，并参与了相关标准的制定。开展知识产权贯标工作，企业领导的重视、全体员工的参与，与企业实际的适宜程度，是知识产权贯标的重点，而斯瑞新材料公司也做到了这些，所以在贯标过程中取得了很大的成功。目前，企业内部的知识产权管理体系正在有效运行着。斯瑞新材料公司的愿望是，通过贯标首先规范管理，下一步目标是实现增加进一步增值，从而促进企业健康发展、提升核心竞争力。

总之，随着知识经济的全面到来，知识产权的作用日益凸显，可以预见，没有知识产权的企业是没有未来的。吐故纳新、除旧布新，不断完善。做好知识产权管理需要经历创造、获取、管理、运用、保护等几个阶段。如果能在知识产权管理的每一个阶段都设置相应的基本流程和控制要点，企业的知识产权管理工作必将变得更简单、有效，从而提高企业的核心竞争力，这也正是斯瑞新材料公司进行知识产权贯标的意义所在。

附录

附录1 《企业知识产权管理规范》（GB/T 29490—2013）

前 言

本标准按照 GB/T 1.1—2009 给出的规则起草。

本标准由国家知识产权局提出并归口。

本标准起草单位：国家知识产权局、中国标准化研究院。

本标准主要起草人：马维野、雷筱云、马鸿雅、刘海波、徐俊峰、唐恒、常利民、袁雷峰、张杰军、张艳、杨哲、黄晶、韩奎国、岳高峰。

引 言

0.1 概述

本标准提供基于过程方法的企业知识产权管理模型，指导企业策划、实施、检查、改进知识产权管理体系。

0.2 过程方法

利用资源将输入转化为输出的任何一项或一组活动均可视为一个过程。通常，一个过程的输出将直接成为下一个过程的输入。企业知识产权管理体系是企业管理体系的重要组成部分，该体系作为一个整体过程，包括知识产权管理的策划、实施、检查和改进四个环节。

企业知识产权管理体系的输入是企业经营发展对知识产权管理的需求，一般包括：

a) 开发新产品，研发新技术；

b) 提高产品附加值，扩大市场份额；

c）防范知识产权风险，保障投资安全；

d）提高生产效率，增加经济效益。

通过持续实施并改进知识产权管理体系，输出一般包括：

a）激励创造知识产权，促进技术创新；

b）灵活运用知识产权，改善市场竞争地位；

c）全面保护知识产权，支撑企业持续发展；

d）系统管理知识产权，提升企业核心竞争力。

本标准采用过程方法：

a）策划：理解企业知识产权管理需求，制定知识产权方针和目标；

b）实施：在企业的业务环节（产品的立项、研究开发、采购、生产、销售和售后）中获取、维护、运用和保护知识产权；

c）检查：监控和评审知识产权管理效果；

d）改进：根据检查结果持续改进知识产权管理体系。

0.3 原则

本标准提出企业知识产权管理的指导原则：

a）战略导向

统一部署经营发展、科技创新和知识产权战略，使三者互相支撑、互相促进。

b）领导重视

最高管理者的支持和参与是知识产权管理的关键，最高管理层应全面负责知识产权管理。

c）全员参与

知识产权涉及企业各业务领域和各业务环节，应充分发挥全体员工的创造性和积极性。

0.4 影响因素

企业实施本标准应考虑以下因素：

a）经济和社会发展状况，法律和政策要求；

b）企业的发展需求、竞争策略、所属行业特点；

c）企业的经营规模、组织结构、产品及核心技术。

附录1 《企业知识产权管理规范》(GB/T 29490—2013)

1 范围

本标准规定了企业策划、实施、检查、改进知识产权管理体系的要求。

本标准适用于有下列愿望的企业：

a) 建立知识产权管理体系；

b) 运行并持续改进知识产权管理体系；

c) 寻求外部组织对其知识产权管理体系的评价。

事业单位、社会团体等其他组织，可参照本标准相关要求执行。

2 规范性引用文件

下列文件对于本文件的应用是必不可少的。凡是注日期的引用文件，仅注日期的版本适用于本文件。凡是不注日期的引用文件，其最新版本（包括所有的修改单）适用于本文件。

GB/T 19000—2008 质量管理体系　基础和术语

GB/T 21374—2008 知识产权文献与信息　基本词汇

3 术语和定义

GB/T 19000—2008 和 GB/T 21374—2008 界定的以及下列术语和定义适用于本文件。

3.1 知识产权 intellectual property

在科学技术、文学艺术等领域中，发明者、创造者等对自己的创造性劳动成果依法享有的专有权，其范围包括专利、商标、著作权及相关权、集成电路布图设计、地理标志、植物新品种、商业秘密、传统知识、遗传资源以及民间文艺等。

[GB/T 19000—2008，属于和定义 3.1.1]

3.2 过程 process

将输入转化为输出的相互关联或相互作用的一组活动。

[GB/T 19000—2008，定义 3.4.1]

3.3 产品 product

过程的结果。

注1：有下列四种通用的产品类别：

——服务（如运输）；

——软件（如计算机程序、字典）；

——硬件（如发动机机械零件）；

——流程性材料（如润滑油）。

许多产品由分属于不同产品类别的成分构成，其属性是服务、软件、硬件或流程性材料取决于产品的主导成分。例如：产品"汽车"是由硬件（如轮胎）、流程性材料（如：燃料、冷却液）、软件（如：发动机控制软件、驾驶员手册）和服务（如销售人员所做的操作说明）所组成。

注2：服务通常是无形的，并且是在供方和顾客接触面上需要完成至少一项活动的结果。服务的提供可涉及，例如：

——在顾客提供的有形产品（如需要维修的汽车）上所完成的活动；

——在顾客提供的无形产品（如为准备纳税申报单所需的损益表）上所完成的活动；

——无形产品的交付（如知识传授方面的信息提供）；

——为顾客创造氛围（如在宾馆和饭店）。

软件由信息组成，通常是无形产品，并可以方法、报告或程序的形式存在。

硬件通常是有形产品，其量具有计数的特性。流程性材料通常是有形产品，其量具有连续的特性。硬件和流程性材料经常被称为货物。

[GB/T 19000—2008，定义3.4.2]

3.4 体系（系统）system

相互关联或相互作用的一组要素。

[GB/T 19000—2008，定义3.2.1]

3.5 管理体系 management system

建立方针和目标并实现这些目标的体系。

注：一个组织的管理体系可包括若干个不同的管理体系，如质量管理体系、财务管理体系或环境管理体系。

[GB/T 19000—2008，定义 3.2.2]

3.6 知识产权方针 intellectual property policy

知识产权工作的宗旨和方向。

3.7 知识产权手册 intellectual property manual

规定知识产权管理体系的文件。

4 知识产权管理体系

4.1 总体要求

企业应按本标准的要求建立知识产权管理体系，实施、运行并持续改进，保持其有效性，并形成文件。

4.2 文件要求

4.2.1 总则

知识产权管理体系文件应包括：

a) 知识产权方针和目标；
b) 知识产权手册；
c) 本标准要求形成文件的程序和记录。

注：本标准出现的"形成文件的程序"，是指建立该程序，形成文件，并实施和保持。一个文件可以包括一个或多个程序的要求；一个形成文件的程序要求可以被包含在多个文件中。

4.2.2 文件控制

知识产权管理体系文件是企业实施知识产权管理的依据，应确保：

a) 发布前经过审核和批准，修订后再发布前重新审核和批准；
b) 文件中的相关要求明确；
c) 按文件类别、秘密级别进行管理；
d) 易于识别、取用和阅读；
e) 对因特定目的需要保留的失效文件予以标记。

4.2.3 知识产权手册

编制知识产权手册并保持其有效性，具体内容包括：

a) 知识产权机构设置、职责和权限的相关文件；

b) 知识产权管理体系的程序文件或对程序文件的引用；

c) 知识产权管理体系过程之间相互关系的表述。

4.2.4 外来文件与记录文件

编制形成文件的程序，规定记录的标识、贮存、保护、检索、保存和处置所需的控制。对外来文件和知识产权管理体系记录文件应予以控制并确保：

a) 对行政决定、司法判决、律师函件等外来文件进行有效管理，确保其来源与取得时间可识别；

b) 建立、保持和维护记录文件，以证实知识产权管理体系符合本标准要求，并有效运行；

c) 外来文件与记录文件的完整性，明确保管方式和保管期限。

5 管理职责

5.1 管理承诺

最高管理者是企业知识产权管理的第一责任人，应通过以下活动实现知识产权管理体系的有效性：

a) 制定知识产权方针；

b) 制定知识产权目标；

c) 明确知识产权管理职责和权限，确保有效沟通；

d) 确保资源的配备；

e) 组织管理评审。

5.2 知识产权方针

最高管理者应批准、发布企业知识产权方针，并确保方针：

a) 符合相关法律法规和政策的要求；

b) 与企业的经营发展情况相适应；

c) 在企业内部得到有效运行；

d) 在持续适宜性方面得到评审；

e) 形成文件，付诸实施，并予以保持；

f) 得到全体员工的理解。

5.3 策划

5.3.1 知识产权管理体系策划

最高管理者应确保：

a) 理解相关方的要求，对知识产权管理体系进行策划，满足知识产权方针的要求；

b) 知识产权获取、维护、运用和保护活动得到有效运行和控制；

c) 知识产权管理体系得到持续改进。

5.3.2 知识产权目标

最高管理者应针对企业内部有关职能和层次，建立并保持知识产权目标，并确保：

a) 形成文件并且可考核；

b) 与知识产权方针保持一致，内容包括对持续改进的承诺。

5.3.3 法律和其他要求

最高管理者应批准建立、实施并保持形成文件的程序，以便：

a) 识别和获取适用的法律和其他要求，并建立获取渠道；

b) 及时更新有关法律和其他要求的信息，并传达给员工。

5.4 职责、权限和沟通

5.4.1 管理者代表

最高管理者应在企业最高管理层中指定专人作为管理者代表，授权其承担以下职责：

a) 确保知识产权管理体系的建立、实施和保持；

b) 向最高管理者报告知识产权管理绩效和改进需求；

c) 确保全体员工对知识产权方针和目标的理解；

d) 落实知识产权管理体系运行和改进需要的各项资源；

e) 确保知识产权外部沟通的有效性。

5.4.2 机构

建立知识产权管理机构并配备专业的专职或兼职工作人员，或委托专业的服务机构代为管理，承担以下职责：

a) 制定企业知识产权发展规划；

b) 建立知识产权管理绩效评价体系；

c) 参与监督和考核其他相关管理机构；

d) 负责企业知识产权的日常管理工作。

其他管理机构负责落实与本机构相关的知识产权工作。

5.4.3 内部沟通

建立沟通渠道，确保知识产权管理体系有效运行。

5.5 管理评审

5.5.1 评审要求

最高管理者应定期评审知识产权管理体系的适宜性和有效性。

5.5.2 评审输入

评审输入应包括：

a) 知识产权方针、目标；

b) 企业经营目标、策略及新产品、新业务规划；

c) 企业知识产权基本情况及风险评估信息；

d) 技术、标准发展趋势；

e) 前期审核结果。

5.5.3 评审输出

评审输出应包括：

a) 知识产权方针、目标改进建议；

b) 知识产权管理程序改进建议；

c) 资源需求。

6 资源管理

6.1 人力资源

6.1.1 知识产权工作人员

明确知识产权工作人员的任职条件，并采取适当措施，确保从事知识产权工作的人员满足相应的条件。

6.1.2 教育与培训

组织开展知识产权教育培训，包括以下内容：

a) 规定知识产权工作人员的教育培训要求，制定计划并执行；

b) 组织对全体员工按业务领域和岗位要求进行知识产权培训，并形成记录；

c) 组织对中、高层管理人员进行知识产权培训，并形成记录；

d) 组织对研究开发等与知识产权关系密切的岗位人员进行知识产权培训，并形成记录。

6.1.3 人事合同

通过劳动合同、劳务合同等方式对员工进行管理，约定知识产权权属、保密条款；明确发明创造人员享有的权利和负有的义务；必要时应约定竞业限制和补偿条款。

6.1.4 入职

对新入职员工进行适当的知识产权背景调查，以避免侵犯他人知识产权；对于研究开发等与知识产权关系密切的岗位，应要求新入职员工签署知识产权声明文件。

6.1.5 离职

对离职的员工进行相应的知识产权事项提醒；涉及核心知识产权的员工离职时，应签署离职知识产权协议或执行竞业限制协议。

6.1.6 激励

明确员工知识产权创造、保护和运用的奖励和报酬；明确员工造成知识产权损失的责任。

6.2 基础设施

根据需要配套相关资源，以确保知识产权管理体系的运行：

a) 软硬件设备，如知识产权管理软件、数据库、计算机和网络设施等；

b) 办公场所。

6.3 财务资源

应设立知识产权经常性预算费用，以确保知识产权管理体系的运行：

a) 用于知识产权申请、注册、登记、维持、检索、分析、评估、诉讼和

培训等事项;

b) 用于知识产权管理机构运行;

c) 用于知识产权激励;

d) 有条件的企业可设立知识产权风险准备金。

6.4 信息资源

应编制形成文件的程序,以规定以下方面所需的控制:

a) 建立信息收集渠道,及时获取所属领域、竞争对手的知识产权信息;

b) 对信息进行分类筛选和分析加工,并加以有效利用;

c) 在对外信息发布之前进行相应审批;

d) 有条件的企业可建立知识产权信息数据库,并有效维护和及时更新。

7 基础管理

7.1 获取

应编制形成文件的程序,以规定以下方面所需的控制:

a) 根据知识产权目标,制定知识产权获取的工作计划,明确获取的方式和途径;

b) 在获取知识产权前进行必要的检索和分析;

c) 保持知识产权获取记录;

d) 保障职务发明人员的署名权。

7.2 维护

应编制形成文件的程序,以规定以下方面所需的控制:

a) 建立知识产权分类管理档案,进行日常维护;

b) 知识产权评估;

c) 知识产权权属变更;

d) 知识产权权属放弃;

e) 有条件的企业可对知识产权进行分级管理。

7.3 运用

7.3.1 实施、许可和转让

应编制形成文件的程序，以规定以下方面所需的控制：

a) 促进和监控知识产权的实施，有条件的企业可评估知识产权对产品销售的贡献；

b) 知识产权许可和转让前，应分别制定调查方案，并进行评估。

7.3.2 投融资

投融资活动前，应对相关知识产权开展尽职调查进行风险和价值评估。在境外投资前，应针对目的地的知识产权法律、政策及其执行情况，进行风险分析。

7.3.3 企业重组

企业重组工作应满足以下要求：

a) 企业合并或并购前，应开展知识产权尽职调查，根据合并与并购的目的设定对目标企业知识产权状况的调查内容；有条件的企业可进行知识产权评估；

b) 企业出售或剥离资产前，应对相关知识产权开展调查和评估，分析出售或剥离的知识产权对本企业未来竞争力的影响。

7.3.4 标准化

参与标准化工作应满足下述要求：

a) 参与标准化组织前，了解标准化组织的知识产权政策，在将包含专利和专利申请的技术方案向标准化组织提案时，应按照知识产权政策要求披露并做出许可承诺；

b) 牵头制定标准时，应组织制定标准工作组的知识产权政策和工作程序。

7.3.5 联盟及相关组织

参与或组建知识产权联盟及相关组织应满足下述要求：

a) 参与知识产权联盟或其他组织前，应了解其知识产权政策，并进行评估；

b) 组建知识产权联盟时，应遵守公平、合理且无歧视的原则，制定联盟知识产权政策；主要涉及专利合作的联盟可围绕核心技术建立专利池。

7.4 保护

7.4.1 风险管理

应编制形成文件的程序，以规定以下方面所需的控制：

a) 采取措施，避免或降低生产、办公设备及软件侵犯他人知识产权的风险；

b) 定期监控产品可能涉及他人知识产权的状况，分析可能发生的纠纷及其对企业的损害程度，提出防范预案；

c) 有条件的企业可将知识产权纳入企业风险管理体系，对知识产权风险进行识别和评测，并采取相应风险控制措施。

7.4.2 争议处理

应编制形成文件的程序，以规定以下方面所需的控制：

a) 及时发现和监控知识产权被侵犯的情况，适时运用行政和司法途径保护知识产权；

b) 在处理知识产权纠纷时，评估通过诉讼、仲裁、和解等不同处理方式对企业的影响，选取适宜的争议解决方式。

7.4.3 涉外贸易

涉外贸易过程中的知识产权工作包括：

a) 向境外销售产品前，应调查目的地的知识产权法律、政策及其执行情况，了解行业相关诉讼，分析可能涉及知识产权风险；

b) 向境外销售产品前，应适时在目的地进行知识产权申请、注册和登记；

c) 向境外销售的涉及知识产权的产品可采取相应的边境保护措施。

7.5 合同管理

加强合同中知识产权管理：

a) 应对合同中有关知识产权条款进行审查，并形成记录；

b) 对检索与分析、预警、申请、诉讼、侵权调查与鉴定、管理咨询等知识产权对外委外业务应签订书面合同，并约定知识产权权属、保密等内容；

c) 在进行委托开发或合作开发时，应签订书面合同，约定知识产权权属、许可及利益分配、后续改进的权属和使用等；

d) 承担涉及国家重大专项等政府支持项目时，应了解项目相关的知识产权管理规定，并按照要求进行管理。

7.6 保密

应编制形成文件的程序，以规定以下方面所需的控制：

a) 明确涉密人员，设定保密等级和接触权限；

b) 明确可能造成知识产权流失的设备，规定使用目的、人员和方式；

c) 明确涉密信息，规定保密等级、期限和传递、保存及销毁的要求；

d) 明确涉密区域，规定客户及参访人员活动范围等。

8 实施和运行

8.1 立项

立项阶段的知识产权管理包括：

a) 分析该项目所涉及的知识产权信息，包括各关键技术的专利数量、地域分布和专利权人信息等；

b) 通过知识产权分析及市场调研相结合，明确该产品潜在的合作伙伴和竞争对手；

c) 进行知识产权风险评估，并将评估结果、防范预案作为项目立项与整体预算的依据。

8.2 研究开发

研究开发阶段的知识产权管理包括：

a) 对该领域的知识产权信息、相关文献及其他公开信息进行检索，对项目的技术发展状况、知识产权状况和竞争对手状况等进行分析；

b) 在检索分析的基础上，制定知识产权规划；

c) 跟踪与监控研究开发活动中的知识产权，适时调整研究开发策略和内容，避免或降低知识产权侵权风险；

d) 督促研究人员及时报告研究开发成果；

e) 及时对研究开发成果进行评估和确认，明确保护方式和权益归属，适时形成知识产权；

f) 保留研究开发活动中形成的记录,并实施有效的管理。

8.3 采购

采购阶段的知识产权管理包括:

a) 在采购涉及知识产权的产品过程中,收集相关知识产权信息,以避免采购知识产权侵权产品,必要时应要求供方提供知识产权权属证明;

b) 做好供方信息、进货渠道、进价策略等信息资料的管理和保密工作;

c) 在采购合同中应明确知识产权权属、许可使用范围、侵权责任承担等。

8.4 生产

生产阶段的知识产权管理包括:

a) 及时评估、确认生产过程中涉及产品与工艺方法的技术改进与创新,明确保护方式,适时形成知识产权;

b) 在委托加工、来料加工、贴牌生产等对外协作的过程中,应在生产合同中明确知识产权权属、许可使用范围、侵权责任承担等,必要时,应要求供方提供知识产权许可证明;

c) 保留生产活动中形成的记录,并实施有效的管理。

8.5 销售和售后

销售和售后阶段的知识产权管理包括:

a) 产品销售前,对产品所涉及的知识产权状况进行全面审查和分析,制订知识产权保护和风险规避方案;

b) 在产品宣传、销售、会展等商业活动前制订知识产权保护或风险规避方案;

c) 建立产品销售市场监控程序,采取保护措施,及时跟踪和调查相关知识产权被侵权情况,建立和保持相关记录;

d) 产品升级或市场环境发生变化时,及时进行跟踪调查,调整知识产权保护和风险规避方案,适时形成新的知识产权。

9 审核和改进

9.1 总则

策划并实施下列方面所需的监控、审查和改进过程:

a) 确保产品、软硬件设施设备符合知识产权有关要求；

b) 确保知识产权管理体系的适宜性；

c) 持续改进知识产权管理体系，确保其有效性。

9.2 内部审核

应编制形成文件的程序，确保定期对知识产权管理体进行内部审核，满足本标准的要求。

9.3 分析与改进

根据知识产权方针、目标以及检查、分析的结果，制定和落实对存在问题的改进措施。

附录 2　咸阳市知识产权贯标工作管理操作程序

一、目　的

为了对政府专项资金进行有效监管，对咸阳市企业、高校、科研院所知识产权贯标工作进行规范化管理，是"咸阳知识产权贯标模式"的重要组成部分。

二、范　围

适用于咸阳市知识产权贯标管理工作中涉及的各方参与人员。包括：市、县两级政府知识产权管理部门的工作人员、参与贯标的企业、高校、科研院所的工作人员、各辅导机构辅导人员。

三、职　责

（一）由市知识产权局和各县（市、区）科技局（知识产权局）共同进行贯标工作全过程管理。

（二）企业、高校和科研院所派专人负责贯标工作的对口联络和工作汇报事宜。

（三）各辅导机构派专人负责贯标整个辅导过程及汇报贯标中出现的重大问题。

（四）各相关方严格执行该操作程序。

四、贯标工作管理程序

（一）贯标单位的确定

1. 市知识产权局根据省知识产权局贯标工作文件要求或根据工作实际需要，印发贯标工作申报通知，明确规定报名的条件、期限并对各市（县、区）确定名额。

申请贯标企业要满足以下几个条件：

（1）企业知识产权工作基础较好；

（2）企业负责人重视知识产权工作；

（3）企业有提高知识产权管理工作的迫切需求。

申请贯标企业需要按要求填写《陕西省企业知识产权贯标申请表》，单位负责人签字，单位盖章。

2. 市知识产权局邀请有关专家组成评审组，对申请贯标的企业进行统一评审。评审的主要依据包括：企业的知识产权数量、往年是否享受过贯标资助、企业有无明显不良记录、企业规模、所处行业等。评审组形成统一意见后，按照总体评价进行筛选。

3. 市知识产权局对符合贯标申报条件的企业，进行走访和实地考察，并与企业负责人面谈，核实其对贯标工作的迫切需求，交流贯标工作的重要性，并形成贯标企业走访记录表，根据实地走访情况，确定最终是否要进行贯标资助。

（二）贯标启动前准备

1. 市知识产权局将最终确定的名单上报省知识产权局，通知、监督企业参加省、市知识产权局组织的内审员培训。

2. 市知识产权局指导企业选择有贯标资质且经验丰富的辅导机构。辅导价格原则上由企业和辅导机构双方协商。企业与辅导机构签订贯标辅导合同/协议后，将贯标合同/协议原件送市知识产权局一份用以备案。

3. 市知识产权局组织召开《知识产权"贯标"项目责任书》的签订仪式。市知识产权局、贯标单位、辅导机构共同签署《知识产权"贯标"项目责任书》。责任书对各方的权利义务、贯标工作时间节点、各阶段工作内容和成果、违约后的责任和后果做了详细规定。

4. 市知识产权局按照省知识产权局的时间和具体要求，统一收集各贯标单位账号和辅导机构名称，报送省局。

5. 省局拨付启动资金后，市知识产权局通知企业正式启动贯标工作。

6. 市知识产权局为知识产权贯标单位建立贯标工作档案，企业在贯标工作中在确定不泄露企业商业秘密的情况下，所有档案资料和记录文件将完整保留。

（三）启动会召开

1. 企业与辅导机构按照《知识产权"贯标"项目责任书》的时间节点要求召开贯标启动会。启动会一周前，双方应通知市知识产权局会议时间、地点、会议内容和流程等，必要时，可以将启动会议程一并发送给市知识产权局。市知识产权局按照贯标启动会时间和工作安排，指派人员参加启动会，对启动会的整个过程进行现场监督并向双方传达贯标工作的具体要求等事宜。

2. 贯标启动会必须要有企业负责人参加。

（四）诊断会召开

企业和辅导机构应按照《责任书》中规定的时间节点召开贯标工作诊断会，将诊断结果形成诊断报告并报送市知识产权局备案。

（五）文件编写、文件宣贯、内审和管理评审

按照时间节点完成贯标文件的编写、文件宣贯、内审和管理评审，并在确定不泄露企业商业秘密的情况下，将贯标最终形成的文件报送市知识产权局。

（六）辅导中的问题反馈及解决

1. 辅导机构在对企业的辅导过程中需填写《贯标辅导情况跟踪卡》，写明服务时间、服务内容、双方参与人员、解决问题、最终效果等。

2. 贯标工程中如出现企业不配合、辅导机构能力、态度和服务频次达不到要求等问题，对贯标工作的顺利完成造成影响时，市知识产权局会及时派专人调查了解情况，提出解决办法，协助顺利完成贯标工作。对于共性集中问题，由市知识产权局根据情况组织召开贯标工作推进会，帮助企业顺利完成贯标。对于贯标中检索分析、布局应用等较为专业的需求，市知识产权局邀请相

关专家进行集中辅导和培训。

（七）认证阶段工作

企业完成贯标所有工作流程符合认证条件时，按照省知识产权局或市知识产权局规定的程序提出认证申请。企业需在认证公司第二阶段现场审核的前一周，通知市知识产权局具体审核时间，市知识产权局派专人全程跟踪及了解认证情况。认证结束后，市知识产权局监督企业和辅导机构按照要求及时完成不符合项的整改工作。

企业获得认证证书后，及时到市知识产权局进行备案。市知识产权局汇总后上报省知识产权局，由省局向企业拨付贯标资助款项。

（八）监督查看贯标效果

在企业获得贯标证书后6个月内，市知识产权局派专人监督查看企业贯标工作实际运行情况，对于实际要求的企业，市知识产权局向企业统一拨付市级贯标工作配套资助资金。

（九）政策支持（后期奖励）

对于贯标企业，市知识产权局在各级、各类知识产权政策上予以倾斜支持。

（十）经验交流

市知识产权局在每年的贯标工作培训会上，会邀请往年贯标工作中有典型代表性的企业进行经验交流。

附录2.1　《咸阳市企业知识产权贯标申请评审表》

附录2.2　《知识产权"贯标"项目责任书》

附录 2.1 咸阳市企业知识产权贯标申请评审表

企业名称			推荐区县	
企业地址				
负责人员			联系电话	
			邮箱地址	
联系人员			联系电话	
			邮箱地址	
评价情况	评价指标		得 分	满分100分
	1. 规模及人员			10
	2. 所处行业知识产权竞争程度			10
	3. 知识产权基础			10
	4. 贯标迫切程度			30
	5. 领导重视程度			30
	6. 贯标工作后期承诺			10
综合得分		分		
序号	评审人员		签字	
1				
2				
3				
备注				

时间：2018 年 4 月　　日

附录2.2 知识产权"贯标"项目责任书

甲方：咸阳市知识产权局

乙方：

丙方：　　　　　　　　　（辅导机构）

为了确保陕西省及咸阳市知识产权贯标工作顺利开展，落实好陕知发（2017）年4号文件的有关要求，甲乙丙三方就有关事宜，共同签订《实施知识产权贯标项目责任书》，三方共同遵守，甲方负责对知识产权贯标工作进行监督管理；乙方承诺按照甲方要求完成以下事项；丙方承诺按照标准要求完成辅导工作。

一、按照省知识产权局、市知识产权局的要求按时完成各阶段贯标工作：

1. 2017年5月底之前完成贯标启动大会召开工作；

2. 2017年6月底之前完成贯标诊断工作；

3. 2017年7月底之前完成贯标体系建设工作；

4. 2017年11月底之前完成内审和管理评审工作，并高标准提出认证申请及缴纳相关费用；

5. 2017年12月31日之前完成认证工作。

二、根据咸阳市知识产权试点城市的要求，乙方必须按照时间节点完成中规公司或中知公司的第三方审核认证；若乙方未按时间节点完成贯标工作的，市知识产权局将不执行陕知发（2017）年4号文件规定的贯标资助款项，3年内市知识产权局不再受理乙方申报的各类知识产权项目或资助。

三、丙方必须严格按照知识产权管理规范的要求按时完成辅导工作，并协助企业办理有关第三方认证的有关手续，如丙方没有按规范要求完成工作的，只为企业做贯标文件不全面辅导的，3年内市知识产权局不支持其在本区域内开展相关业务。

四、甲方咸阳市知识产权局负责对知识产权贯标工作进行监督管理，对贯标工作中的重要环节指派专人进行跟踪，甲方在企业通过第三认证的6个月内，负责对企业的贯标工作进行随机抽查监督，对达标企业及有关单位及时支付资助资金，对不按标准要求完成辅导的辅导机构上报省局予以通报。

五、本责任书自签订之日起生效，本责任书一式三份，三方各执一份。

甲方（盖章）：

代表人签字：

                时间：2017 年　 月　 日

乙方（盖章）：

代表人签字：

                时间：2017 年　 月　 日

丙方（盖章）：

代表人签字：

                时间：2017 年　 月　 日

附录3 《企业知识产权管理规范》体系文件模版样例

附录3.1 知识产权管理体系程序文件目录

序号	文件编号	版次	文件名称	主控部门
1	IP/YLP 100—2017	A/0	知识产权管理手册	
2	IP/YLP 201—2017	A/0	文件控制程序	
3	IP/YLP 202—2017	A/0	记录控制程序	
4	IP/YLP 203—2017	A/0	法律法规及其他要求控制程序	
5	IP/YLP 204—2017	A/0	管理评审控制程序	
6	IP/YLP 205—2017	A/0	人力资源控制程序	
7	IP/YLP 206—2017	A/0	知识产权信息资源控制程序	
8	IP/YLP 207—2017	A/0	知识产权获取控制程序	
9	IP/YLP 208—2017	A/0	知识产权维护管理控制程序	
10	IP/YLP 209—2017	A/0	知识产权实施、许可和转让控制程序	
11	IP/YLP 210—2017	A/0	知识产权风险控制程序	
12	IP/YLP 211—2017	A/0	知识产权法律纠纷处理控制程序	
13	IP/YLP 212—2017	A/0	知识产权保密控制程序	
14	IP/YLP 213—2017	A/0	立项和研发中知识产权控制程序	
15	IP/YLP 214—2017	A/0	采购环节知识产权控制程序	
16	IP/YLP 215—2017	A/0	生产环节知识产权控制程序	
17	IP/YLP 216—2017	A/0	销售（含外贸）中知识产权控制程序	

续表

序号	文件编号	版次	文件名称	主控部门
18	IP/YLP 217—2017	A/0	内部审核控制程序	
19	IP/YLP 301—2017	A/0	知识产权管理总则	
20	IP/YLP 302—2017	A/0	专利管理制度	
21	IP/YLP 303—2017	A/0	商标管理制度	
22	IP/YLP 304—2017	A/0	企业著作权管理制度	
23	IP/YLP 305—2017	A/0	知识产权奖惩制度	
24	IP/YLP 306—2017	A/0	商业秘密管理制度	

备注：19~24 程序文件在本书中略。

附录 3.1.1

IP/YLP

企业知识产权标准
IP/YLP 100—2017
A/0（版本）

知识产权管理手册

受控状态：

2017-05-20 发布　　　　　　　　　2017-05-20 实施

北京杨丽萍咨询有限责任公司　　发　布

文件状态标识

文件名称	知识产权管理手册
编制	签字：　　　　　　　　　年　月　日
审核	签字：　　　　　　　　　年　月　日
批准	签字：　　　　　　　　　年　月　日
持有部门	
发放号	

附录3 《企业知识产权管理规范》体系文件模版样例

目 录 表

章节号	标题内容	页码
0.1	知识产权管理方针	
0.2	知识产权管理手册发布令	
0.3	管理者代表任命书	
0.4	知识产权管理手册管理和说明	
0.5	公司简介	
1	范围	
1.1	总则	
1.2	内容	
1.3	目的	
1.4	范围	
1.5	应用	
1.6	规范性引用文件	
2	原则	
2.1	战略导向原则	
2.2	领导重视原则	
2.3	全面覆盖原则	
3	术语和定义	
4	知识产权管理体系	
4.1	总体要求	
4.2	文件要求	
5	管理职责	
5.1	管理承诺	
5.2	知识产权方针	
5.3	策划	
5.4	职责、权限和沟通	
5.5	管理评审	
6	资源管理	
6.1	人力资源	

续表

章节号	标题内容	页码
6.2	基础设施	
6.3	财务资源	
6.4	信息资源	
7	基础管理	
7.1	获取	
7.2	维护	
7.3	运用	
7.4	保护	
7.5	合同管理	
7.6	保密	
8	实施和运行	
8.1	立项	
8.2	研究开发	
8.3	采购	
8.4	生产	
8.5	销售和售后	
9	审核和改进	
9.1	总则	
9.2	内部审核	
9.3	分析与改进	
10	附则	
附表1	各部门知识产权工作职能划分表	

知识产权管理方针

创造质量高　　管理能力强

保护措施好　　运用效果显

1. 知识产权长期目标

a. 建立完善的知识产权管理体系，重点提升知识产权创造、运用能力。

b. 在×××技术领域取得技术突破，形成一批具有自主知识产权和产业竞争优势的核心技术。

c. 自主知识产权的水平和拥有量达到一个较高水准，在×××业务范围内保持技术和知识产权国内领先地位，专利拥有量向国外知名的公司靠近，发明专利占专利申请量的比重逐步增加，达到30%以上。开展国际专利的申请，有效支撑创新型企业。

d. 品牌影响力进一步增强，在国内具有较高知名度和影响力，在国外为行业知晓品牌。

2. 知识产权3~5年目标

a. 在3~5年内，自主知识产权水平明显提高，专利拥有量进一步增加，运用知识产权的效果明显增强。2017~2020年，年专利申请3件以上，发明专利占20%以上，国际发明专利申请取得突破；知识产权实施率达80%以上，2020年专利产品产值占总产值比重达50%以上。产品品牌的影响力显著提高。技术秘密得到有效保护与合理利用。

b. 根据企业产生的著作权情况，适时进行著作权登记。

c. 形成较健全的知识产权管理制度，知识产权文化建设得以不断完善，全体员工的知识产权意识明显增强，对知识产权领域的投入大幅度增加，运用知识产权参与市场竞争的能力明显提升，知识产权文化氛围初步形成。

d. 企业知识产权管理体系建立、运行顺畅有效。

总经理：

年　月　日

知识产权管理手册发布令

公司《知识产权管理手册》符合 GB/T 29490—2013《企业知识产权管理规范》及相关法律法规的要求。《知识产权管理手册》是公司企业管理标准之一，是企业管理体系重要组成部分，本公司知识产权管理体系覆盖范围内的各部门必须遵照执行。

本手册根据我公司的实际情况和公司整体管理体系运行的需求编制。手册对内是实施知识产权管理体系的法规性、纲领性文件，是全体员工的工作准则；对外是体现本公司遵守知识产权管理法律、法规和其他要求的承诺。

本手册已于 2017 年 5 月 20 日批准，现正式予以颁布，2017 年 5 月 20 日起开始执行，希望本公司全体员工认真学习，坚决贯彻执行。

总经理：
年　月　日

附录3 《企业知识产权管理规范》体系文件模版样例

管理者代表任命书

为贯彻执行 GB/T 29490—2013《企业知识产权管理规范》及相关法律法规要求，推动公司知识产权管理体系的正常有效运行，及时处理体系中的有关问题，确保体系有效实施和保持，特任命×××同志为本公司知识产权管理体系的管理者代表。

管理者代表的职责、权限为：

1. 负责按标准的要求建立、实施和保持公司知识产权管理体系，并持续改进体系的有效性。

2. 领导、审查、批准和监督知识产权管理机构的各项工作，负责贯彻落实公司知识产权管理方针和目标，并对体系进行策划，确保全体员工对知识产权方针和目标的理解，确保各部门目标、指标的实现。

3. 负责组织开展本公司知识产权管理体系的内部审核活动。

4. 向最高管理者报告知识产权管理绩效和改进需求，以及知识产权管理体系的建议，配合最高管理者配置、调度知识产权管理体系建立和保持所需的必要人力、物力和财力等资源，确保知识产权管理体系运行和改进需要的各项资源的落实。

5. 负责公司知识产权管理体系有关事宜的对外联络，协调企业内外有关的知识产权工作，确保知识产权外部沟通的有效性；处理与知识产权管理体系有关重大信息交流、协商工作，协调知识产权管理体系运行中出现的各类重大问题。

总经理：
年　月　日

知识产权管理手册管理和说明

1. 手册编制的目的

本手册编制的目的是确保本公司的知识产权管理体系的方针和目标的实现，能够符合 GB/T 29490—2013《企业知识产权管理规范》的要求，并通过全员贯彻知识产权管理体系程序文件、其他相关文件和管理制度，使公司知识产权管理体系得以有效运行。本手册为公司识别其能够控制或施加影响的知识产权因素，建立、实施、保持并改进知识产权管理体系提供了指南，以保护我公司知识产权。

2. 手册适用范围

本手册适用于公司在生产经营及相关服务过程的知识产权管理活动，并通过自我评价、寻求外部组织对其知识产权管理体系进行认证注册等方式证实符合知识产权管理体系标准。

3. 手册的发放

本手册分"受控"和"非受控"两种版本，受控版本由办公室加盖受控印章，编号登记后予以发放。对内发至高层领导、管理者代表、各部门负责人、内审员及知识产权管理体系专职管理人员；对外发至第三方认证机构备案。非受控版本发给上级领导和顾客，仅用于交流。

受控手册持有者必须妥善保管，不得丢失、涂改，未经批准不得外借，调离工作岗位必须将手册归还，办理核收登记。

4. 受控手册的更改

办公室定期组织对知识产权管理手册的适用性、充分性和有效性进行评价，并提交管理评审会，必要时予以修改，手册局部更改执行《文件控制程序》的有关规定。

本手册由办公室归口管理并负责解释。

公司简介（例）

×××始建于1988年，是一个集机床设计制造及金属模具生产，钣冲机械加工配套为一体的工业企业。

目前的主导产品"×××"是由本厂科技人员经多年研发、精心设计而成，主要应用于×××。该机的成功面市为汽车、摩托车、农用车、工程车辆、烟草机械及机器制造等行业提供了便利可靠的装备，极大的提高了传动零件的啮合精度，降低了传动噪声。

×××的五种机型中已有12项技术取得国家专利，并荣获陕西省优秀专利二等奖。目前已被中国第一汽车集团公司、东风汽车公司、×××等几百个厂家采用，颇受用户的好评。

从2011年顺利通过ISO9001质量管理体系认证，连续多年获得政府部门授予的"守合同重信用企业"和"先进企业"等称号。企业党支部连续多年被×××委组织部授予"先进基层党组织""标兵党组织"称号。企业工会先后被×××总工会和×××总工会授予"工资集体协商先进单位""模范职工之家"称号。

本厂宗旨：集高新技术之精华，聚科技人才之智慧，以精益生产为保证，以质量高效求发展，以用户需求为己任，以诚信服务为保障，以创新发展为先导，以产权管控为重点。

期待与各界朋友真诚合作，共创辉煌！

1 范围

1.1 总则

本手册按 GB/T 29490—2013《企业知识产权管理规范》的要求，通过知识产权管理体系的建立、实施、保持和持续改进，规范企业的知识产权工作。

1.2 内容

本手册包括了 GB/T 29490—2013《企业知识产权管理规范》的全部要求以及体系所需过程的相互作用。包括企业公司知识产权管理的方针、目标、原则、体系要求、资源管理、运行控制、合同管理、检查、分析和改进。

1.3 目的

贯彻 GB/T 29490—2013《企业知识产权管理规范》国家标准，促进企业建立生产经营活动各环节知识产权管理活动规范，加强知识产权管理，提高知识产权获取、维护、运用和保护水平。

1.4 范围

本手册适用于公司内部和外部经营活动全过程。

1.5 应用

公司知识产权活动涉及 GB/T 29490—2013《企业知识产权管理规范》全部条款内容，没有删减。

1.6 规范性引用文件

GB/T 19001—2008　质量管理体系要求

GB/T 29490—2013　企业知识产权管理规范

GB/T 21374—2008　知识产权文献与信息　基本词汇

增加引用的国家知识产权法律：专利法、商标法等

2 原则

2.1 战略导向原则

公司统一部署经营发展、科技创新和知识产权战略，使三者互相支撑、互相促进。

2.2 领导重视原则

公司总经理对此项工作的支持和参与是知识产权管理的关键，总经理管理层全面负责知识产权管理。

2.3 全面覆盖原则

知识产权涉及公司各业务领域和各业务环节，充分发挥全体员工的创造性和积极性。

3 术语和定义

本手册采用 GB/T 29490—2013《企业知识产权管理规范》中的术语和定义。

4 知识产权管理体系

4.1 总体要求

知识产权管理者代表组织各部门，按照《企业知识产权管理规范》（GB/T 29490—2013）要求建立知识产权管理体系。

为实现公司的知识产权方针和目标，确保知识产权管理体系的有效运行，本公司按照《企业知识产权管理规范》的要求编制、完善管理手册、程序文件及其他管理制度，并加以实施和持续改进，保持其有效性。

4.2 文件要求

4.2.1 总则

（1）知识产权管理体系文件包括形成文件的知识产权方针、目标、知识产权管理手册、知识产权管理控制程序文件、知识产权管理标准、活动记录，并按企业文件管理的规定要求对文件进行管理。体系结构如下图所示：

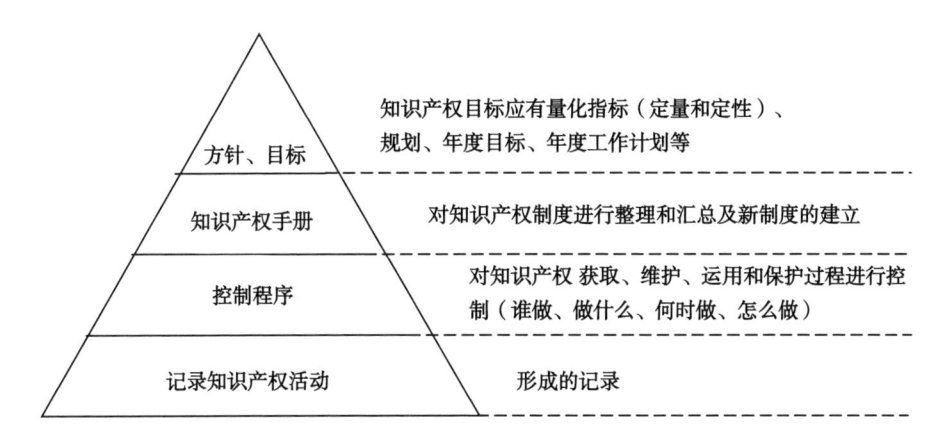

方针、目标	知识产权目标应有量化指标（定量和定性）、规划、年度目标、年度工作计划等
知识产权手册	对知识产权制度进行整理和汇总及新制度的建立
控制程序	对知识产权获取、维护、运用和保护过程进行控制（谁做、做什么、何时做、怎么做）
记录知识产权活动	形成的记录

（2）文件采用的形式或类型有：纸张、磁盘（带）、光盘、照片、样件以

及其他电子媒体或组合。

4.2.2 文件控制

知识产权管理体系文件是企业实施知识产权管理的依据，应确保：

a) 公司根据自身需要，建立知识产权申请、维护、管理、奖励以及保密等各方面的内部控制程序，并按要求进行管理，文件中的相关要求要明确；

b) 公司建立的体系文件发布前经过审核和批准，修订后再发布前重新审核和批准；

c) 公司知识产权管理体系文件应根据文件类别及秘密级别的不同分别进行管理；

d) 对文件的发布、标识、更改、使用、保存、失效等进行控制，以保证体系的有效实施，对因特定目的需要保留的失效文件予以标记；

e) 文件应易于识别、取用和阅读。

相关文件及记录

《文件控制程序》

4.2.3 知识产权手册

知识产权手册是我公司知识产权管理体系文件的总纲领，应编制知识产权手册并保持其有效性，具体内容包括：

a) 总经理批准的知识产权管理手册发布令、方针和目标、管理者代表任命书；

b) 企业概况；

c) 知识产权管理体系的范围；

d) 公司知识产权机构设置、职责和权限的相关文件；

e) 知识产权管理体系过程之间相互关系的表述；

f) 知识产权管理体系的程序文件或对程序文件的引用；

g) 公司知识产权管理体系职能分配表；

h) 知识产权管理体系程序文件清单。

4.2.4 外来文件与记录文件

公司在知识产权管理体系运行过程中，应编制形成文件的控制程序，规定记录的标识、贮存、保护、检索、保存和处置所需的控制。对外来文件和知识产权管理体系记录文件应予以控制并确保：

a）对行政决定、司法判决、律师函件等外来文件进行有效管理，确保其来源与取得时间可识别；

b）记录填写应做到详细、准确、及时、字迹清晰、内容完整，易于识别和检索；

c）记录可以采用文字（表格）、照片、电子媒体等；

d）建立、保持和维护记录文件，以证实知识产权管理体系符合《企业知识产权管理规范》要求，并有效运行；

e）对外来文件与记录文件，企业应采取措施保证其完整性，并明确保管方式和保管期限。

相关文件及记录

《记录控制程序》

《外来文件记录表》

5 管理职责

5.1 管理承诺

最高管理者是公司知识产权管理第一责任人，为建立、实施公司知识产权管理体系并保持其有效运行，应通过以下活动实现知识产权管理体系的有效性：

a）制定知识产权方针、目标，确保为实施知识产权管理提供适宜的组织机构，并配备必要的资源；

b）建立和健全各级知识产权管理职责，落实职能，就知识产权管理的有关事宜予以授权，明确知识产权管理职责和权限，确保有效沟通；

c）贯彻国家知识产权管理工作的方针、政策、法令、法规，批准公司知识产权管理方针和目标，并使之在全体员工中理解贯彻；

d）组织管理评审。

5.2 知识产权方针

最高管理者应批准、发布公司知识产权方针，并确保方针：

a）符合相关法律和政策的要求；

b）与企业的经营发展情况相适应，并形成文件，付诸实施，予以保持；

c) 在企业内部得到有效运行。知识产权管理部门通过培训、教育、宣传等方式，向全体员工宣贯知识产权方针；

d) 方针由最高管理者批准，发布实施；

e) 方针为知识产权目标的制定提供总体框架；

f) 公司根据内外部环境的变化，组织对知识产权方针的适宜性进行评审，必要时进行修改。

5.3 策划

5.3.1 知识产权管理体系策划

最高管理者应确保：

a) 需要理解相关方的需求，对知识产权管理体系进行策划，满足知识产权方针的要求；

b) 知识产权获取、维护、运用和保护活动得到有效运行和控制；

c) 知识产权管理体系得到持续改进。

相关文件及记录

《企业知识产权诊断报告及策划表》

5.3.2 知识产权目标

最高管理者应针对企业内部有关职能和层次，建立并保持知识产权目标，并确保：

a) 由最高管理者组织制定公司的知识产权管理目标，并形成文件，目标应力求量化且可考核；

b) 知识产权目标应与知识产权方针保持一致，内容应包括对持续改进的承诺；

c) 知识产权目标应分解到各职能部门，形成文件并且可考核；

相关文件及记录

《年度目标分解及考核表》

5.3.3 法律和其他要求

依据《企业知识产权管理规范》（GB/T 29490—2013）要求，应制定知识产权法律法规和其他要求相关的控制程序，应由公司最高管理者批准建立，并实施保持。

5.3.3.1 法律、法规及其他要求包括但不限于下列内容：

a）国家颁布的有关的知识产权法律法规（如专利法、商标法等）；

b）涉及知识产权的相关法规（如计算机软件保护条例）；

c）我国签订的国际条约（如专利合作条约）；

d）各级地方人大、政府颁布的有关知识产权的法规政策；

e）其他相关方所提出的要求。

5.3.3.2 建立信息获取渠道：

a）通过订阅杂志报刊，关注政府（国家、省、市各级）、部门（如知识产权局）、行业（如本行业）等相关网站，建立获取渠道，识别和获取适用的法律和其他要求；

b）对收集到的法律、法规及其他要求的相关内容应及时向相关部门及人员进行传达；

c）建立法律、法规及其他要求的台账，对有关法律及其他要求的信息，及时更新，并及时向相关部门及相关人员进行传达。

相关文件及记录

《法律法规及其他要求控制程序》

《知识产权法律、法规、标准及其他要求清单》

5.4 职责、权限和沟通

5.4.1 管理者代表

最高管理者应在最高管理层中指定专人作为管理者代表，授予其权利并承担以下职责：

a）负责按标准的要求建立、实施和保持公司知识产权管理体系，并持续改进体系的有效性；

b）领导、审查、批准和监督知识产权管理机构的各项工作，负责贯彻落实公司知识产权管理方针和目标，并对体系进行策划，确保全体员工对知识产权方针和目标的理解，确保各部门目标、指标的实现；

c）负责组织开展本公司知识产权管理体系的内部审核活动；

d）向最高管理者报告知识产权管理绩效和改进需求，以及知识产权管理体系的建议，配合最高管理者配置、调度知识产权管理体系建立和保持所需的必要人力、物力和财力等资源,确保知识产权管理体系运行和改进需要的各项资源的落实。

e) 负责公司知识产权管理体系有关事宜的对外联络,协调企业内外有关的知识产权工作,确保知识产权外部沟通的有效性;处理与知识产权管理体系有关重大信息交流、协商工作,协调知识产权管理体系运行中出现的各类重大问题。

5.4.2 机构及各部门职责

5.4.2.1 机构

公司办公室作为知识产权归口管理部门,配备兼职工作人员,负责落实总体工作。

公司知识产权管理体系织架构如下图:

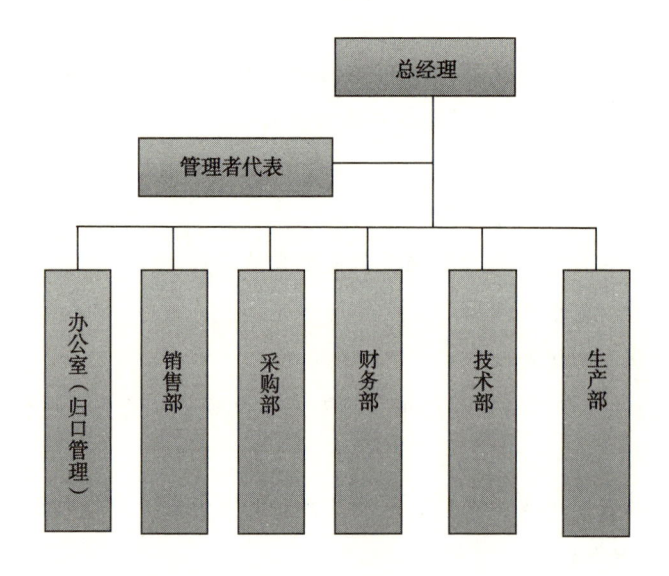

```
                    ┌─────────┐
                    │  总经理  │
                    └────┬────┘
                         │
                　┌──────┴──────┐
                　│  管理者代表  │
                　└──────┬──────┘
      ┌──────┬──────┬────┼────┬──────┬──────┐
   ┌──┴──┐┌──┴──┐┌──┴──┐┌─┴─┐┌──┴──┐┌──┴──┐
   │办公室││ 销 ││ 采 ││财 ││ 技 ││ 生 │
   │(归口││ 售 ││ 购 ││务 ││ 术 ││ 产 │
   │管理)││ 部 ││ 部 ││部 ││ 部 ││ 部 │
   └─────┘└─────┘└─────┘└───┘└─────┘└─────┘
```

5.4.2.2 各相关职能部门职责

5.4.2.2.1 总经理

负责主持制定公司知识产权管理方针和目标,建立、实施和保持有效的知识产权管理体系。其主要职责是:

a) 负责管理手册(含方针、目标)的批准;

b) 负责公司组织机构和知识产权管理体系的建立,规定与知识产权有关人员的职责和权限；

c）负责任命公司知识产权管理体系管理者代表；

d）负责为管理体系的运行、实现目标提供必要的资源，包括人员、设备、设施、资金、技术等；

e）主持管理评审，决定改进的措施；

f）就知识产权管理的有关事宜予以授权。

5.4.2.2.2　办公室

a）负责年度知识产权计划、目标制定，相关职能部门的知识产权管理目标的分解下达；

b）制订公司知识产权发展规划，负责公司知识产权管理体系的执行进行监督和考核；

c）负责管理手册、程序文件、记录的编制、修订和管理；

d）负责公司知识产权的获取、使用、维护和日常管理工作；

e）负责公司各种获得、使用与转让、许可知识产权的合同管理；

f）负责知识产权风险的防范与应对，配合相关部门依法处理公司内外部知识产权纠纷；

g）负责公司知识产权教育与培训的策划；

h）负责组织知识产权管理体系的管理评估、内部评价等体系运行工作；

i）负责公司知识产权信息包括内部信息和外部信息的收集和维护管理；

j）负责收集法律、法规及其他要求的相关内容（包括更新），及时向相关部门及相关人员进行传达；

k）配合技术部对知识产权信息、状况进行分析，适时调整研发计划和项目内容，规避风险；

l）负责研发成果的知识产权评估、鉴定、验收，采取相应的保护措施；

m）负责建立激励机制，制定知识产权奖惩的制度；

n）参与公司重大经济活动，提出减少、避免法律风险的法律意见；

o）负责接受相关部门反映的诉讼信息，依法处理公司内外部知识产权纠纷；

p）负责公司内部的法律知识宣传、培训工作；

q) 负责制订知识产权人员的教育培训计划并执行；

r) 组织各级人员进行知识产权培训，并形成记录；

s) 负责公司人力资源的管理工作，包括人员配备、教育和培训、人事合同、入职、离职等。

t) 保持管理过程中形成的记录。

5.4.2.2.3 销售部

a) 负责对公司产品销售市场的知识产权状况、信息、采集、汇总并进行审查分析，提出必要的知识产权保护或者风险规避方案；

b) 负责对公司产品销售市场进行知识产权监控，对产品信息、展会宣传等采取相应的知识产权保护措施，及时跟踪和调查相关知识产权被侵权情况，配合办公室采取应对措施；

c) 对公司经营中签署的涉及知识产权内容合同进行规范管理，明确知识产权权属、权利、义务条款，相关职能部门在合同签订前进行审查，对合同变更进行跟踪，以避免因知识产权问题遭受损失。

d) 负责承担部门保密责任；

e) 保持管理过程中形成的记录。

5.4.2.2.4 采购部

a) 负责收集供方的知识产权信息，并索取权属证明；

b) 负责供方信息、进货渠道、进价策略等信息资料的保管和保密工作；

c) 负责明确采购合同涉及知识产权条款，明确供方涉及知识产权的法律责任；

d) 负责承担部门保密责任；

e) 保持管理过程中形成的记录。

5.4.2.2.5 财务部

a) 负责知识产权专项经费的管理，并对知识产权经费使用情况进行监督管理；

b) 负责为知识产权管理工作的有效开展提供相应的经费预算和运行工作；

c) 保持管理过程形成的财务记录。

5.4.2.2.6 技术部

a) 负责研究开发、技术创新、知识产权计划的执行，负责对知识产权信息、状况进行分析，规避风险；

b) 配合办公室进行研发成果的知识产权评估、鉴定、验收，采取相应的保护措施；

c) 负责承担部门保密责任；

d) 保存研发记录。

5.4.2.2.7 生产部

a) 负责将生产过程中涉及产品与工艺方法等技术的改进与创新、合理化建议、阶段性发明创造等成果及时提请办公室组织评估、鉴定、验收；

b) 负责对外协作、委托加工的的产品，识别有无知识产权权属问题，对有知识产权权属问题的产品，应签订合同并在合同中明确知识产权权属，明确外协方涉及知识产权的法律责任；

c) 负责收集外协方的知识产权信息，并索取权属证明；

d) 负责承担部门保密责任；

e) 保持管理过程中形成的记录。

5.4.3 内部沟通

采取有效措施在公司内部建立知识产权沟通渠道，各相关职能部门设立知识产权联络员，确保知识产权管理体系有效运行。

5.5 管理评审

管理评审由最高管理者定期组织实施，对知识产权的适宜性、有效性和充分性进行评审。

a) 应按策划的时间间隔（每年至少一次）进行知识产权管理体系的管理评审；

b) 评审目的是知识产权管理体系的适宜性和有效性；

c) 评审依据是知识产权管理方针和预期的目标，必要时，应考虑内外部环境的变化；

d) 评审结论应明确管理体系调整和方针、目标改进的需求，以及采取措施的可行性，以利于持续改进；

e）办公室应保持管理评审的记录。

5.5.1 评审输入

评审输入应包括：

a）知识产权方针、目标；

b）公司经营目标、策略及新产品、新业务的规划情况；

c）技术、标准发展趋势；公司知识产权基本情况及风险评估信息；

d）内部审核结果；

e）预防和纠正措施实施情况，对知识产权有重大影响的措施；

f）以往管理评审的跟踪措施实施情况及有效性。

5.5.2 评审输出

管理评审以《管理评审报告》作为输出，评审输出应包括：

a）知识产权方针和目标改进建议；

b）知识产权管理程序改进建议；

c）资源需求。

相关文件及记录

《知识产权管理评审控制程序》

《知识产权管理评审计划》

《知识产权管理评审报告》

《管理评审整改措施验证报告》

《管理评审会议记录》

6 资源管理

6.1 人力资源

6.1.1 知识产权工作人员

a）对从事知识产权相关工作的人员，提供教育、培训，在岗位说明书中明确任职条件，包括规定相应的技能和经验要求，确保从事知识产权工作的人员满足条件；

b）知识产权工作人员包括知识专员、知识产权联络员等。

相关文件及记录

《岗位说明书》

6.1.2 教育与培训

组织开展知识产权教育培训，包括以下内容：

a) 识别和确定知识产权工作人员所必需的能力，规定知识产权工作人员的教育培训要求，制订培训计划并执行，使知识产权工作人员具备相应的知识、技能和经验；

b) 组织对全体员工按业务领域和岗位要求进行知识产权培训，并形成记录。针对职能部门负责人、主要业务骨干、全体员工和新入职员工开展各类知识产权培训工作，以提高知识产权水平和意识；

c) 组织对中、高层管理人员进行知识产权培训，并形成记录；

d) 组织对研究开发等与知识产权关系密切的岗位人员进行知识产权培训，并形成记录。

相关文件及记录

《培训工作计划及落实情况表》

《培训申请表》

《培训实施情况记录》

6.1.3 人事合同

6.1.3.1 公司通过劳动合同、劳务合同等方式对员工进行管理，约定知识产权权属、保密条款；明确发明创造人员享有的权利和负有的义务；必要时应约定竞业限制和补偿条款。

6.1.3.2 公司可与员工签订竞业禁止合同，并要求员工交回属于企业的可能造成公司技术秘密、商业秘密外泄的各种实物和资料，并签订保密协议，以书面形式明确其承担的竞业禁止义务，以及员工对涉及的企业商业秘密的保密责任和期限。但竞业禁止合同或条款的设立不得违反国家有关竞业禁止的规定。

相关文件及记录

《劳动合同》

《保密责任书》

《竞业限制协议》

《合同审查表》

6.1.4 入职

6.1.4.1 了解新进员工已有知识产权权利义务，以避免侵犯他人知识产权，应进行适当的知识产权背景调查和沟通，以及入职知识产权培训。

6.1.4.2 对于研究开发等与知识产权关系密切的岗位，应要求新入职员工签署知识产权声明文件。

相关文件及记录

《劳动合同》

《入职员工知识产权背景调查表》

《入职知识产权声明》

6.1.5 离职

6.1.5.1 为防止公司员工流动后，造成或加剧同业竞争，员工离职或退休后，应进行离职、退休员工的知识产权恳谈，提醒相应的知识产权事项。

6.1.5.2 对于涉及核心知识产权的员工离职或退休时，应签署离职知识产权协议或执行竞业限制协议，应交回属于公司的全部资料、实验数据、仪器设备、样品等。

6.1.5.3 对重大科研项目或对企业经济利益有重大影响的项目，应与相关人员另行签订单项技术保密协议，约定具体事项。

相关文件及记录

《竞业限制协议》

《员工离职交接表》

《离职事项提醒表》

6.1.6 激励

明确员工知识产权创造、保护和运用的奖励和报酬；明确员工造成知识产权损失的责任。公司应根据实际情况制定知识产权奖惩制度并应形成记录，归档备查。

相关文件及记录

《知识产权奖惩制度》

《知识产权奖惩记录表》

6.2 基础设施

根据需要配套相关资源，以确保知识产权管理体系的运行：

a) 软硬件设备，如知识产权管理软件、数据库、计算机和网络设施等；

b) 办公场所。

6.3 财务资源

公司应当为知识产权管理工作的有效开展提供相应的经费保障，应设立知识产权经常性预算费用，主要包括：

a) 知识产权申请、注册、登记、维持、检索、分析、评估、诉讼和培训等事项；

b) 用于知识产权管理机构运行；

c) 用于知识产权激励；

d) 可设立知识产权风险准备金。

相关文件及记录

《知识产权费用预算表》

《知识产权费用支出记录》

6.4 信息资源

编制信息资源的控制程序，以规定以下方面所需的控制：

a) 公司建立信息收集渠道，及时获取所属领域、竞争对手的知识产权信息。知识产权信息包括内部信息和外部信息；

b) 对信息进行分类筛选和分析加工，并加以有效利用；

c) 在对外信息发布之前进行相应审批；

d) 可建立知识产权信息数据库，并有效维护和及时更新。

6.4.1 内部信息

专利、商标、版权、商业秘密、专有技术、许可证贸易等各类知识产权信息。

6.4.2 外部信息

国家和各级政府有关知识产权的法律、法规和政策措施，国内外相关专利文献、商标注册等信息，相关专业期刊、图书、杂志等出版物记载的相关技术信息，竞争对手及其产品技术信息等。

相关文件及记录

《知识产权信息资源控制程序》

《知识产权信息发布审批表》

《竞争对手知识产权信息调查表》

《关键技术领域知识产权调查表》

7 基础管理

7.1 获取

编制知识产权获取的控制程序，以规定以下方面所需的控制：

a）公司根据知识产权目标，制订知识产权获取的年度工作计划，明确所需要的知识产权的种类（如专利、商标、著作权等）及获取的方式和途径；

b）在获取知识产权前进行必要的检索和分析，并及时办理相应的知识产权取得手续，确保知识产权的合法性和有效性；

c）知识产权获取活动应形成完整的文件和记录并予以保持，使知识产权创造过程具有可追溯性；

d）保障发明创造人员的署名权。

相关文件及记录

《知识产权申请控制程序》

《知识产权申请审批表》

《专利检索分析报告》

《商标检索分析报告》

《企业知识产权获取计划》

7.2 维护

编制知识产权维护管理的控制程序，以规定以下方面所需的控制：

a）办公室对公司拥有的知识产权建立分类管理档案，进行日常维护；

b）建立知识产权评估流程，由办公室组织对拥有的各类知识产权进行评估，以便对放弃或维持该知识产权做出决策；

c）知识产权发生权属变更时，根据公司有关制度，对变更及时办理相关手续；

d）公司对知识产权实施放弃的，应明确审批程序和权限，办理手续，由办公室备案；

e）公司可对知识产权进行分级管理，由办公室配备专职或兼职人员进行有效的监管和日常维护。

相关文件及记录

《知识产权评估程序》

《知识产权维护管理控制程序》

《知识产权台账（包括专利、商标、著作权等）》

《知识产权价值评估报告（包括专利、商标、著作权等）》

《知识产权变更、放弃审批表》

7.3 运用

7.3.1 实施、许可和转让

编制知识产权实施、许可和转让的控制程序，以规定以下方面所需的控制：

a）公司应根据法律法规的规定，在生产经营过程和市场交易活动中，合理运营知识产权，并采取措施促进和监控知识产权的实施，可评估知识产权对企业的贡献；

b）知识产权实施、许可或转让前，应分别制定调查方案，并进行评估。

相关文件及记录

《知识产权实施、许可和转让控制程序》

《知识产权实施、许可和转让评估报告》

《知识产权变更、放弃审批表》

《知识产权运用台账》

7.3.2 投资融资

公司在投资融资活动前，应当确认知识产权资产状况，应对相关知识产权开展尽职调查，进行风险和价值评估。在境外投资前，应针对目的地的知识产权法律、政策及其执行情况，进行风险分析。

7.3.3 企业重组

a）公司合并或并购前，应开展知识产权尽职调查，根据合并或并购的目的设定对目标企业知识产权状况的调查内容；可进行知识产权评估；

b) 公司出售或剥离资产前，应对相关知识产权开展调查和评估，分析出售或剥离的知识产权对本企业未来竞争力的影响。

7.3.4 标准化

参与标准化工作的要求：

a) 公司参与其他标准化组织的，首先要去了解标准化组织涉及的知识产权政策，将包含专利和专利申请的技术方案向标准化组织提案时，按照政策的要求提案、披露和许可承诺；

b) 公司牵头制定标准时，应组织制定标准工作组的知识产权政策和工作程序。

7.3.5 联盟及相关组织

a) 参与知识产权联盟或其他组织前，应了解其知识产权政策，并进行评估；

b) 组建知识产权联盟时，应遵循公平、合理且无歧视的原则，制定联盟知识产权政策；主要涉及专利合作的联盟可围绕核心技术建立专利池。

7.4 保护

7.4.1 风险管理

编制知识产权风险管理控制程序，办公室负责加强知识产权风险的识别、评测和防范：

a) 尊重他人知识产权，通过检索、查新等开展侵权的可能性调查，采取措施，避免或降低生产、办公设备及软件侵犯他人知识产权的风险；

b) 办公室根据有关法律法规要求，对知识产权实施监控，各部门发现任何侵犯公司知识产权的现象应及时向公司书面报告，由办公室组织跟踪和调查相关知识产权被侵权行为，依法维权，活动过程应有记录；

c) 公司应定期监控产品可能涉及他人知识产权的状况，分析可能发生的纠纷及其对公司的损害程度，提出防范预案；

d) 可建立风险管理体系，并将知识产权纳入公司风险管理体系，对知识产权风险进行识别和评测，并采取相应风险控制措施。

相关文件及记录

《知识产权知识产权风险管理控制程序》

《知识产权风险控制表》

《知识产权风险识别收集表》

《侵权风险分析表》

7.4.2 争议处理

公司依据 GB/T 29490—2013《企业知识产权管理规范》要求，编制形成知识产权争议处理相关控制程序，由办公室负责对以下所需控制：

a) 及时发现和监控知识产权被侵犯的情况，适时运用行政和司法途径保护知识产权；

b) 在处理知识产权纠纷时，评估诉讼、仲裁、和解等不同处理方式对公司的影响，选取适宜的争议解决方式。

相关文件及记录

《知识产权法律纠纷处理控制程序》

《知识产权纠纷处理汇总表》

《知识产权纠纷评估表》

7.4.3 涉外贸易

公司的对外贸易和合作包括技术引进与输出、服务外包、合作开发、工程承包、产品进出口等。在对外贸易和合作中，要收集并了解涉及公司知识产权在输出国家或地区的法律法规状况及相关的法律规定。

a) 公司向境外销售产品前，应对技术或产品在相关国家的知识产权状况、所涉及法律法规等进行分析，应调查目的地的知识产权法律、政策及其执行情况，了解行业相关诉讼，分析可能涉及的知识产权风险；

b) 公司向境外销售产品前，应适时在目的地进行知识产权申请、注册和登记；

c) 公司对向境外销售的涉及知识产权的产品可采取相应的边境保护措施；

d) 对涉及知识产权的技术出口要依法办理审批手续，同时公司应加强对输出技术或产品的知识产权进行监管；

e) 对外贸易和合作过程中输入输出的知识产权使用情况由办公室进行建档记录。

相关文件及记录

《销售（含外贸）中知识产权控制程序》

《知识产权海外预警分析表》

《输出国（地区）法律法规状况报告》

《知识产权海关备案表》

7.5 合同管理

办公室对公司经营中签署的涉及知识产权内容合同进行规范管理，明确知识产权权属、权利、义务条款，相关职能部门在合同签订前进行审查，对合同变更进行跟踪，以避免因知识产权问题遭受损失。合同签订后由财务部专人负责保管。

a) 合同主要包括公司与合作方的合同（如委托开发合同、合作开发合同等）、知识产权运用合同（如许可合同、转让合同、以及投资入股合同等）、产品贸易合同（如购销合同、加工承揽合同等），知识产权委托合同（如检索与分析、预警、申请、诉讼、侵权调查与鉴定、管理咨询等）；

b) 应对合同中有关知识产权条款进行审查，根据合同的内容和性质，明确相应的知识产权权属和双方权利义务，并形成记录；

c) 对检索与分析、预警、申请、诉讼、侵权调查与鉴定、管理咨询等知识产权对外委托业务应签订书面合同，并约定知识产权权属、保密等内容；

d) 在进行委托开发或合作开发时，应签订书面合同，约定知识产权权属、许可及利益分配、后续改进的权属和使用等；

e) 承担涉及国家重大专项等政府支持项目时，应了解项目相关的知识产权管理规定，并按照要求进行管理；

f) 重大事项（如重大技术、装备引进，重大产品投资等）在合同签订前，应组织开展知识产权审查论证，避免因知识产权问题而导致重大损失；

g) 对于某些合同（如专利权转让、许可合同等）国家有关行政主管部门有格式合同示范文本的，应当尽量采用；

h) 对国家法律规定需要办理相关审批手续后才能生效的合同（如专利权、商标权转让合同），应在合同签订后，及时办理相应手续。

相关文件及记录

《合同知识产权审查表》

7.6 保密

编制保密控制程序或相关制度，以规定以下方面所需的控制：

a) 明确涉密人员，设定保密等级和接触权限；

b) 明确可能造成知识产权流失的设备，规定使用目的、人员和方式；

c) 明确涉密信息，规定保密等级、期限和传递、保存及销毁的要求；

d) 明确涉密区域，规定客户及参访人员活动范围等。

相关文件及记录

《保密管理控制程序》

《保密要害部门、部位来访登记表》

《保密责任书》

《涉密载体收发记录表》

《密级载体销毁申请表》

《涉密设备使用登记表》

《涉密事件报告登记表》

《涉密人员台账》

8 实施和运行

8.1 立项

立项阶段的知识产权管理包括：

a) 项目立项前要进行知识产权的检索调查，分析该项目所涉及的知识产权信息，包括各关键技术的专利数量、地域分布和专利权人信息等；

b) 通过知识产权分析及市场调研相结合，明确该产品潜在的合作伙伴和竞争对手；

c) 进行知识产权风险评估，并将评估结果、防范预案作为项目立项与整体预算的依据，避免重复研发和资源浪费。

相关文件及记录

《立项和研发中知识产权控制程序》

《研发/立项中项目知识产权状况检索分析报告》

8.2 研究开发

a) 对研究与开发活动中形成的档案和记录进行有效管理，保留研究开发活动中形成的记录，并实施有效的管理。使研发活动具有可追溯性；

b) 对该领域的知识产权信息、相关文献及其他公开信息进行检索，对项目的技术发展状况、知识产权状况和竞争对手状况等进行分析；

c) 在检索分析的基础上，制定知识产权规划；

d) 进行研发活动中的知识产权跟踪检索与监控，及时调整研发策略和内容，避免或降低知识产权侵权风险。督促研究人员及时报告研究开发成果；

e) 及时对研究开发成果进行评估和确认，明确保护方式和权益归属，成果产出后技术部配合办公室进行最终文献检索，并由办公室组织评审、确认，适时形成知识产权。

相关文件及记录

《科研立项计划》

《立项报告》

《研发活动记录表》

《立项项目知识产权信息分析报告》

《研发项目知识产权信息分析报告》

《研发项目知识产权跟踪监控表》

《项目知识产权获取规划》

8.3 采购

8.3.1 公司对采购活动加强知识产权管理。

8.3.2 在采购涉及知识产权的产品过程中，收集相关知识产权信息，以避免采购知识产权侵权产品，对涉及知识产权的产品由办公室识别供方的相关知识产权信息并由采购部负责向供方收集，必要时应要求供方提供权属证明。

8.3.3 做好供方信息、供货渠道、进价策略等信息资料的管理和保密工作，防止商业秘密泄漏。

8.3.4 对采购产品的知识产权进行监管，在采购合同中应明确知识产权条款，明确双方知识产权权利义务，包括知识产权权属、许可使用范围、侵权责任承担等。

相关文件及记录

《采购控制程序》

《合同知识产权审查表》
《供货方知识产权状况调查表》

8.4 生产

8.4.1 生产过程的知识产权应进行有效管理，及时评估、确认生产过程中涉及产品与工艺方法的技术改进与创新，明确保护方式，适时形成知识产权。

8.4.2 在委托加工、来料加工、贴牌生产等对外协作生产的过程中，应在生产合同中应设立知识产权条款，明确知识产权权属、许可使用范围、侵权责任承担等，必要时应要求供方提供知识产权许可证明。

8.4.3 生产过程中形成的不宜对外公开的文件记录，应按知识产权保密的规定采取相应的保密措施。

相关文件及记录

《生产环节知识产权控制程序》
《合理化建议记录》
《技术改进与创新/合理化建议评估报告》

8.5 销售和售后

8.5.1 产品销售前，办公室对市场同类产品知识产权状况进行全面的调查分析（专利分布、商标注册等情况），制定知识产权保护和风险规避方案，防止销售侵犯他人知识产权的产品。

8.5.2 在产品宣传、销售、会展等商业活动前制定知识产权保护或风险规避方案。

8.5.3 产品投入市场后，建立产品销售市场监控程序，采取保护措施，及时跟踪和调查相关知识产权被侵权情况，建立和保持相关记录。如通过市场销售网络和营销队伍，监控同类产品市场投放情况。通过产品信息发布会、展览会、各类媒体广告、网络等多途径收集同类产品来源信息。

8.5.4 一旦发现同类产品涉嫌侵犯公司知识产权，应进行重点信息收集，掌握对方侵权证据，积极采取维权措施，确保侵权行为能得到及时有效的制止和处理。

8.5.5 产品升级或市场环境发生变化时，及时进行跟踪调查，调整知识产权策略和风险规避方案，适时形成新的知识产权。

相关文件及记录

《销售（含外贸）中知识产权控制程序》

《产品知识产权调查报告表》

《市场（技术）情况监控表》

《市场调查报告表》

《展会（宣传、销售）知识产权应急预案》

《产品上市前知识产权保护和风险规避方案》

9 审核和改进

9.1 总则

管理者代表应策划并实施以下方面所需的监控、审查和改进过程：

a) 确保产品、软硬件设施设备符合知识产权有关要求；

b) 确保知识产权管理体系的适宜性；

c) 持续改进知识产权管理体系，确保其有效性。

9.2 内部审核

9.2.1 办公室编制内部审核控制程序，确保定期对知识产权管理体系进行内部审核，满足《企业知识产权管理规范》的要求。评价结果作为管理评审的输入材料。

9.2.2 办公室负责制定内部审核计划，定期进行内部评价。

9.2.3 内部审核人员应符合相应的资质要求。

9.2.4 内部审核程序

a) 制定内部审核实施计划，含评价目的、范围、准则、方法等；

b) 审核准备，成立评审组，进行文件准备；

c) 实施审核；

d) 分析审核结果，编制审核报告，提出改进措施并跟踪验证。

相关文件及记录

《内部审核控制程序》

《内部审核计划》

《内部审核检查表》

《内部审核报告》

《体系不符合报告》

9.3 分析与改进

9.3.1 根据知识产权方针、目标以及检查、分析的结果，制订和落实改进措施。

9.3.2 办公室采用适宜方法对检查或其他来源的信息进行分析，以证实是否保持实现预期结果的能力。

9.3.3 对过程能力进行分析，分析过程的输入、活动和输出是否满足预期目标，对照预定目标找出差距，分析原因，找出改进方法。可供选择的方法有内审、过程审核、过程输出的监视和测量、过程有效性的评价以及工作质量检查活动等。

9.3.4 分析结果应传递到相关部门，确保体系有效运行。

9.3.5 改进的信息来源

a）方针、目标执行情况；

b）管理评审、内部评审结果；

c）体系过程检查、分析结果；

d）相关方（如第三方评审部门）提出的问题。

9.3.6 办公室根据以上信息反映的问题，确定责任部门。

9.3.7 由责任部门对问题进行原因分析，与办公室配合制定和落实改进措施，并实施改进。

9.3.8 办公室追踪验证改进措施，以促进知识产权管理体系的持续改进。

10 附则

本手册中关于我公司知识产权管理体系与国家有关规定不一致时，按国家有关规定执行。

附表1：各部门知识产权工作职能表划分

《规范》要求	总经理	管理者代表	办公室	销售部	采购部	财务部	技术部	生产部
4. 知识产权管理体系								
4.1 总体要求	▲	▲	▲	△	△	△	△	△
4.2 文件要求			△	△	△	△	△	△
4.2.1 总则			▲	△	△	△	△	△
4.2.2 文件控制		▲						
4.2.3 知识产权手册			▲	△	△	△	△	△
4.2.4 外来文件及记录文件			▲	△	△	△	△	△
5. 管理职责								
5.1 管理承诺	▲		△	△	△	△	△	△
5.2 知识产权方针	▲		△	△	△	△	△	△
5.3 策划								
5.3.1 知识产权管理体系策划	▲	▲	▲	△	△	△	△	△
5.3.2 知识产权目标	▲		△	△	△	△	△	△
5.3.3 法律法规和其他要求	▲		△	△	△	△	△	△
5.4 职责、权限和沟通		▲	▲					
5.4.1 管理者代表	▲		△	△	△	△	△	△
5.4.2 机构	▲	▲	▲					
5.4.3 内部沟通		▲	▲					
5.5 管理评审	▲	▲	▲					
6. 资源管理								
6.1 人力资源			▲	△	△	△	△	△
6.1.1 知识产权工作人员			▲	△	△	△	△	△
6.1.2 教育与培训			▲	△	△	△	△	△
6.1.3 人事合同			▲	△	△	△	△	△
6.1.4 入职			▲	△	△	△	△	△
6.1.5 离职			▲	△	△	△	△	△
6.1.6 激励			▲	△	△	△	△	△
6.2 基础设施	▲	▲	▲	△	△	△	△	△
6.3 财务资源	▲	▲	△	△	△	▲	△	△

续表

《规范》要求	总经理	管理者代表	办公室	销售部	采购部	财务部	技术部	生产部
6.4 信息资源			▲	△	△	△	▲	△
7. 基础管理								
7.1 获取			△	△	△	△	▲	△
7.2 维护			▲	△	△	△	△	△
7.3 运用			▲	△	△	△	△	△
7.3.1 实施、许可和转让	▲		▲	△	△	△	△	△
7.3.2 投资融资			△	△	△	△	△	△
7.3.3 合并与并购	▲		△	△	△	△	△	△
7.3.4 标准化			△	△	△	△	△	△
7.3.5 联盟及相关组织	▲		△	△	△	△	△	△
7.4 保护			▲	△	△	△	△	△
7.4.1 风险管理			▲	△	△	△	△	△
7.4.2 争议处理			▲	△	△	△	△	△
7.4.3 涉外贸易			△	▲	△	△	△	△
7.5 合同管理		▲	▲	△	△	△	△	△
7.6 保密			▲	△	△	△	△	△
8. 实施和运行								
8.1 立项			△	△	△	△	▲	△
8.2 研究开发			△	△	△	△	▲	△
8.3 采购			△	△	▲	△	△	△
8.4 生产			△	△	△	△	△	▲
8.5 销售和售后			△	▲	△	△	△	△
9. 审核和改进								
9.1 总则		▲	▲	△	△	△	△	△
9.2 内部审核		▲	▲	△	△	△	△	△
9.3 分析与改进		▲	▲	△	△	△	△	△

备注:"▲"为主要责任部门;"△"为相关责任部门。

附录 3.1.2 文件控制程序

YLP	北京杨丽萍咨询有限责任公司	编号：	IP/YLP 201-2017
		版本：	A
	文件控制程序	修改码：	0
		页码：	1/11

1 目的

为保证公司知识产权管理体系所要求有关文件和资料的编制、批准、发放、使用、变更等全过程始终处于受控状态，确保适用场所获得文件为有效版本，防止误用失效的文件和资料。保证知识产权管理体系的有效运行。

2 范围

本程序适用于公司知识产权管理体系有关的内部和外来文件、资料的控制管理。以及法律法规和其他外来文件的控制管理。

3 职责

3.1 总经理负责批准发布《知识产权管理手册》及知识产权方针和目标。

3.2 管理者代表负责批准公司知识产权管理的程序文件及其他要求控制程序。

3.3 办公室为本公司知识产权归口管理部门，负责知识产权管理体系手册的编制、发放、变更、换版和组织评审，负责组织知识产权管理体系程序文件及其他文件的编制、印刷、发放、更改和换版、回收等事项的管理与控制。

3.4 各职能部门负责知识产权文件的编制、发放和回收控制，相关外来文件发放与回收控制。

4 工作程序

4.1 受控文件范围

4.1.1 形成文件的知识产权管理体系的方针、目标和指标。

4.1.2 知识产权管理手册。

4.1.3 知识产权程序文件。

4.1.4 程序文件引用的标准文件、管理制度、作业文件等支持性文件。

4.1.5 法律法规等其他要求。

4.1.6 与知识产权管理体系相关的外来文件，包括行政决定、司法判决、律师函件、外来标准等。

4.1.7 知识产权管理体系程序文件形成的相关记录。

4.2 非受控文件范围

非受控制文件是指公司对该文件的有效性、版本、变更无需进行控制。提供给相关方的文件和资料为非受控文件。

4.3 文件的编制、审核、批准及发布

4.3.1 知识产权管理手册由办公室负责编制、管理者代表审定，总经理批准后发布。

4.3.2 知识产权管理体系程序文件由办公室进行文件编制的策划、并组织相关部门编制与评审会签，经管理者代表批准后发布。知识产权管理方针、目标和指标由办公室进行策划，经总经理批准后发布。

4.3.3 标准文件、管理制度由各相关职能主控部门组织编写，部门负责人审批，主管领导批准。

4.3.4 与知识产权管理体系有关的公司行政文件由各业务归口部门起草，其部门负责人审查，必要时经相关部门会签，起草部门的主管副总经理审核，总经理批准后发布。

4.3.5 电子文档的编制、批准和发布按公司相关流程执行。

4.3.6 文件修订后再发布前要重新经过审核和批准。

4.4 文件和资料的编号

4.4.1 管理手册、程序文件和各种制度的编号及相关要求，按公司编号规则执行。图纸、技术文件的编号按企业技术标准的相关规定执行。

4.4.2 管理手册文件编号规则为：

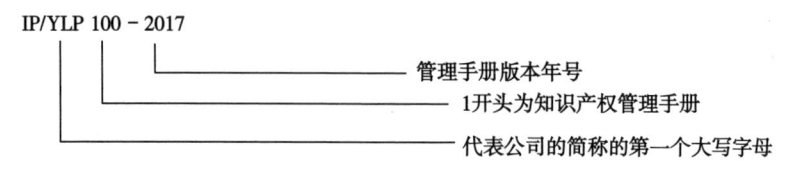

```
IP/YLP 100 - 2017
              │  └──── 管理手册版本年号
              └────── 1开头为知识产权管理手册
   └────────────── 代表公司的简称的第一个大写字母
```

4.4.3 程序文件编号规则为：

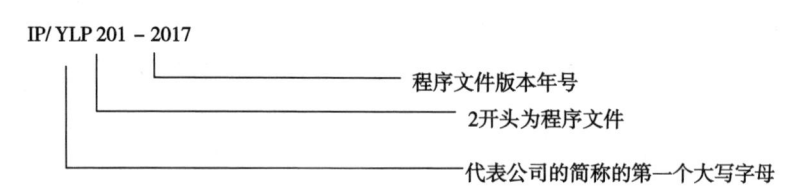

```
IP/ YLP 201 - 2017
              │  └──── 程序文件版本年号
              └────── 2开头为程序文件
   └────────────── 代表公司的简称的第一个大写字母
```

4.4.4 管理制度的编号规则为：

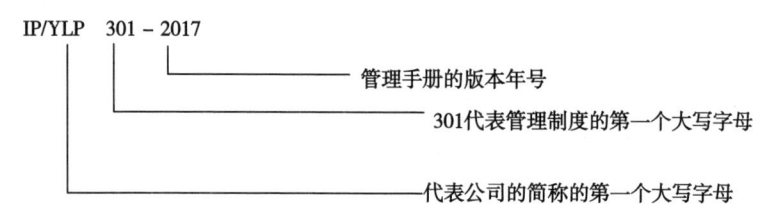

```
IP/YLP  301 - 2017
              │  └──── 管理手册的版本年号
              └────── 301代表管理制度的第一个大写字母
   └────────────── 代表公司的简称的第一个大写字母
```

4.4.5 管理体系所需要的行政文件由办公室负责编号。编号原则按照收到的日期及所属类别进行编号管理。

4.4.6 各部门建立的与知识产权管理体系相关的规章制度、控制程序的文件，可参考上述文件的编号办法进行。

4.4.7 各部门知识产权管理体系的记录编号按照《记录控制程序》要求执行。

4.5 文件和资料的发放

4.5.1 各类文件的归口管理部门负责文件的分发工作，确保凡对知识产权管理体系运行起关键作用的岗位都能获得并使用有效版本的文件和资料。

4.5.2 受控文件的发放，由办公室负责填写《文件发放回收记录表》，并经部门负责人确认后，按照发放范围进行发放文件。

4.6 文件和资料的贮存

4.6.1 文件和资料的收文部门应指定专人管理，分类、按照秘密级别进行存放管理、放置整齐，保持文件清洁、完好无损，并建立目录清单，方便检索、查询等。

4.6.2 文件的使用部门和使用者应妥善保管文件，保持其清洁、完好。

4.6.3 需要借阅时，填写借阅记录表。

4.7 文件和资料的变更

4.7.1 当公司经营方式、组织机构、经营范围、相关法律法规发生重大变化时，出现重大知识产权侵权事件时，办公室对现行文件的适宜性进行评审，以决定对文件是否进行相应的更改。

4.7.2 受控文件需要更改时，应由文件更改提出人或部门填写《文件更改申请表》说明更改原因，对重要更改还应附有充分证据及数据确认。

4.7.3 受控文件变更应进行审批。审批由原审批人进行，当原审批人不在职时，应取得原文件审批的背景资料后，由授权代理其岗位人员审批。若因故指定其他部门审批时，审批部门有权查阅作为审批依据的有关背景资料，并必须对原文件的要求和意图有足够的了解。

4.7.4 受控文件变更包括换版、换页、局部修改等。变更的文件应进行标识，对原版、页次文件、局部修改的部门文件按照《文件发放回收记录表》的名单逐一发放，收回作废页或作废文件确保文件的现行修改状态得到识别。

4.7.5 由各部门归口管理的文件作废，各部门文件管理者应按《文件发放回收记录表》收回并记录，作废文件加盖"作废"印章，经部门负责人批准后统一销毁。

4.7.6 管理手册、程序文件和管理制度的修订状态标识用文件的版号和更改状态号表示。版本号用版次"第1版""第2版"……顺序标识；更改状态用0（首次出版）、1（第一次改版）、2（第二次改版）……依次表示。更改时，应填写"文件更改申请审批单"。

4.8 文件和资料有效版本的控制

4.8.1 受控文件应由专人负责管理，建立相关记录。

4.8.2 发放部门在发放新版文件的同时，应收回旧版文件并做好标识，作废文件做"作废"标记并集中管理。因故需留作参考的作废文件，发文部门做好"作废"标记后可以供参考使用。

4.8.3 变更后的技术文件,由技术部进行发放,收回的旧版图纸、文件应进行标识和妥善保管,防止误用。

4.8.4 各部门编制的部门相关文件,变更后由各部门在旧版文件上做好标记(加"作废"章),防止误用。

4.8.5 通过企业局域网发布的受控电子文档,如管理手册、程序文件等,办公室应对下载、打印权限进行控制管理。需要下载、打印时,由办公室指定专人负责打印、发放管理,建立发放记录,便于文件变更后替换。

4.8.6 受控的电子文档变更后,由其归口管理部门负责将变更后的电子文档在局域网上发布,发布的消息应及时通知到影响知识产权管理活动的人员和部门;下发的该文档纸质版文件,由归口管理部门按发放记录进行更换。

4.9 外来文件的控制

4.9.1 外来管理文件和资料,由办公室统一管理。

4.9.2 外来标准由办公室进行收集、购买和发放,管理标准由相关部门提出申请,本部门领导签字后交办公室,经批准后购买和发放,发放时进行登记记录管控。

4.9.2 外来文件和记录文件要完整,根据不同情况,可采用电子版、纸质版、光盘等形式保管,期限一般可为3年、5年和10年。

5 相关文件

《记录控制程序》

6 相关记录

《文件发放回收记录表》

《外来文件记录表》

《文件更改申请表》

《受控文件清单》

《文件借阅记录表》

《文件销毁申请表》

文件发放回收记录表

编号：IP/JL-201-01

序号	文件名称	文件编号	分发号	版本	发放记录				回收记录			备注
					部门	签收	日期	数量	签回	日期	数量	

外来文件记录表

编号：IP/JL-201-03

序号	文件名称	来源（发文部门）	编号	登记（接收）日	保存部门	保存期限	保存方式

文件更改申请表

编号：IP/JL-201-05

文件名称		文件编号		版本/状态	
申请部门		申请人		申请日期	
更改原因					

更改前内容：	更改后内容：

是否涉及其他文件	□是，相关文件名称： 　　　编号： 　　　版本： □否
是否需要培训	□是，培训对象 □否
更改后实施日期	20　年　月　日
审核人意见	批准人意见
签字：　　日期：	签字：　　日期：

受控文件清单

编号：IP/JL-201-02

序号	文件编号	版次	文件名称	主控部门

编制：　　　　　审核：　　　　　批准：

文件借阅记录表

编号：IP/JL-201-04

序号	文件名称	文件编号	借阅人	借阅日期	归还人	归还日期	备注

编制： 　　　　审核： 　　　　批准：

文件销毁申请表

编号：IP/JL-201-06

申请销毁文件名称		文件主控部门	
申请销毁文件编号		销毁日期	

申请销毁文件原因：

　　　　　　　　　　　　　　　　　　　　　　　文件主控部门：

审批意见：

　　　　　　　　　　　　　　批准人： 　　　　时间：

附录3.1.3 记录控制程序

YLP	北京杨丽萍咨询有限责任公司	编号：	IP/YLP 202-2017
		版本：	A
	记录控制程序	修改码：	0
		页码：	1/8

1 目的

对知识产权管理体系所要求的记录予以控制，确保知识产权管理体系有效运行的证据，以便为管理体系有效运行提供客观、真实的证据。

2 范围

本程序适用于公司对提供符合要求，以及知识产权管理体系有效运行的证据建立的记录及其标识、贮存、保护、检索、保留和处置所需的控制和管理。

3 职责

3.1 公司办公室，负责为证实知识产权管理体系有效运行提供所需的记录，并对记录的标识、贮存、保护、检索、保留和处置进行控制管理，并负责归档记录的保管工作。

3.2 各部门负责对本部门与知识产权管理体系有关的记录进行管理与控制。对记录中文字叙述与相关数据的真实性负责。并对各类记录资料负责收集、整理。

3.3 需归档的记录由各部门按知识产权管理体系要求和档案管理的有关规定收集、填写、整理，做好归档和上交汇总的准备工作。不予归档的记录由各部门自行妥为保管，以便备查。

4 工作程序

4.1 记录的内容与形式

4.1.1 本公司知识产权管理相关的记录，由办公室审查，内容包括：序号、使用部门、记录名称、表样规格、编目号、保管部门、保管期限等。

4.1.2 记录可以是书面或电子媒体或其他形式。

4.2 记录表格的编制编号和审定

4.2.1 办公室依据控制活动的需要确定所需的记录,并编制记录目录,明确记录的名称、记录编目号和保存期限。

4.2.2 各部门按照管理职责分工编制记录表格并规定使用岗位和填写内容。记录表格的栏目内容应满足控制需要并能方便填写。记录一般以表格形式,特殊需要可以文件、图表、报告、磁盘或照片等形式,各部门编制的记录必须经部门领导审批,审批通过后将记录表样上报主控部门备案。

4.2.3 记录表格的编号规则按照记录所属文件的编号结合表单进行编号,具体编号为:

```
IP/JL 202-01
        │   └── 此文件下第一个表格序号
        └────── 引用所属文件编号
```

4.2.4 形成的其他记录编号规则为:

```
IP/JL 401-01
        │   └── 此文件下第一个表格序号
        └────── 4开头为其他记录
```

4.3 记录的使用和流转

4.3.1 所有的记录应及时填写,要求字迹清晰,内容完整,真实准确,种类标识明显,填写齐全,如因某种原因不能填写的项目,应说明理由,并将该项用斜杠划去,各相关项目负责人签名不允许空白。记录一律用钢笔、签字笔、圆珠笔填写,记载内容和表要的签名应完整、正确。

4.3.2 记录失误而更改记录数据时,不允许直接在原数据上涂改,可以划改,加盖更改人印章或签名,并填写更改日期,重要记录的划改必须经上一级主管确认并盖校正章。

4.3.3 流转中的记录在传递前严格自查,以防漏填。承接者有权拒收不完善的记录。

4.3.4 流转中的记录不得污损、丢失。

4.3.5 各部门应定期对记录进行统计分析,为决策和管理体系的持续改进提供依据。

4.4 记录的收集

4.4.1 原始记录由记录部门指定专人定期收集、整理。

4.4.2 需交职能管理部门备存的原始记录,由记录部门交至职能管理部门。

4.4.3 需存档的原始记录由记录部门(或收集部门)在每年年初将记录交至办公室存档。

4.4.4 需流转的记录及其他记录由记录管理部门及时统一收集、整理。

4.5 记录的查询和借阅

4.5.1 已归档的记录,按照公司的相关规定办理借阅手续。

4.5.2 需查阅知识产权管理体系运行记录时,应经办公室同意,进行查阅,若需要长期借阅时,由使用部门复印,并办理借阅手续。

4.5.3 已经归档的记录需要外借时,要由办公室责任人批准,办理借阅手续。

4.6 记录的贮存和保护

4.6.1 各部门对接收的记录表格分类登记,建立《记录清单》,对部门记录实施动态管理。

4.6.2 各部门定期收集本部门使用及其他部门传递的记录,根据记录的分类及数量,按月、季或年度进行汇总整理、装订、登记,建立宗卷目录,便于检索。按记录清单中规定的保存期限保管记录,记录应妥善存放,存放地点应能保证记录保持整洁、不被损坏,存放方式应方便查阅并保证不会丢失。

4.6.3 记录一般仅供本公司内部使用,经部门负责人同意,方可查阅。

4.6.4 相关方投诉和建议及其不符合记录,由相关部门对应移交到主控部门部,由主控部门负责控制。

4.6.5 记录(包括电子媒介、磁盘等)应贮存于适宜的场所,以防损坏、变质和丢失(如防霉变、虫蛀、污染、潮湿、防压、防磁等),必要时应复制备份。

4.7 记录处理

4.7.1 管理体系的运行记录保存期限一般为3年,特殊情况的除外(如专利、商标和版权证书等资料永久保留)。

4.7.2 记录的处置

4.7.2.1 过期的记录,由记录保管部门填写《记录销毁报告》,交知识产权主控部门审核,经管理者代表批准,由授权人执行销毁。同时填写《记录销毁登记表》,销毁记录登记表长期保存。

4.7.2.2 凡属超期需要保留的记录应予以标识,并长期保存。

4.8 记录格式修订

各部门负责提出记录修订的方案与样本,经部门负责人审核后,必要时报办公室备案。

4.9 所有程序文件后所附记录只是反映记录的格式和内容,不能作为记录印制的样本。

5 相关文件

《文件控制程序》

6 相关记录

《记录清单》

《记录销毁报告》

《记录销毁登记表》

记录清单

编号:IP/JL-202-01

序号	记录编号	记录名称	责任部门	保管期限	保管方式

编制: 审核: 批准:

记录销毁报告

编号：IP/JL-202-02

申请销毁记录名称		记录主控部门	
申请销毁记录编号		销毁日期	
申请销毁记录原因：			

文件主控部门：

审批意见：

批准人/时间：

记录销毁登记表

编号：IP/JL-202-03

序号	记录名称	编号	销毁日期	销毁人	监销人	备注

编制： 审核： 批准：

附录3.1.4 法律法规及其他要求控制程序

YLP	北京杨丽萍咨询有限责任公司	编号：	IP/YLP 203-2017
		版本：	A
	法律法规及其他要求控制程序	修改码：	0
		页码：	1/3

1 目的

为了保证公司知识产权管理体系方面适用的法律、法规、标准及其他要求的获取、识别、确认、执行等过程得以有效控制，使公司知识产权管理活动符合相应的法律、法规和其他要求。

2 范围

适用于公司知识产权管理体系有关的法律、法规和其他要求的控制。

3 职责

3.1 最高管理者负责批准、发布公司知识产权管理法律、法规、标准及其他要求的清单，并组织各部门贯彻执行。

3.2 办公室为本公司知识产权归口管理部门，负责识别、获取、更新、保存、传达知识产权管理的法律法规、标准及其他要求，并对其他部门宣贯此项工作的情况并进行监督检查。

3.3 办公室负责对该体系内相关法律法规、标准文本的购置、发放和管理。

3.4 办公室负责组织相关法律、法规、标准的培训教育，确保从事知识产权管理人员熟知法律、法规及标准要求。

3.5 各部门自觉遵守并贯彻执行国家有关知识产权法律法规、标准和其他要求的规定。

4 工作程序

4.1 法律法规、标准及其他要求的识别、分发与落实。

4.1.1 办公室组织有关职能部门识别、收集有关适用的知识产权法律、法规及标准，汇总后发放到各部门。

4.1.2 办公室根据公司的特点，依据国家标准、行业标准、地方法规等确认分管业务范围内的知识产权法律法规、标准及其他要求的适用性，摘录适用条款内容。

4.1.3 各部门指派专人负责摘录、保存和编制本部门适用的知识产权管理法律法规、标准及其他要求清单。

4.2 法律、法规、标准和其他要求的贯彻实施

4.2.1 办公室及各职能部门将识别获得的知识产权法律、法规和其他要求及时按《文件控制程序》传递到各有关部门。

4.2.2 各部门将适用的知识产权法律、法规及其他要求的有关章节、条款及时传递到岗位、员工或其他有关的相关方，并组织学习和实施。

4.3 法律法规、标准及其他要求的定期评审与更新

当现行的知识产权法律法规、标准及其他要求更新及公司知识产权活动发生较大变化时，办公室应按本程序规定，及时组织有关部门识别、确认适用的知识产权法律、法规及其他要求的文件，并修订、更新《知识产权法律、法规、标准及其他要求清单》。

4.4 法律法规、标准及其他要求的管理

4.4.1 办公室对获取和确认的知识产权法律、法规分类为：国家法律、行政法规、地方性法规和行政规章和国家标准，妥善保管，负责跟踪其变化，及时更新。

4.4.2 办公室对适用的知识产权法律、法规和其他要求文本的管理按《文件控制程序》执行。

4.4.3 办公室负责对其他要求识别、获取、实施与管理，包括：政府部门的行政要求、行业协会的要求、与非政府组织的协议、与供方的合同、组织对公众的承诺等。

5 相关文件

《文件控制程序》

6 相关记录

《知识产权法律、法规、标准及其他要求清单》

知识产权法律、法规、标准及其他要求清单

编号：IP/JL-203-01

序号	法律法规规章 名称标准	适用条款	颁布日期	实施日期	最新修改 实施日期	保管部门
1						
2						
3						
4						
5						
6						
7						
8						
9						
10						
11						
12						
13						
14						
15						
17						
18						
19						
20						
21						
22						
23						

编制：　　　　　　审核：　　　　　　批准：

附录 3.1.5　管理评审控制程序

YLP	北京杨丽萍咨询有限责任公司	编号：	IP/YLP 204-2017
		版本：	A
	管理评审控制程序	修改码：	0
		页码：	1/8

1　目的

评审知识产权管理体系的持续适宜性、充分性和有效性，并验证知识产权管理体系的方针和目标是否得到满足，实现公司知识产权管理体系的持续改进。

2　范围

适用于公司知识产权管理体系目标和各部门知识产权管理分目标的实施，以及公司知识产权管理体系管理评审活动有效的控制。

3　职责

3.1　总经理负责批准、发布知识产权管理体系方针、目标，批准管理评审计划和管理评审报告，并主持管理评审。

3.2　管理者代表向最高管理者报告知识产权管理体系的运行情况，在管理评审会议上向总经理汇报知识产权管理体系运行情况。

3.3　办公室是公司知识产权管理体系方针和总目标的管理部门，协助总经理组织制定公司知识产权管理体系的方针和总体目标，监督检查考核目标的执行情况。协助管理者代表协调和组织知识产权管理体系的管理评审活动。制定管理评审计划，收集、汇总管理评审输入所需的资料，并负责管理评审记录，编写《管理评审报告》。

3.4　各部门根据公司知识产权管理体系目标的分解情况实施分管业务范围内的目标、指标。按管理评审计划准备并及时提供本部门职责范围内的管理评审输入资料，参与管理评审活动，根据管理评审改进计划实施纠正措施或改进。

4 工作程序

4.1 管理评审计划

4.1.1 公司每年至少进行一次管理评审，前后相隔时间不超过12个月，一般管理评审安排在内审以后进行。根据知识产权管理体系运行需要，也可随时安排。通过管理评审确保体系的适宜性、充分性和有效性，并识别、评价改进的机会和变更的需要，包括方针、目标的实现情况。

4.1.2 办公室于每次管理评审前十天编制《管理评审计划》，报管理者代表审核，总经理批准。计划主要内容包括：

a) 评审时间；
b) 评审目的；
c) 评审范围；
d) 参加评审部门（人员）；
e) 评审依据；
f) 各部门应准备的资料；
g) 评审内容及重点。

4.1.3 当出现下列情况之一时，可增加管理评审频次：

a) 公司组织机构、经营范围、资源配置发生重大变化时；
b) 发生重大知识产权风险或纠纷事件；
c) 当法律、法规、标准及其他要求有较大变化时；
d) 市场需求发生重大变化时；
e) 即将进行第二、三方审核或法律、法规规定的审核时；
f) 知识产权审核中发现严重不合格时。

4.2 管理评审输入

知识产权管理评审输入应包括与以下方面有关的当前的业绩和改进的状况：

a) 前期知识产权管理体系审核结果；
b) 知识产权管理体系运行状况，包括知识产权管理体系方针和目标、指标的适宜性、有效性和完成情况，改进的建议，包括公司方针、目标的改进；
c) 可能影响知识产权体系的各种变化，包括内外环境的变化，如法律法规的变化，企业经营目标、策略及新产品、新业务的开发等因素可能引起的体系的变化；

d）改进、预防和纠正措施的状况，包括对内部审核和日常工作中发现的不合格项采取纠正和预防措施的实施及有效性的监控结果；

e）企业知识产权基本情况及风险评估信息；

f）以往管理评审跟踪措施的实施及有效性；

g）与企业经营相关的技术、标准发展趋势。

4.3 评审准备

4.3.1 预定评审前十天，办公室提交本次《管理评审计划》。《管理评审计划》由管理者代表审核，总经理批准。办公室向相关部门发放《管理评审计划》，要求各相关部门提供本次评审的有关输入资料。

4.3.2 办公室负责根据评审输入的要求，组织评审输入资料的收集，评审资料由管理者代表审核确认。

4.4 管理评审会议

4.4.1 总经理主持评审会议，各部门负责人和有关人员对评审输入内容逐项做出评价，对于存在或潜在的不合格项提出纠正和预防措施，确定责任部门和措施实施完成的时间。

4.4.2 总经理对所涉及的评审内容作出结论（包括进一步调查，验证等）。办公室负责填写《管理评审会议记录》。

4.5 管理评审输出

知识产权管理评审的输出内容应包括以下有关措施：

a）知识产权管理体系及过程的改进，包括方针和目标、组织结构和过程控制文件等方面的评价和改进建议；

b）资源需求包括人、财、物、信息资源是否满足要求的评价结果和改进建议；

c）会议结束后，由办公室根据管理评审输出的内容，编写《管理评审报告》，经管理者代表审核，交总经理批准，并发至相应部门监控执行。本次管理评审的输出可作下次管理评审的输入信息之一。

4.6 改进措施的实施和验证

对《管理评审报告》中提出的需改进的决定，应有对应的改进措施下发相关责任部门，办公室对改进措施的实施效果进行跟踪验证，应制定《管理评审整改措施验证报告》。

4.7 如评审结果引起文件更改，应执行《文件控制程序》。

4.8 管理评审产生的相关记录应由办公室按《记录控制程序》保管，包括《管理评审计划》，评审前各部门准备的评审资料，评审会议记录及《管理评审报告》等。

5 相关文件

《文件控制程序》

《记录控制程序》

6 相关记录

《管理评审计划》

《管理评审会议记录》

《管理评审报告》

《管理评审整改措施验证报告》

管理评审计划

编号：IP/JL-204-01　　　　　　　　　　　　　　　　　　第　页　共　页

目的：	
范围：	
依据：	
参会部门、人员：	
评审日期和方式：	
提交评审报告的部门/人员：	
会议进程安排：	

编制：　　　　　　　审核：　　　　　　　批准：

管理评审会议记录

编号：IP/JL-204-02

日 期		主 持 人	
地 点		记 录 人	

会议记录：

管理评审报告

编号：IP/JL-204-03

评审日期		地点	
评审主持人		体系运行情况报告人	
参加评审人员			
评审目的			

评审综述：（可包括体系运行报告输入信息、评审人员评价意见、存在问题等）

（可另附页）

评审结论：

持续改进意见及措施：

报告分发范围：

| 编制： | 审核： | 批准： |

附录3 《企业知识产权管理规范》体系文件模版样例

管理评审整改措施验证报告

编号：IP/JL-204-04

报告部门：

存在不合格事实描述：

提出人：　　　日期：

原因分析和改进措施：

整改部门负责人：　　　日期：

验证记录：

验证人：　　　日期：

结论：

管理者代表：　　　日期：

附录3.1.6 人力资源控制程序

YLP	北京杨丽萍咨询有限责任公司	编号：	IP/YLP 205-2017
		版本：	A
	人力资源控制程序	修改码：	0
		页码：	1/12

1 目的

对公司人员招聘、入职、转岗、离职时知识产权事宜进行控制，保证企业在人员招聘、入职、转岗、离职中知识产权不会流失，避免侵权风险和权属纠纷。

2 范围

适用于本公司人员招聘、入职、转岗、离职过程中知识产权事项的管理控制。

3 职责

3.1 办公室负责将本程序应用于人员的招聘、入职、转岗、离职过程中。

3.2 办公室为本公司知识产权归口管理部门，负责对调至涉及核心知识产权岗位的人员进行知识产权方面的培训。

3.3 各相关部门负责执行该控制程序。

4 工作程序

4.1 招聘管理

4.1.1 办公室根据各部门年度人力资源需求计划，制订公司年度招聘计划并进行招聘。

4.1.2 办公室对新入职人员进行知识产权背景调查，填写《知识产权背景调查表》。

4.2 入职管理

4.2.1 办公室与新入职人员签订《劳动合同》，并在《劳动合同》中约定知识产权权属事项；同时要求其签署《新入职员工知识产权声明》，并提醒被录用人员在工作中的保密事宜。

4.2.2 办公室与涉密岗位的应聘人员签订《保密责任书》。

4.2.3 涉及核心知识产权岗位的人员是指入我司所属部门中层干部人员、技术人员、销售人员、采购人员、高级技师、技术工人等。

4.2.4 办公室应及时与涉及核心知识产权岗位的人员签署离职知识产权协议或签订竞业限制协议。

4.3 普通岗位转为涉及核心知识产权岗位的人员的管理

4.3.1 普通岗位人员转为涉及核心知识产权岗位人员时，办公室根据调动后工作岗位对其进行知识产权培训，培训记录由办公室各存档。

4.3.2 必要时，办公室要求其签署知识产权声明文件，其中一份保存在人事档案中。

4.4 离职管理

4.4.1 办公室与离职人员以入职时签订的《保密责任书》《竞业限制协议》为准进行约谈；告知离职后承担的知识产权义务，以及离职后注意问题及相关事项，并形成记录。

4.4.2 离职人员办理相关离职交接与离职手续。

4.4.3 办公室查验离职文件、协议和资料，手续合格的，准予离职。

5 相关文件

《保密管理控制程序》

《记录控制程序》

6 相关记录

《入职员工知识产权背景调查表》

《入职知识产权声明》

《培训申请表》

《培训工作计划表》

《培训实施情况记录表》

《员工离职交接表》

《竞业限制协议》

《离职人员知识产权事项提醒表》

入职员工知识产权背景调查表

编号：IP/JL-205-01

本公司保留必要时向候选人/员工进一步获取更多信息的权利。本公司候选人/员工有义务配合本次调查且保证以下资料的真实性。

姓　名		性　别	□ 男　　□ 女	
应聘部门		所学专业		
之前是否参加工作	□ 是　　□ 否			

上一条若选择"是"，请填写以下内容

近三年从事的工作情况					
近三年从事的工作情况	1.	公司名称		公司地址	
		就职起始时间		工作岗位	
		工作内容			
		人事部门联系人姓名		电话	
		离职原因			
	2.	公司名称		公司地址	
		就职起始时间		工作岗位	
		工作内容			
		人事部门联系人姓名		电话	
		离职原因			

备注：如表格不够，请另附纸张。

尽你所知，你是否和前（或现）雇主或者其他公司签订过类似竞业限制协议，并可能会影响你在本公司的工作？

1. ☐ 是　　☐ 否

如果是，请列出相关限制。

是否申请过专利？专利号、申请国家请列明。

类型	申请号/专利号	专利名称	状态

2. 你曾经有过以下情形吗？包括：

☐ 因为不正当行为或者原因而被辞退

☐ 未通过背景调查

☐ 曾被取消进入公司相关设施的权限

如果有，请全面解释

签字：　　　　　　　　日期：

入职知识产权声明

编号：IP/JL-205-02

本人就受聘于＿＿＿＿＿＿＿＿＿＿＿＿＿＿＿＿＿事宜作如下声明：

一、于本声明签署之日起，本人与任何其他单位不存在任何劳动关系。并且，本人受聘于公司不会违反本人对前雇主的任何竞业禁止义务，公司不会因雇佣本人而引发任何诉讼。公司因雇佣本人而引发的任何法律责任由本人承担。

二、本人对前雇主或其他任何单位负有保守商业秘密义务。本人承诺不将任何涉及第三方的商业秘密带入公司，且不在公司使用。任何因本人违反对第三方的保守商业秘密的义务而导致的任何法律责任，由本人承担；因此给公司造成经济损失的，公司可依法向本人追偿。

三、于本声明签署之日起，本人受聘于公司不会违反本人对前雇主的任何知识产权归属协议所确定的义务，任何因本人违反对知识产权归属协议的义务而导致的任何法律责任，由本人承担；因此给公司造成经济损失的，公司可依法向本人追偿。

上述声明均为本人真实意思的表示。

声明人（签字）：＿＿＿＿＿＿

＿＿＿年＿＿＿月＿＿＿日

备注：本声明一式二份，公司、员工各执一份。

培训申请表

编号：IP/JL-205-03

申请部门		申请日期	
培训时间		申请人	
培训对象和数量			

申请培训原因：

培训内容：

审批意见：

签名：　　　年　　月　　日

备注：

培训工作计划表

编号：IP/JL-205-04

序号	培训内容	培训人员	培训时间	负责部门（人）	备 注

培训实施情况记录表

编号：IP/JL-205-05

培训时间		培训地点		培训教师	
培训主题				培训方式	

参加培训人员名单

培训内容摘要：（包括使用的培训教材等）

效果评估：（方法、成绩合格率、能力的提高）

评估人：

备注

附录3 《企业知识产权管理规范》体系文件模版样例

员工离职交接表

编号：IP/JL-205-06

姓名：	部门：	正式离职日期：	年　月　日		
所属部门意见	□无需交接 □先指定交接的工作，（包括工作具体内容、工作文档、工作进度情况），请立即进行交接。 □附《工作交接表》页；□不附《工作交接表》				
	移交人签字：		接交人签字：		
	部门主管：	日期：	日期：	年　月　日	
办公用品	办公用品交接： □无借领□已归还□未归还□损毁□无损毁□遗失应赔偿____元 办公用品管理人员签名：　　日期：　年　月　日				
财务部	借款情况：□无借款□已归还□未归还，尚欠款____元 报账情况：□无报账□已报账□未归还，尚欠款____元 　　　　　　　　财务办理人签名：　　　日期：　年　月　日				
办公室	涉密资料交割情况： 　　　　　　　　办公室负责人签名：　　　日期：　年　月　日				
	人事主管意见： 　　　　　　　　　　签字：　　　　日期：　年　月　日				

员工离职承诺：
1. 不带走载有企业秘密信息的一切载体，包括记录企业秘密信息的文件、资料、图表、笔记、报告、传真、磁盘以及其他任何形式的载体，不将这些载体及复制件擅自保留或交给其他任何人；
2. 承诺自离职之日起，不利用在企业任职期间接触、知悉的技术、商业秘密从事与企业有竞争关系的任职、投资、经营等业务；
3. 任何时候不侵犯企业的合法权益，维护企业声誉，包括但不限于不发表，不传播有损于企业名誉的言论，不利用企业原有商业渠道从事经营活动；
4. 在离职后仍应继续保守在企业任职期间接触、知悉的属于企业或虽属于第三方但企业承诺有保密义务的技术、商业秘密，同样承担与在企业任职时一样的保密义务；
5. 如有违反，将赔偿因此给企业造成的损失并承担由此引起的一切法律责任。

本人签字：
年　月　日

竞业限制协议

编号：IP/JL-205-07

甲方：

住所：

法定代表人：

乙方：

住所：

身份证号码：

鉴于乙方知悉的甲方商业秘密具有重要影响，为保护双方的合法权益，双方根据《中华人民共和国劳动合同法》《中华人民共和国反不正当竞争法》等有关法律法规的规定，本着平等自愿和诚信的原则，经协商一致，达成下列条款，双方共同遵守：

一、乙方义务

1. 未经甲方同意，在职期间不得自营或者为他人经营与甲方同类的行业；

2. 不论因何种原因从甲方离职，离职后 2 年内不得到与甲方有竞争关系的单位就职。

3. 不论因何种原因从甲方离职，离职后 2 年内不自办与甲方有竞争关系的企业或者从事与甲方商业秘密有关的产品的生产。

二、甲方义务

从乙方离职后开始计算竞业限制时起，甲方应当按照竞业限制期限向乙方支付一定数额的竞业限制补偿费。补偿费的金额为乙方离开甲方单位前一年的全部基本工资［不包括奖金、福利、劳保等］。补偿费按季支付，由甲方通过银行支付至乙方银行卡上。如乙方拒绝领取，甲方可以将补偿费向有关方面提存。

三、违约责任

1. 乙方不履行规定的义务，应当承担违约责任，一次性向甲方支付违约金，金额为乙方离开甲方单位前一年的全部基本工资的 5 倍。同时，乙方因违约行为所获得的收益应当还甲方。

2. 甲方不履行义务，拒绝支付乙方的竞业限制补偿费甲方应当一次性支付乙方违约金人民币 5 万元。

四、争议的解决方法

因执行本协议而发生纠纷的，可以由双方协商解决或共同委托双方信任的第三方调解。协商、调解不成，双方均可向甲方住所地人民法院提起诉讼。

五、双方确认

在签署本协议前，双方已经详细审阅了协议的内容，并完全了解协议各条款的法律含义。

六、协议变更

本协议的任何修改必须经过双方的书面同意。

七、协议生效

本协议自双方盖章签字之日起生效。本协议一式二份，甲乙双方各执一份。

甲方：（盖章）　　　　　　　　　　乙方：
法定代表人：
年　月　日　　　　　　　　　　　　年　月　日

离职人员知识产权事项提醒表

编号：IP/JL-205-08

姓 名		性 别	□男　□女
部 门		职 位	
就职时间		联系电话	
知识产权信息	（请列明已申请或完成的专利、版权、著作权等相关信息，若没有在单位期间申请上述知识产权。由离职人员自己填写在实际工作中接触到的图纸、技术方案等信息）		
1. 你是否了解在离职后对属于本企业或者属于第三方但是本企业承诺有关保密义务的技术秘密承担保密义务？			□是　□否
2. 你是否了解上述技术秘密包括但不限于技术方案、技术指标、计算机软件、研发开发记录、技术报告、检测报告、产品设计、产品配方、实验数据、试验结果、操作手册、技术文档、相关函电等？			□是　□否
3. 你是否了解在离职后对属于本企业或者属于第三方但是本企业承诺有关保密义务的商业秘密承担保密义务？			□是　□否

续表

4. 你是否了解上述商业秘密包括但不限于客户名单、产品信息、技术核心、行销计划、采购资料、定价政策、财务资料、进货渠道等？	□ 是	□ 否
5. 你是否已经上交因职务需要所持有或保管的一切记录本企业秘密信息的文件、资料、笔记、报告、信件、传真、磁带、磁盘、仪器以及其他任何形式的载体？	□ 是	□ 否

记录人： 离职时间： 年 月 日

附录3.1.7 知识产权信息资源控制程序

YLP	北京杨丽萍咨询有限责任公司	编号：	IP/YLP 206-2017
		版本：	A
	知识产权信息资源控制程序	修改码：	0
		页码：	1/7

1 目的

对公司涉及知识产权的信息资源进行控制，保证信息收集、传递、分析、处理及反馈准确、及时、畅通，有序、合法的获取及利用信息，确保适宜的安全性和保密性。

2 范围

适用于公司内、外部知识产权信息资源的管理。

3 职责

3.1 技术部负责建立知识产权信息收集渠道，及时获取所属领域、竞争对手的知识产权信息；对信息进行分类筛选和分析加工，并加以有效利用。

3.2 办公室负责对外信息发布之前的相应审批工作。

3.3 各部门应负责职能范围内知识产权管理信息的传递、处理、交流，并及时将有关信息反馈到知识产权办公室，同时保存信息记录。

4 工作程序：信息资源的管理

4.1 内部信息

a) 公司拥有的专利、商标、版权、商业秘密权等知识产权信息；

b) 公司拥有的专利权、商标权等知识产权的转让、许可信息；

c) 公司内部各类知识产权合同信息等。

4.2 外部信息

a) 国家、地方有关知识产权的法律、法规和政策措施；

b) 国内相关专利文献、商标注册信息，科技文献、图书期刊、报刊等出版物记载的与公司生产经营相关的技术信息；

c) 竞争对手及其产品技术信息等。

4.3 信息交流及收集渠道

a) 信息交流方式包括各种会议、文件、报刊、板报、张贴公告和宣传画、报表、电邮件、电话、培训活动等；

b) 办公室应对收集的各类信息进行分类管理，确保相关信息在公司不同层次和职能之间得到及时、准确的沟通，并维护信息交流渠道的畅通；

c) 各部门要由专人分管信息交流工作，必要时对信息的接收、传递、处理情况进行记录。

建立知识产权信息收集渠道，并填写《知识产权获取渠道记录表》，及时获取所属领域、竞争对手的知识产权信息。考核频次：半年一次。知识产权信息收集渠道应考虑以下方面：

a) 国家及各级政府知识产权网站公布的信息；

b) 互联网上的知识产权信息搜索网站；

c) 关键词检索、竞争对手检索。

4.4 信息的处理

4.4.1 办公室要及时听取部门或员工在知识产权管理方面的意见和建议，结合公司相关产品和技术的知识产权发展动态和市场竞争动态，对涉及该领域的信息进行检索，检索范围包括专利、商标、版权及竞争对手信息等，并保存记录。

4.4.2 对收集的信息应及时进行分类筛选和分析，对失效的信息应及时剔除，对有用的新信息应及时收集和补充。

4.5 信息的审批

员工论文的发表、宣传册的宣传、网站的宣传等需要对外发布的知识产权信息均应由需求部门提出，报告制定部门，再由管理者代表审批，审查内容包括发布信息是否侵权、是否泄漏公司秘密、是否设计虚假宣传等，并填审批意见。

4.6 信息的发布、利用

办公室根据各部门提供的知识产权信息，经过筛选和处理后，应在全公司范围内进行发布，使知识产权信息得以利用。

5 相关记录

《知识产权信息获取渠道记录表》

《竞争对手知识产权信息调查表》

《关键技术领域知识产权信息调查表》

《知识产权信息发布审批表》

知识产权信息获取渠道记录表

编号：IP/JL-206-01

序号	收集渠道	信息内容	时间	费用	备注

竞争对手知识产权信息调查表

编号：IP/JL-206-02　　　　　编制日期：

序号	竞争对手	专利数量	专利名称	申请人	申请号	国别	法律状态	摘要	专利申请分析	地域分析	布局分析

关键技术领域知识产权信息调查表

编号：IP/JL-206-03　　　　　　　　编制日期：

序号	关键技术	专利数量	专利名称	申请人	申请号	国别	法律状态	摘要	技术方案分析	专利侵权风险级别

知识产权信息发布审批表

编号：IP/JL-206-04

申请人姓名		所在部门	
信息名称			
发布途径	□互联网站　□电子论坛　□短信平台　□期刊杂志　□会议讲话 □宣传报道　□其他方式		
发布信息内容简介			
部门审核意见	负责人签字：　　　　　年　月　日		
知识产权部审核意见	是否申请专利： 是否泄密： 是否侵权： 　　　　　　　　　　负责人签字：　　　　　年　月　日		
管理者代表审核意见	负责人签字：　　　　　年　月　日		

续表

最高管理者审核意见	负责人签字： 年 月 日		
发布操作人		发布日期	

附录 3.1.8 知识产权获取控制程序

YLP	北京杨丽萍咨询有限责任公司	编号：	IP/YLP 207-2016
		版本：	A
	知识产权获取控制程序	修改码：	0
		页码：	1/10

1 目的

对公司知识产权申请进行控制，保证公司在知识产权申请过程中符合法律和保密性要求，提高知识产权获取质量和效率，促进公司科技创新和提升核心竞争力。

2 范围

适用于本公司知识产权申请过程的控制。

3 职责

3.1 办公室为本公司知识产权归口管理部门，负责公司专利、商标、软件著作权和商业秘密等知识产权获取的日常管理工作，在获取前进行必要的检索和分析，并保持获取记录。

3.2 技术部门及其他相关部门负责知识产权的研发、技术材料的撰写等工作。

4 工作程序

4.1 专利

4.1.1 发明人或设计人在科研项目立项前、技术研发、生产过程中涉及产品的技术改进与创新等过程中，对于预保护的发明创造成果撰写技术交底书，并进行专利获取前检索与分析。其中：

4.1.1.1 撰写技术交底书至少包括背景技术、解决技术问题、发明创造内容、发明创造的技术效果以及发明创造的保护点。

4.1.1.2 专利获取前检索与分析工作采用关键词检索或/和分类号检索在数据库中找出与申请的主题术密切相关的现有技术，以规避新颖性授权风险或/和创造性的授权风险。

a）通过阅读申请文件或技术交底书确定技术方案所属的技术领域，技术交底书可撰写成权利要求书的形式以便于检索；并选择合适的数据库进行检索；

b）通过阅读申请文件或技术交底书提取技术方案的检索要素，可通过分析请求保护范围最宽的独立权利要求的技术方案，提取反应该技术方案的技术要素；检索要素的提取通过检索的实施不断调整；

c）根据所提取的检索要素，确定关键词的表达，关键词可以直接从申请文件或技术交底书中获得，也可以从检索过程获得的相关文献中获得；确定关键词的表达之后，采用统计方法或利用分类表确定检索分类号表达方式；

d）根据确定的检索要素和分类号构建检索式；

e）利用确定的检索式进行检索，并根据检索结果对检索式进行调整，通过检索未发现相关专利文件的，可以通过进一步减少检索要素和/或使用外围关键词和/或使用扩展分类号来扩大检索范围或增加分类号方式对检索式进行调整；

f）通过阅读文献全文（包括附图）筛选相关文献；以下情况可以中止检索：筛选到一份与申请的全部主题密切相关的对比文件，单独影响申请的全部主题的新颖性和创造性；或者，已经找到两份或者多份与申请的全部主题密切相关的对比文件；

g）撰写《专利获取前检索报告》，在检索报告中记载检索的领域、数据库、所用的基本检索要素及其表达形式、由检索获得的对比文件以及对比文件与申请主题的相关程度，提交部门主管。

必要时相关部门可委托第三方服务机构进行专利获取前检索与分析工作。

必要情况下，根据项目情况，在相关部门选择相关研究专家和聘请第三方机构，对项目的核心技术、保护形式、销售市场、海外专利申请以及专利布局等环节进行讨论和评估。

4.1.2 发明人填写《知识产权获取审批表》，部门主管对《知识产权获取审批表》《专利检索分析报告》进行初审，初审合格后提交公司主管领导审批。

4.1.3 发明人对申请材料中的发明人或设计人署名、排名及权利要求保护范围等内容进行确认和定稿，相关部门提交给办公室，由办公室统一将申请材料提交国家专利局或委托代理机构。

4.1.4 办公室监控知识产权申请的法律状态，国家局发送的专利申请和授权、维护事务相关法律文件进行管理，并根据法律文件对《专利台账》《外来文件记录表》进行及时更新，同时保管专利获取期间的记录。

4.1.5 相关部门发出的答复意见或补正通知，发明人或设计人协助公司内部撰写人员或代理机构进行答复或补正。

4.1.6 相关部门发出的驳回通知，发明人或设计人有异议，经相关研发人员和公司内部撰写人员讨论后，报公司分管领导审批后，办理复审请求。

4.2 商标

4.2.1 商标使用部门以书面形式提出拟用商标名称、图案、产品内容及使用原因等内容的申请并填写《知识产权获取审批表》，提交办公室。

4.2.2 办公室对《知识产权获取审批表》进行初审，初审内容合格后提交公司主管领导审批，公司主管领导审批完后，由办公室转交商标代理机构向商标局提出商标注册申请，同时商标代理机构出具《商标获取前的检索分析报告》。

4.2.3 对被全部驳回或部分驳回的申请中的商标，在征求商标代理机构意见后，根据专业建议决定是否提出驳回复审申请，报公司分管领导审批后执行。

4.3 软件著作权

4.3.1 技术部发明人或设计人在科研项目立项前、技术研发、生产过程中涉及产品及软件的方法和使用的改进与创新等过程中，提出知识产权申请建议并填写《知识产权申请申批表》，连同设计软件源程序、操作说明书以及相关文件，提交办公室。

4.3.2 办公室对申请资料进行初审，初审内容合格后提交主管领导审批，主管领导审批完后，由办公室转交代理机构向版权中心提交软件著作权登记申请。

4.3.3 办公室监控申请的法律状态，并根据法律文件对《专利台账》

《外来文件记录表》进行及时更新,同时保管软著获取期间的记录。

4.4 商业秘密

4.4.1 办公室以书面形式提出商业秘密的申请并填写《知识产权获取审批表》,提交部门经理。

4.4.2 办公室主管对《知识产权获取审批表》进行初审,初审内容合格后提交公司主管领导审批,公司主管领导审批完后,由办公室统一管理并填写《商业秘密台账》,执行《知识产权保密控制程序》。

5 相关文件

《知识产权检索控制程序》

6 相关记录

《知识产权获取审批表》

《知识产权申请台帐》

《专利检索分析报告》

《商标检索分析报告》

《企业知识产权获取计划》

知识产权获取审批表

编号:IP/JL-207-01

名称	
拟申请内容	附技术/软著/商标交底书
申请类型	□发明 □实用新型 □外观设计 □软件著作权 □商标
申报人	就职部门
申报人联系方式	
知识产权部门审查意见	负责人: 日期: 年 月 日

续表

最高管理者意见	负责人： 日期： 年 月 日
执行情况	负责人： 日期： 年 月 日
备注	

知识产权申请台账

编号：IP/JL-207-02

序号	知识产权名称	申请日期	申请号	知识产权类型	发明人	状态	代理机构

附录3 《企业知识产权管理规范》体系文件模版样例

专利检索分析报告

编号：IP/JL-207-03

拟申请专利名称	
技术要点	
检索表达式	
查询范围	地区：国内（ ）国外（ ），指定国家： 文献：专利文献（ ）科技文献（ ）
查询时间	
检索方式	自行检索（ ）委外检索（ ）
相关国内外专利检索结果（检索主题词、检索数据库名称、相关专利号、申请人、专利名称）	
国内外文献查询结果（文献名称、来源、发表人）	
本技术新颖性和创造性对比分析	
结论	

检索人：　　　　　　　　　　　　日期：

商标检索分析报告

编号：IP/JL-207-04

商标名称	
相关图样	
已申请情况（申请号、商标名称、商标状态、保护期限、是否是驰著名商标）	
检索国家或地区	具体国家或地区名称
查询类别	类别、商标\服务项目
检索方式	自行检索（ ）委外检索（ ）

续表

相关商标检索结果（相关商标申请号、申请人、商标名称、商标状态、保护期限、保护产品或服务名称）	
检索结论	

检索人：　　　　　　　　日期：

企业知识产权获取计划

编号：IP/JL-207-05

知识产权类型	预获取的数量	预保护的主题	预获取的途径	责任部门	责任人	获取时间	备注

编制：　　　　　　　　审批：

附录 3.1.9 知识产权维护管理控制程序

YLP	北京杨丽萍咨询有限责任公司	编号：	IP/YLP 208-2017
		版本：	A
	知识产权维护管理控制程序	修改码：	0
		页码：	1/7

1 目的

对公司的知识产权维护管理进行控制，保证公司放弃、变更、维持知识产权时，满足有效管理和效益最大化，充分体现知识产权的价值。

2 范围

适用于本公司知识产权有效性维持、变更和放弃过程的控制。

3 职责

3.1 技术部门及产生知识产权的部门负责变更和放弃等申请提出。

3.2 办公室为本公司知识产权归口管理部门，负责根据提出的申请，组织评估、出具知识产权变更、放弃、维持意见；并根据审批的意见，办理相关手续，及时更新台账。

3.3 管理者代表负责审查知识产权变更、放弃、维持事项。

3.4 总经理负责审批。

4 工作程序

4.1 日常管理

4.1.1 办公室根据知识产权的种类、技术领域或者产品，建立知识产权分类管理体系，进行科学分类，形成分类管理目录，建立分类管理台账。

4.1.2 建立科学的管理手段。配备专人管理、实施动态管理等，以确保知识产权的权利处于受控状态。

4.2 放弃、变更及维持程序

公司建立知识产权评估程序，对拥有的各类知识产权进行评估，决定是否放弃或维持该知识产权，以降低管理成本。

4.2.1 技术部门及产生知识产权的部门根据知识产权应用情况提出知识产权变更和放弃申请。

4.2.2 办公室根据需求部门提出知识产权变更、放弃、维护申请，视情况组织对知识产权进行评估。

4.2.3 办公室根据评估结果，出具知识产权变更、放弃意见，并提交管理者代表审查。

4.2.4 管理者代表根据办公室出具的意见，对知识产权的变更和放弃进行审查。

4.2.5 总经理对知识产权变更和放弃进行最后的确认审批。

4.2.6 办公室根据审批的意见，办理相关手续，并更新知识产权管理台账的状态。

4.3 知识产权发生权属变更时，根据公司有关制度，办公室负责对变更及时办理相关手续。

4.4 公司对知识产权的管理和维护，应当有专人负责，并形成动态管理机制，定期查看知识产权的状态，并形成记录，做到有据可查。

5 相关文件

《文件控制程序》

6 相关记录

《知识产权变更、放弃审批表》

《知识产权价值评估报告》

《专利台账》

《商标台账》

《著作权管理台账》

知识产权变更、放弃审批表

编号：IP/JL-208-01

知识产权名称	
内容简介	

续表

变更、放弃内容及原因	□ 变更　　　变更内容：□ 发明人　□ 专利权人
	□ 放弃
	原因：
	负责人：　　　日期：　　　年　月　日
办公室审查意见	
	负责人：　　　日期：　　　年　月　日
管理者代表审查意见	
	签　字：　　　日期：　　　年　月　日
总经理审批意见	
	签　字：　　　日期：　　　年　月　日
执行情况	
	负责人：　　　日期：　　　年　月　日

知识产权价值评估报告

编号：IP/JL-208-02

待评估知识产权名称及类型	
项目简述	
部门评估结果	负责人：　　日期：　　年　月　日
办公室评估结果	负责人：　　日期：　　年　月　日
管理者代表意见	负责人：　　日期：　　年　月　日
最高管理者意见	签　字：　　日期：　　年　月　日
备　　注	

专利台账

编号：IP/JL-208-03

序号	专利号	专利名称	申请日期	授权日期	发明人	类型	法律状态	实施情况	专利年费缴纳时间

编制：　　　　　　日期：

商标台账

编号：IP/JL-208-04

序号	商标注册号	商标名称	有效期限	代理机构

编制：　　　　　　日期：

著作权管理台账

编号：IP/JL-208-05

序号	登记号	名称	生效日期	著作权人	状态	代理机构

编制： 　　　　　　　日期：

附录 3.1.10　知识产权实施、许可和转让控制程序

YLP	北京杨丽萍咨询有限责任公司	编号：	IP/YLP 209-2017
		版本：	A
	知识产权实施、许可和转让控制程序	修改码：	0
		页码：	1/5

1　目的

为了发挥公司知识产权的作用，体现知识产权的价值，规范知识产权管理工作，鼓励员工发明创造的积极性，促进科技成果的推广应用，根据国家有关法律法规规定，制定本管理程序。

2　范围

适用于本公司知识产权的运用管理过程的控制。

3　职责

由办公室负责知识产权实施、许可、转让相关的程序性工作。

4　工作程序

4.1　由各需求部门提出相应的实施、许可、转让需求。办公室根据实施、许可、转让的不同需求，分别制定调查方案进行相应的评估，评估结论确认可以进行实施、许可或转让操作的，报总经理核准后进行相应的操作程序。

4.2　对于权利的实施，由办公室每年进行一次实施效果评估，评估依据主要是财务报表和相关数据确认该项权利的实施对公司效益的贡献。根据评估结论，由办公室会同技术部、财务部、需求部门提出继续实施、变更实施、终止实施的处理意见，报总经理核准后实施。

4.3　为促进权利的实施，由办公室起草、修订相关的权利实施效果奖励制度，报总经理核准后执行。

4.4　对于权利的许可，由办公室参照合同约定每年进行一次许可效果评估，评估依据主要是财务报表和相关数据确认该项权利的许可对公司效益的贡献、对公司相关权利的影响等。根据评估结论，由办公室会同技术部、财务

部、需求部门提出继续许可、变更许可、终止许可的处理意见，报总经理核准后执行。

4.5 由办公室负责实施、许可、转让所需的程序性事务。

4.6 有关评估工作办公室自行进行，有困难的，可以报总经理核准后委托专业机构进行。

5 相关文件

《知识产权实施、许可和转让控制程序》

6 相关记录

《知识产权实施、许可和转让评估报告》

《知识产权运用台账》

知识产权实施、许可和转让评估报告

编号：IP/JL-209-01

待评估知识产权名称	
知识产权类型	
办公室评估结果	负责人： 日期： 年 月 日
技术部评估意见	负责人： 日期： 年 月 日
销售部评估意见	负责人： 日期： 年 月 日
财务部评估意见	负责人： 日期： 年 月 日
最高管理者审查意见	签 字： 日期： 年 月 日
备注	

知识产权运用台账

编号：IP/JL-209-02

序号	类型	名称	实施产品	实施情况	备注
1					
2					
3					
4					
5					
6					
7					
8					
9					
10					
11					
12					
13					
14					
15					
16					
17					
18					

附录3.1.11 知识产权风险管理控制程序

YLP	北京杨丽萍咨询有限责任公司	编号：	IP/YLP 210-2017
		版本：	A
	知识产权风险管理控制程序	修改码：	0
		页码：	1/6

1 目的

为有效识别和控制企业在经营过程中的知识产权风险，特制订本程序。

2 范围

本范围适用于公司所有部门。

3 职责

3.1 办公室：主导对收集到信息的分析、识别，负责权利障碍清除可能性，交叉许可可能性分析，主导和解可能性分析。

3.2 技术部：负责产品及有关技术性分析。

3.3 销售部：主导产品市场营销阶段知识产权相关信息收集，负责产品市场情况分析。

3.4 采购部：主导办公设备及软件等采购活动过程中知识产权可能侵权的信息收集。

3.5 各相关部门，协助知识产权信息收集。

4 工作程序

4.1 知识产权风险是指企业在研发生产，采购、使用办公设备及软件过程中可能侵犯他人知识产权，从而发生法律纠纷的不确定因素。各部门主要采取以下措施，避免或降低侵犯他人知识产权风险。

4.1.1 办公设备、软件采购时，采购部应当重视对供应商及所采购产品的知识产权状态进行评估与确定，要求供应商提供涉及产品知识产权权属证明。

4.1.2 委托加工生产时，采购部应当在委托合同中明确生产标的的权属，并要求被委托方出具涉嫌侵权的免责声明，将法律风险进行转嫁。

4.1.3 产品销售、宣传前，销售部需对研发产品的知识产权状态，如所用技术是否已申请专利或版权，或是否经过权利人合法授权，所用商标或者标识是否已注册完成等向办公室提审查申请，特别是针对营销方案中涉及的广告语、主题词进行必要的检索，避免商标侵权及不正当的商业用语招致的法律纠纷。销售部根据办公室审查意见作出相应的知识产权保护和风险规避方案。具体依照《销售（含外贸）中知识产权控制程序》执行。

4.1.4 在日常销售活动中，销售部根据业务拓展的渠道及范围及时跟进市场信息，对可能涉嫌侵犯知识产权的信息进行收集汇总并提交办公室进行信息甄别或判断；办公室结合信息甄别或判断结果，对具体的应对措施作出计划安排。

4.1.5 其他部门在使用设备、仪器、软件时，需关注相关设备、仪器、软件的知识产权状态，一旦发现侵权风险，将相关信息反馈至办公室。

4.2 具体工作安排

4.2.1 由销售部主导、各相关部门配合收集产品市场营销阶段知识产权相关信息，定期将相关信息交予办公室。

4.2.2 由办公室主导，各相关部门配合对收集到的信息的分析、识别，确认是否存在侵权风险。如果不存在侵权风险，则执行4.2.1，如果存在侵权风险，则启动应急预案。

4.2.3 应急预案启动后立即执行。由办公室对权利无效可能性进行分析、交叉许可可能性分析，主导和解可能性分析。由销售部负责产品市场情况分析。

4.2.4 根据4.2.3的分析情况作出相应的处置方案。

4.2.4.1 对权利有无效可能的，启动权利无效程序，如对专利、商标提起无效等程序。同时，尽可能作出产品替代方案，以确保在权利无法无效时，及时对产品进行更新、替代。

4.2.4.2 对权利不具有无效可能的，由销售部负责收集对方产品信息，由办公室负责、技术部协助进行对方产品涉及公司权利可能性进行分析。有交叉许可可能性的，由办公室主导以交叉许可为目的进行和解沟通或暂缓处理，进一步跟踪权利方的动态。没有交叉许可权力可能的，由办公室主导进行和解沟通或暂缓处理的方案。同时，根据市场情况分析进行产品替代方案的实施，力求以最短时间、最小市场影响、最低成本，对涉嫌侵权产品进行跟新替代。

4.2.4.3 所述方案经总经理核准后实施，主导部门根据实施中的具体情况及时作出处理方案的优化，报总经理核准后实施优化方案。

5 相关文件

《销售（含外贸）中知识产权控制程序》

6 相关记录

《知识产权风险识别收集表》

《知识产权风险控制表》

《侵权风险分析表》

知识产权风险识别收集表

编号：IP/JL-210-01

序号	部门	风险源	具体措施	控制状态	备注

编制： 审查：

知识产权风险控制表

编号：IP/JL-210-02

申报人		就职部门	
申报人联系方式			

续表

潜在风险涉及部门	
潜在风险描述	潜在风险包括产品侵权风险、公司知识产权被侵权风险等知识产权风险，必要时附相关证据文件或图片
知识产权部门意见	知识产权部门经过调查分析及时给出初步的风险诊断意见和风险规避或应对措施 主管领导：　　　　　日期：
风险防范预案	必要时附第三方机构出具的风险防范或应对预案文件材料 负责人：　　　　　　日期：
执行情况	 负责人：　　　　　　日期：
备注	

侵权风险分析表

编号：IP/JL-210-03

专利情况	专利名称和申请号	
	申请时间和法律状态	
	保护的技术方案	
	与本单位技术关联度	
	申请人	包括：申请人、主要经营范围、主要市场、经济实力等
说明书摘要（技术领域、发明目的、技术方案、有益效果）		
专利的权利保护范围（独立权利要求）		

续表

专利是否覆盖我单位产品的技术	○ 未覆盖	（请填写"未覆盖"或"无法评估"的理由或建议）
	○ 无法评估	
	○ 覆盖/部分涵盖	
发生侵权纠纷的可能性判断	综合考虑申请人的专利申请量、主要经营范围、主要市场范围、经济实力、曾经维权经历等因素。	
措施建议		

附录 3.1.12 知识产权法律纠纷处理控制程序

YLP	北京杨丽萍咨询有限责任公司	编号：	IP/YLP 211-2017
		版本：	A
	知识产权法律纠纷处理控制程序	修改码：	0
		页码：	1/4

1 目的

为维护公司的合法权益，规范知识产权纠纷案件的处理及应对措施，加强法律风险控制能力，运用必要的法律手段维护公司的合法权益，尽可能避免和减少案件给公司造成的经济损失和商誉损失。

2 范围

本程序适用于公司争议处理的过程控制。

3 职责

3.1 办公室：负责知识产权法律纠纷的调查，证据收集、起诉应诉、协商谈判等。

3.2 当事部门：负责案件事实的陈述、协助调查、资料及证据材料的收集等。

4 工作程序

4.1 被侵权内容

4.1.1 由办公室主导，各相关部门协助，收集被侵权的相关信息，该信息包括权利信息、公司对该权利的实施和许可信息、侵权者信息、侵权事实信息等。

4.1.2 由办公室主导，相关部门配合进行处理方式评估；专业性问题，可视情形委托代理机构进行评估、分析。

4.1.3 根据评估，分情形作出直接维权诉讼、先行协商、提前投诉、放弃等处理方式。各处理方式，由办公室主导，自行或委托代理机构进行处理。各处理方式，由总经理审批后执行。

4.1.4 协商后,可视情形达成和解或仲裁,根据仲裁条款进行仲裁。无法协商的,依据评估结果,决定提出诉讼或其他处理方式。

4.1.5 对于诉讼处理,可依据情形决定提出诉讼或放弃,或由相关行政机关作出调解。

4.2 被控侵权内容

4.2.1 由办公室主导,各相关部门协助,收集被侵权的相关信息,该信息包括权利信息、公司对该权利相关的实施信息、权利人信息、被控侵权事实信息等。

4.2.2 由办公室主导,相关部门配合进行处理方式评估;对于复杂的情形,可视情况委托代理机构进行评估、分析。

4.2.3 根据不同处理方式,由办公室主导,自行或委托代理机构进行处理。各处理方式,由总经理审批后执行。

4.2.4 协商后可视情况达成和解或仲裁。无法协商的,对于诉讼,进行应诉由审判机关作出相应处理;对于投诉,由行政机关作出处理。对警告函、律师函、告知函等非诉讼或投诉的,可以暂不处理。

5 相关记录

《知识产权纠纷评估表》

《知识产权纠纷处理汇总表》

知识产权纠纷评估表

编号:IP/JL-211-01

知识产权纠纷名称	
纠纷概述	
解决方式	
诉讼	对企业声誉的影响: 成本: 其他:
仲裁	对企业声誉的影响: 成本: 其他

续表

双方和解	对企业声誉的影响： 成本： 其他：
行政调处	对企业声誉的影响： 成本： 其他：
无效宣告	对企业声誉的影响： 成本： 其他：
办公室意见	负责人签字/时间：
管理者代表意见	签字/时间：
最高管理者意见	签字/时间：

知识产权纠纷处理汇总表

编号：IP/JL-211-02

序号	纠纷（侵权）类型	时间	相关企业	知识产权类型	处理（结案）结果	备注

制表人： 复核：

附录 3.1.13　知识产权保密控制程序

YLP	北京杨丽萍咨询有限责任公司	编号：	IP/YLP 212-2017
		版本：	A
	知识产权保密管理控制程序	修改码：	0
		页码：	1/10

1　目的

为规范保密管理工作，对保密过程进行有效控制，防止泄密事件的发生，特制定本程序。

2　范围

本程序适用于本公司知识产权管理所涉及的商业秘密、涉密设备、涉密区域和涉密人员的管理。

本公司的商业秘密包括：技术、管理、商务等各项业务活动和工作中涉密商业秘密的资料。具体包括技术秘密和经营秘密，其中技术秘密包括但不限于：科研成果、图纸、样品、模型、模具、技术指标、技术文档、质量控制资料、主要设备的配制和性能、相应的传真、函电等；经营秘密包括但不限于：发展计划及纲要、定价策略、市场调研信息、可行性报告、采购资料、进货渠道、客户名单、商务交流信息、主要会议记录、合同、协议、财务资料等秘密事项。

本公司的涉密设备是指商业秘密产生、形成过程中载有或存储相关秘密信息的设备以及可能造成企业知识产权流失的设备，主要包括载有或存储商业秘密的打印机、传真机、计算机、移动存储设备等。

本公司的涉密区域是指公司内部经常生产、处理商业秘密或集中制作、存放、保管大量涉密载体的部门或场所，主要包括技术秘密研发、生产、试验部门或场所以及商业秘密产生、管理的部门或场所。

本公司的涉密人员是指工作中接触公司商业秘密的人员。

3　职责

3.1　办公室为公司商业秘密、涉密设备和涉密区域的归口管理部门，负责汇总公司的商业秘密、涉密设备和涉密区域，编制：《商业秘密台账》《涉密区域台账》和《涉密设备台账》。

3.2 办公室负责与公司涉密人员签订《保密协议书》。

3.3 各部门负责自己部门工作范围内商业秘密、涉密设备和涉密区域的管理工作，对部门员工进行保密意识培训。

4 工作程序

4.1 商业秘密管理

4.1.1 商业秘密，是指不为公众知悉、能为单位带来经济利益、具有实用性或者泄露后会对单位安全、荣誉、利益造成损害，并经单位采取保密措施的经营信息和技术信息。

4.1.2 公司经营信息和技术信息属于国家秘密事项范围的，依法按照国家秘密进行保护。

4.1.3 公司商业秘密涉及知识产权内容的，按照国家有关知识产权法律法规和上级以及本单位知识产权有关规章制度进行管理。

4.1.4 公司商业秘密保护工作，实行单位负责、依法规范、预防为主、突出重点、便利工作、保障安全的方针，遵循统一领导、分级管理、业务工作谁主管、商业秘密保护谁负责的原则。

4.1.5 公司商业秘密的密级，根据泄露导致公司经济利益遭受损害的严重程度，分为绝密、机密、秘密三级。

4.1.6 商业秘密标注由权属、密级和保密期限三部分组成。权属、密级之间间隔一个字符，密级和保密期限之间以"☆"隔开。具体标注为：权属 密级☆保密期限。商业秘密的保密期限由产生部门根据实际自行设定。可以预见时限的以日期（年或月或日）计。一般绝密事项保密期限为10年，机密级事项期限为5年，秘密级事项保密期限为3年，不可以预见时限的定为"长期"或者"公布前"。

4.1.7 商业秘密标志的具体标注方法为：

（1）涉密纸质文件，在封面或首页标注商业秘密标志，使用3号加粗黑体字，顶格标注在版心左上角第1行；

（2）涉密图纸、图表在其标题之后或下方标注商业秘密标志；

（3）涉密电子文档应在首页和文件名上标注商业秘密密级；

（4）文件、资料汇编中包含商业秘密的，应分别标注商业秘密标志，并在封面按照其中的最高密级和最长保密期限标注商业秘密标志；

（5）摘录、引用文件中属于商业秘密内容的，应以其中的最高密级和最长保密期限标注商业秘密标志；

（6）其他形式的涉密载体，应以能够明显识别的方式标注商业秘密标志，如有包装（套、盒、袋等）的密件，应以恰当方式在密件的包装上标注商业秘密标志。

办公室按照类别汇总各部门商业秘密事项，编制《商业秘密台账》，包括：商业秘密名称、保密等级（绝密、机密、秘密）、保密期限、涉密人员、保密措施（保密设备及区域）等。

4.1.8 各部门负责人为本部门商业秘密的第一责任人，负责组织确定和修改本部门商业秘密的事项和范围，并实施有效管理。各部门应加强对员工的保密教育，充分利用会议、培训、教育等形式，大力宣传商业秘密保护的意义、作用，增强全员的保密意识。新员工到部门报道后，相关负责人需详细说明本部门及本岗位的商业秘密内容及管理制度。

4.1.9 全体员工对本职工作范围内所掌握的商业秘密，均负有保密的责任和义务。

（1）不得刺探与本职工作或本身业务无关的商业秘密；

（2）不得向不承担保密义务的任何第三人披露公司的商业秘密；

（3）未经公司授权和许可不得出借、赠与、出租、转让公司商业秘密或协助不承担保密义务的任何第三人使用公司的商业秘密；

（4）如发现商业秘密泄露或自己过失泄露商业秘密，应当采取有效措施防止泄密进一步扩大，并及时向公司报告。

4.1.10 泄密处理：全体员工在公司经营中造成失密，或未及时申请知识产权，或未按照规定办理，泄露公司商业秘密，造成公司损失的，视情节轻重决定给予处罚。情节严重的，公司有权追究其刑事或民事责任。

4.2 涉密设备管理

4.2.1 涉密设备必须在明显位置标识"涉密设备"标识。

4.2.2 含有保密信息的计算机应规定专人使用，没有条件安排专人使用的，应设置使用权限，并把涉密内容进行加密管理。

4.2.3 携有保密信息的移动硬盘必须专人专用，不得随意借给他人。

4.3 涉密区域管理

4.3.1 涉密区域实行"业务谁主管、保密谁负责"的原则。涉密区域的第一责任人（以下简称：责任人）作为本区域商业秘密管理的直接责任人，直接管理本区域的商业秘密和涉密设备。

4.3.2 涉密区域应当明确进入人员范围，严格控制无关人员进入。外部人员因工作需要进入涉密区域的，应当经本区域负责人批准，必要时，由办公室人员全程陪同。

4.4 涉密人员管理

4.4.1 涉密人员应当与单位签订《保密责任书》。

4.4.2 凡涉密人员严禁使用无线移动电话谈论涉及要求保密的内容，严禁使用无线互联功能编辑、传送、处理涉及需保密的文件、资料。严禁涉密人员丢失和损坏涉密纸介文件、图纸、资料、影像、磁盘、光盘等。

4.4.3 加强对涉密人员的管理，对涉密人员要进行保密培训，使涉密人员掌握必要的保密法律知识，国家相关政策、法规、企业相关制度要求，自觉履行保密责任和义务。

4.4.4 严格执行保密管理控制程序，不得延误和隐瞒泄密事件。

4.4.5 涉密人员因辞职、调离、退休等原因离开涉密区域的，应当办理离岗审批手续，办公室对离职员工进行相应的知识产权事项提醒，必要时签订《竞业限制协议》。

5 相关文件

《知识产权管理手册》

相关法律法规

6 相关记录

《保密责任书》

《商业秘密台账》

《涉密设备台账》

《涉密区域台账》

《涉密人员台账》

保密责任书

编号：IP/JL-215-01

甲方：

乙方：_____ 知悉并同意下列各项保密责任条款：

1. 为了防止乙方在职期间泄露或离职后非法使用、泄露甲方商业秘密，给甲方造成不良影响或重大损失，现根据国家有关法律及甲方有关保密制度的规定，制定本责任书。

2. 甲方允许乙方在职期间或离职后使用非甲方商业秘密及各式文案资料的知识和经验，乙方必须保证不得损害甲方的形象和利益。

3. 乙方必须严格遵守有关法律法规及甲方保密制度中关于保密方面的规定。

4. 乙方离职离岗后，在甲方商业秘密未为公众所知之前，不得擅自使用获取利益，不得披露、允许第三人使用。在合同解除后，乙方不得到甲方生产或经营同类业务的有竞争关系的第三人或自己经营从事同类业务的工作。否则，乙方应向甲方支付违约金_____元。但竞业期，甲方应给予乙方经济补偿。竞业期为二年。该经济补偿待竞业期届满且乙方未违约时支付。

5. 凡乙方在职期间泄露或离岗后使用、泄露甲方商业秘密，致使甲方蒙受损失的，甲方将诉诸法律，追究乙方民事、经济、刑事责任。

（1）《反不正当竞争法》第20条规定，侵犯商业秘密给权利人造成损害的，侵权人应当承担赔偿责任，赔偿额为因侵权所获利润，并应当承担被侵害方因调查该侵害行为所支付的合理费用。

（2）《反不正当竞争法》第25条规定，侵犯商业秘密的，监督检查部门应当责令其停止违法行为，并可以根据情节对侵权人处以1万元以上20万元以下的罚款。

（3）《刑法》第219条规定，侵犯商业秘密给权利人造成重大损失的，处以3年以下有期徒刑或拘役，并处以罚金；造成特别严重后果的，处以3年以上7年以下有期徒刑，并处以罚金。

6. 乙方在职期间泄露或离岗后使用、泄露甲方商业秘密，造成甲方损失的，乙方必须全额赔偿损失；不能全额赔偿的，乙方须与甲方签订《还款协议书》或提供担保，限期偿还，直至全额赔偿。甲方可保留追偿权（至少每年追偿一次）。

7. 此责任书一式两份，自双方签字盖章之日生效。

甲方（盖章）： 　　　　　　　　乙方（手印）：

负责人： 　　　　　　　　　　签订日期： 　年　 月　 日

填写须知：1) 本责任书必须用钢笔或签字笔填写，字迹端正清楚，内容准确。

2) 涂改或未经合法授权代签无效。

3) 甲、乙双方必须妥善保存本责任书。

商业秘密台账

编号：IP/JL-212-02

序号	名称	密级	保密期限	涉密人员	保密措施	备注

涉密设备台账

编号：IP/JL-212-04

序号	名称	密级	负责人	保密措施	备注

涉密区域台账

编号：IP/JL-212-03

序号	区域名称	密级	涉密人员	保密措施	备注

涉密人员台账

编号：IP/JL-212-05

序号	部门	姓名	密级	措施	备注

附录 3.1.14 立项和研发中知识产权控制程序

YLP	北京杨丽萍咨询有限责任公司	编号：	IP/YLP 213-2017
		版本：	A
	立项和研发中知识产权控制程序	修改码：	0
		页码：	1/9

1 目的

在公司立项和研发中运用知识产权检索分析手段，保证产品的设计、开发、质量，防止重复研发、避免资源浪费造成公司损失，特制定本规定。

2 范围

本程序用于公司项目的立项及研究设计开过程中发中检索分析的控制。

3 职责

3.1 技术部门

3.1.1 负责新产品的提议、可行性分析及提出产品立项申请。在可行性分析过程中充分运用检索工具对该领域的知识产权信息、相关文献及其他公开信息进行检索，对项目的技术发展状况、知识产权状况和竞争对手状况进行分析。

3.1.2 负责新产品和改进产品设计开发和策划、组织、协调资源配置。在研发过程中同步检索分析知识产权。

3.2 办公室

项目研发完成后检索分析知识产权情况，制定知识产权规划及进行知识产权布局。

4 工作程序

4.1 相关部门在立项和研究开发阶段应采取以下措施，降低立项和研究开发风险：

4.1.1 技术部门分析该项目所涉及的知识产权信息，包括各关键技术的专利数量、地域分布和专利权人信息等；办公室协助销售部和技术部通过知识产权分析及市场调研相结合,明确该产品潜在的合作伙伴和竞争对手;销售部和技术部协助办公室进行知识产权风险评估,并将评估结果、防范预案作为项目立项与整体预算的依据。

4.2 在研究开发阶段,对知识产权管理进行如下管理:

4.2.1 办公室协助技术部对该领域的知识产权信息、相关文献及其他公开信息进行检索,对项目的技术发展状况、知识产权状况和竞争对手状况等进行分析。

4.2.2 办公室协助技术部在检索分析的基础上,制定知识产权规划;

4.2.3 技术部跟踪与监控研究开发活动中的知识产权,适时调整研究开发策略和内容,避免或降低知识产权侵权风险。

4.2.4 办公室督促研究人员及时报告研究开发成果;

4.2.5 办公室及时对研究开发成果进行评估和确认,明确保护方式和权益归属,及时申报知识产权。

4.2.6 技术部保留研究开发活动中形成的记录,并实施有效的管理。

5 相关文件

《知识产权管理手册》

相关法律法规

6 相关记录

《科研立项计划》

《立项报告》

《研发活动记录表》

《立项项目知识产权信息分析报告》

《研发项目知识产权信息分析报告》

《研发项目知识产权跟踪监控表》

《研发项目知识产权规划》

科研立项计划

编号：IP/JL-213-01

项目名称	
项目简介	
人力资源计划	
时间计划	
财务计划	
资源计划	
知识产权计划	
部门主管意见	审批人：　　　时间：
办公室意见	审批人：　　　时间：
最高管理者意见	

立项报告

编号：IP/JL-213-02

项目名称	
项目简介	
可行性分析报告（知识产权状况分析）	
项目总体计划	
技术部意见	审批人：　　　时间：
办公室意见	审批人：　　　时间：
最高管理者意见	

研发活动记录表

编号：IP/JL-213-03

研发项目	
责任人/班组	
时间计划	
开发进度周记录	每周记录一张表格，由研发责任人认真填写每日研发记录，以便确界定研发创新成果的知识产权权利归属。
部门主管意见	

审批人：　　　　时间：

立项项目知识产权信息分析报告

编号：IP/JL-213-04

项目名称	
项目概述、技术要点	
检索表达式	
查询范围	地区：国内（　）国外（　），指定国家： 文献：专利文献（　）科技文献（　）
查询的时间	
检索方式	自行检索（　）委外检索（　）
关键技术的专利数量	
地域分布	
专利权人信息	
潜在的合作伙伴	
潜在的竞争对手	
知识产权风险分析及防范预案	
项目立项与整体预算建议	

研发项目知识产权信息分析报告

编号：IP/JL-213-05

项目名称	
项目概述、技术要点	
企业已有相关知识产权情况（专利号、专利申请号、申请人、专利名称）	
检索表达式	
查询范围	地区：国内（ ）国外（ ），指定国家：
	文献：专利文献（ ）科技文献（ ）其他公开信息
查询的时间	
检索方式	自行检索（ ）委外检索（ ）
技术发展状况分析	
知识产权状况分析	
竞争对手状况分析	
研发建议	

检索人/日期：　　　　　　　审核/日期：

研发项目知识产权跟踪监控表

编号：IP/JL-213-06

项目名称	
项目概述、技术要点	
企业已有相关知识产权情况（专利号、专利申请号、申请人、专利名称）	
检索表达式	
查询范围	地区：国内（ ）国外（ ），指定国家：
	文献：专利文献（ ）科技文献（ ）
查询的时间	
检索方式	自行检索（ ）委外检索（ ）
研发项目知识产权更新状况	
竞争对手知识产权更新状况	

续表

知识产权风险点	
研发策略和内容调整建议	

检索人/日期：　　　　　　审核/日期：

研发项目知识产权规划

编号：IP/JL-213-07

序号	项目名称	预解决的技术问题	预获取的技术效果	保护主题	预保护方式	备注

编制：　　　　　　审核：

附录 3.1.15 采购环节知识产权控制程序

YLP	北京杨丽萍咨询有限责任公司	编号：	IP/YLP 214-2017
		版本：	A
	采购环节知识产权控制程序	修改码：	0
		页码：	1/4

1 目的

为规范采购环节知识产权管理，降低风险，特制定本规定。

2 范围

本程序用于采购环节知识产权控制。

3 职责

3.1 采购部：通过招投标、市场调研或其他方式确定合格供应商，签署采购合同，建立供方档案，做好保密工作。

3.2 办公室：协助采购部对供方进行知识产权调查，提出建议或意见，监控供方的供货信息，及时做好纠纷防范。必要时，要求供方提供知识产权权属证明。

4 工作程序

4.1 需求部门向采购部提出采购需求，采购部通过招投标、市场调研或其他方式确定合格供货方名单；

4.2 办公室协助采购部对供货方进项知识产权调查，包括收集拟采购产品的知识产权信息情况、知识产权权属状况、侵权风险状况、知识产权管理状况及合法使用证明等，形成《供货方知识产权状况调查表》，并报部门领导审批；

4.3 采购部根据审批意见制定《采购合同》，办公室负责进行合同中涉及知识产权事项的审查，合同中应明确知识产权权属、许可使用范围、侵权责任承担等，形成《合同知识产权审查表》；

4.4 采购部建立供货方档案，做好供方信息、进货渠道、进价策略等信息资料的管理和保密工作；

4.5 办公室协助采购部根据《知识产权风险管理控制程序》，监控供方的供货信息，并对可能产生的知识产权纠纷提前做好防范。

5 相关文件

《知识产权管理手册》

《知识产权风险管理控制程序》

6 相关记录

《供货方知识产权状况调查表》

《合同知识产权审查表》

供货方知识产权状况调查表

编号：IP/JL-214-01

供货方企业名称				
注册地				
发明专利量		实用新型		
外观设计		著作权		
商标		其他		
拟采购产品或技术名称				
拟采购产品或技术的知识产权风险评价				
	负责人：		日期：	
评估结果及采购建议				
	负责人：		日期：	
最高管理者意见				

合同知识产权审查表

编号：IP/JL-214-02

合同类别	□劳动　□合作或委托开发　□知识产权委外　□采购　□协作生产
合同名称	

知识产权条款
1. 有无知识产权条款：□有　□无
2. 知识产权条款内容：

经办部门主管意见：

知识产权部门意见：

最高管理者意见：

附录3.1.16 生产环节知识产权控制程序

YLP	北京杨丽萍咨询有限责任公司	编号：	IP/YLP 215-2017
		版本：	A
	生产环节知识产权控制程序	修改码：	0
		页码：	1/4

1 目的

为规范生产环节知识产权申请、保护、管理，特制定本规定。

2 范围

本程序用于本公司生产管理环节知识产权控制。

3 职责

3.1 生产部：负责工艺及设备改进，发现并挖掘知识产权素材，准备技术递交材料上报技术部。

3.2 办公室：及时将生产部提出的技术创新及工艺方法改进进行评估，评估通过后需要进行知识产权保护的，及时采用适宜方式进行保护。如需要申请专利的，进行检索分析，并按照公司流程和相关规定办理审批手续后进行申请专利。

4 工作程序

4.1 生产阶段的知识产权管理包括以下内容：

4.1.1 生产部及时将生产过程中涉及产品与工艺方法的技术改进与创新形成文字，填写《合理化建议记录》并递交给技术部；

4.1.2 办公室对该产品与工艺方法的技术改进与创新进行检索分析，评估、确认其是否具有可保护性，并填写《技术改进与创新评估报告》；

4.1.3 对于经过检索，发现不具备可保护性的改进与创新，通知生产部，不予以保护；

4.1.4 对于符合保护条件的改进与创新，执行《知识产权获取控制程序》，明确保护方式，及时形成知识产权；

4.2 生产部在进行委托加工、来料加工、贴牌生产等对外协作的过程中，应查看生产合同中是否明确知识产权权属、许可使用范围、侵权责任承担等，必要时应要求供方提供知识产权许可证明；对于缺乏以上资料的订单和合同等，有权拒绝安排生产任务；

4.3 生产部在生产活动中保留生产活动中形成的记录，并实施有效的管理。

5 相关文件

《知识产权获取控制程序》

6 相关记录

《合理化建议记录》

《技术改进与创新/合理化建议评估报告》

合理化建议记录

编号：IP/JL-215-01

姓名	单位（部门）	职务	填单日期

合理化建议主题：

现状分析：针对需要改进的技术点所存在的具体技术问题

期望或目标：

实施办法：

经办人：	日期：	建议评定：

建议落实情况：

备注：

技术改进与创新/合理化建议评估报告

编号：IP/JL-215-02

产品名称			
工艺或方法名称		申请日期	

改进前内容/项目

改进后内容/项目

产品改进或方法工艺改进可行性、适用性、资源的适宜性评审：

知识产权评审：以技术秘密保护/形成论文发表/申请专利保护（如若改进符合专利三性要求，建议先进行专利申请，后再发表论文）

结论意见：

参加评审人员	单位/部门	职务或职称	参加评审人员	单位/部门	职务或职称

编制人：			年 月 日
审核人：			年 月 日
批准人：			年 月 日

附录 3.1.17 销售（含外贸）中知识产权控制程序

YLP	北京杨丽萍咨询有限责任公司	编号：	IP/YLP 216-2017
		版本：	A
	销售（含外贸）中知识产权控制程序	修改码：	0
		页码：	1/17

1 目的

为有效防范产品销售（含涉外贸易）中知识产权纠纷，特制订本程序。

2 范围

适用于企业知识产权管理体系中的销售过程。

3 职责

3.1 销售部

3.1.1 产品销售、宣传、会展前，对产品所涉及的知识产权状况进行全面审查和分析，对公司产品的知识产权建立保护机制，也防止销售侵权他人知识产权的产品。

3.1.2 监控同类产品的市场投放情况；通过产品信息发布会、展览会、各类媒体广告、网络等多种途径收集同类产品来源信息；一旦发现同类产品涉嫌侵犯公司知识产权，应协助综合办公室进行重点信息收集，掌握对方侵权证据，积极采取维权措施，确保侵权行为能得到及时有效的制止和处理。

3.1.3 建立侵权记录，整理侵权材料，并形成档案。

3.2 办公室

3.2.1 向境外销售产品前，应调查目的地的知识产权法律、政策及其执行情况，了解行业相关诉讼，分析可能涉及的知识产权风险。

3.2.2 向境外销售产品前，应适时在目的地进行知识产权申请、注册和登记。

3.2.3 对境外销售的涉及知识产权的产品可采取相应的边境保护措施。

3.3 技术部

3.3.1 产品升级时,对升级产品所涉及的知识产权状况进行全面审查和分析,对公司产品的知识产权建立保护机制,防止销售侵权他人知识产权的产品。

3.3.2 产品升级或市场环境发生变化时,及时进行跟踪调查,调整知识产权保护和风险规避方案,适时形成新的知识产权。

4 工作程序

4.1 产品销售、宣传、会展前,销售部负责对产品所涉及的知识产权状况进行全面审查和分析,填写《产品知识产权调查报告表》,具体工作要求包括:

a) 审查公司关于待售产品已获取的知识产权(专利、商标等);

b) 审查待售产品是否涉及新的商标方案,是否需要注册商标,如需注册商标,经相关领导审批后,根据《知识产权获取控制程序》4.2 的规定进行商标注册工作;

c) 协助技术部对待售产品进行专利侵权风险分析:

4.1.1 分析待售产品的技术特征;

4.1.2 根据待售产品的技术特征,确定关键词的表达,关键词可以直接从申技术特征中获得,也可以从检索过程获得的相关文献中获得;确定关键词的表达之后,采用统计方法或利用分类表确定检索分类号表达方式;

4.1.3 根据确定的检索要素和分类号构建检索式;

4.1.4 根据检索式进行检索,需注意的是,如通过检索未发现相关专利文献的,可以通过进一步减少检索要素和/或使用扩展的关键词和/或使用扩展的分类号来扩大检索范围;

4.1.5 根据检索结果中各专利的保护范围来筛选障碍专利,将检索到的专利文献的权利要求与待售单品进行比对,筛选出以下专利:

a) 待售产品的技术特征与检索到的有效专利的权利要去的技术特征完全相同;

b) 待售产品的技术特征落入了检索到的某有效专利的权利要求的保护范围;

c) 待售产品的技术特征与检索到的某有效专利的权利要求的技术特征部分相同；

第 a、第 b 种类型的专利表明存在全面覆盖原则的侵权风险，第 c 种类型专利的应当依据专利侵权判定规则，将所要判断的技术方案与检索到的专利的权利要求进行仔细比对和分析判断，结合等同原则以及司法判例等作出是否侵权的结论；

4.1.6 如存在侵权风险专利，可从以下角度提供知识产权保护和规避方案：

a) 专利是否即将过保护期限；

b) 通过专利稳定性分析，找到可能专利无效的证据文件，未来如果面临侵权诉讼，则可以主动提起专利无效请求；

c) 对于未能找到无效证据的侵权风险专利，在无合作可能性时，考虑选择不同的技术手段进行风险规避。

必要时，专利侵权分析工作可委托有知识产权检索与分析服务能力的第三方服务机构完成，第三方机构提供的分析结果中至少应包括《产品知识产权调查报告》中的所列项目：产品名称、产品活动状态（销售前、售中、展会、宣传）、技术特征、销售地、企业已拥有的相关知识产权、销售/宣传/会展前是否需要注册商标、侵权风险调查分析、侵权风险分析规避方案等，并制定《产品上市前知识产权保护和风险规避方案》和《展会（宣传、销售）知识产权应急预案》。

4.2 产品销售过程，销售部每季度负责监控市场同类产品，并分析同类产品是否侵犯公司相关知识产权，如发现同类产品发生侵权或有侵权嫌疑，应及时进行重点信息收集，掌握对方侵权证据，积极采取维权措施，确保侵权行为能得到及时有效的制止和处理，填写《市场（技术）情况监控表》。

4.3 参加会展时，销售部每季度负责展会同类产品，并分析同类产品是否侵犯公司相关知识产权，如发现同类产品发生侵权或有侵权嫌疑，应及时进行重点信息收集，掌握对方侵权证据，积极采取维权措施，确保侵权行为能得到及时有效的制止和处理，填写《市场（技术）情况监控表》。

必要时，销售部配合办公室完成 4.2 和 4.3 侵权分析、侵权证据搜集和维权工作。

4.4 产品升级时,技术部根据 4.1 的规定要求对产品所涉及的知识产权状况进行全面审查和分析,调整知识产权保护和风险规避方案,适时形成新的知识产权。

4.5 市场环境发生变化时,技术部及时对市场情况进行跟踪调查,填写《市场调查报告表》,技术部根据调查结果调整知识产权保护和风险规避方案,适时形成新的知识产权。

4.6 涉外贸易过程中的主要进行如下知识产权工作:

4.6.1 向境外销售产品前,办公室调查目的地的知识产权法律、政策及其执行情况,了解行业相关诉讼,分析可能涉及的知识产权风险;出具风险报告,如果有风险存在,应及时反馈公司主管领导,论证出口风险,如风险较大,则放弃或进行规避设计,如无风险或风险较小,则进行出口。

4.6.2 向境外销售产品前,办公室提前在目的地进行知识产权申请、注册和登记。

4.6.3 办公室在中国及出口目的地国申请知识产权的边境保护措施,如知识产权海关备案等。

5 相关文件

《知识产权获取控制程序》

6 相关记录

《产品知识产权调查报告表》

《市场(技术)情况监控表》

《市场调查报告表》

《知识产权海外预警分析表》

《输出国(地区)法律法规状况报告》

《知识产权海关备案表》

《展会(宣传、销售)知识产权应急预案》

《产品上市前知识产权保护和风险规避方案》

产品知识产权调查报告表

编号：IP/JL-216-01

产品名称	
产品活动状态	□销售前 □售中 □展会 □宣传
技术特征	
销售地	
企业已拥有的相关知识产权（多项时可附列表）	实用新型
	发明
	外观设计
	软件著作权
	商标
销售前是否需要注册商标	
侵权风险调查分析	必要时附侵权风险分析调查报告 负责人：　　　　　日期：　年　月　日
侵权风险分析规避方案	必要时附侵权风险规避方案报告 负责人：　　　　　日期：　年　月　日
执行情况	 负责人：　　　日期：　年　月　日
备注	

市场（技术）情况监控表

编号：IP/JL-216-02

部门名称	
监控时间	
市场情况	
	签字：　　　　日期：
技术情况	（监控新技术，同时监控市场同类产品，并分析同类产品是否侵犯公司相关知识产权）
	签字：　　　　日期：

市场调查报告表

编号：IP/JL-216-03

调查日期	
调查内容	
调查对象	
调查方法	
状况	
动向	
统计说明	
竞争厂商趋势	
调查意见	
	签字：　　　　日期：

知识产权海外预警分析表

编号：IP/JL-216-04

预警对象	拟出口的产品或技术
出口国家/地区	
目的地法律、政策及其执行情况	
目的地行业相关诉讼	企业关注领域知识产权诉讼相关案例，比如美国三三七调查相关判例，不同州对于诉讼双方保护程度不同，企业有必要提前关注目的地判例。
目的地专利商标检索结果（检索主题词、检索数据库名称、相关专利号、专利申请号、申请人、专利商标名称）	此一栏主要针对企业关注的竞争对手拥有专利的分析，及近似商标的分析，可以采取附件excel将查询到的著录项进行保存。
疑似障碍专利商标筛选	依据检索结果，从中找出授权的障碍专利和处于审查中的潜在障碍专利及商标。
侵权分析及风险判定	依据目标市场侵权判定原则，做出侵权判断。
对策建议	

输出国（地区）法律法规状况报告

编号：IP/JL-216-05

输出国（地区）	
法律法规名称及内容	
法律法规情况分析结论	
权利输入输出情况	

编制： 审核： 批准：

知识产权海关备案表

编号：IP/JL-216-06

备案号	
申请人	
权利名称	
权利授权号	

备案内容类型		备案权利类别	
备案生效日期		备案终止日期	

展会（宣传、销售）知识产权应急预案

编号：IP/JL-216-07

参加各种展览会、交易会是公司开拓市场的重要途径，但是在展会中的销售行为也可能引发多种知识产权侵权风险。例如：参展商在展会中销售的商品使用或包含他人享有著作权的作品（比较典型的是某种知名的动漫人物形象以及美术作品、摄影作品的复制件），有可能被著作权人追究著作权侵权责任；参展商在展会中销售的商品是涉嫌假冒或仿冒他人注册商标的商品，则可能被注册商标专用权人追究侵犯商标权的责任；参展商在展会中宣传或销售的商品涉嫌侵犯他人专利权，还可能因实施了许诺销售或销售侵犯专利权商品的行为被追究专利侵权的责任。

因此公司制定了展会知识产权预案。

一、展览前做好预防工作

首先，在产品构思、涉及和研发阶段，进行专利的申请和布局。

其次，参展前，应具体了解我国专利相关的法律法规和司法保护形式，尤其是能够在展会上可采取的司法保护形式。

再次，平时就收集整理好参展商品主要竞争对手的专利侵权风险检索和风险评估，对于存在侵权风险的，应当采取会比设计、取消该产品参展、购买许可或者指定抗辩策略等风险应对措施。

最后，如果有必要可以提前聘请专利律师出具不侵犯相关专利权的法律意见。

二、参展过程中做好充分应对

第一，应对所销售商品上标注的商标、使用的装潢图案、包含的专有技术等进行必要的审查，准备相关的权属证明。由综合部提供公司享有专利权的证据，包括专利证书、专利申请文件等。如果是商标权利的话，提供商标注册证。

第二，关注收集参展同行公开的技术信息和知识产权信息，观察对方是否侵犯公司的商标，专利等。若发现潜在专利侵权产品，认真比对分析对方技术与自己的专利技术，看对方的技术特征是否确实落入自己专利的保护范围内，确定专利侵权是否成立。

第三，由综合部收集侵权者情况，包括侵权者确切的名称、地址、企业性质、注册资金、人员数目、经营范围等情况。

第四，由销售部收集侵权事实的证据。包括有侵权物品的实物、照片、产品目录，如果有条件可收集销售发票、购销合同等。

第五，聘请专利律师、利用销售部等部门收集损害赔偿的证据，确定合理的赔偿金额：

a) 要求赔偿的金额可以是本公司所受的损失，证据证明因对方的侵权行为，自己专利产品的销售量减少，或销售价格降低，以及其他多付出的费用或少收入的费用等损失。

b) 或者是侵权者因侵权行为所得的利润。证据主要是侵权者的销售量、销售时间、销售价格、销售成本及销售利润等。

c) 还可以是不低于专利权人与第三人的专利实施许可中的专利许可费。由工程技术部提供已经生效履行的与第三人的专利许可合同。

第六，向对方发出警告函，要求对方停止侵权行为。

警告函的寄送方式应以能够获得寄送凭证的目的为准。警告函中包括以下内容：

a) 明确专利权人的身份，包括权利来源：是申请获得授权，还是转让获得授权，或者是经专利权人许可等情况。

b) 专利的具体情况,包括:专利的名称、类型、获得权利的时间,专利的效力,专利权利的内容,公告授权的专利文件(包括专利证书、权利要求书、说明书、附图)。

c) 如果是实用新型,还包括国务院专利行政部门出具的检索报告,以及公司自行检索后的结论。

d) 被警告人侵权行为的具体情况(如制造,或销售,或许诺销售、或使用),包括产品的名称、型号、价格等。

e) 将被指控的产品的技术特征予以简要归纳,并与专利权利要求进行比对,以明确被控产品落入了专利保护范围。

f) 告知被警告人必须立即停止侵犯专利权的行为,并阐明被警告人所将要承担的法律责任,以及所依据的专利法及其实施细则的具体条款、相关司法解释的条款等。

第七,对法院申请"临时禁止令"。

经咨询专利律师,如有证据证明侵权人正在实施侵犯公司专利权的行为,并且如不及时制止将会使其合法权益受到难以弥补的损害的,则在起诉前向法院申请"临时禁止令"责令停止有关施害行为。

申请"临时禁止令"需要准备的材料除了公司享有专利权和侵权事实的证明,还需要提供一份详细、专业的技术分析报告或者由技术鉴定部门出具的专家意见书以及财产担保的证明材料。此外,应急小组需要对侵权人正在实施的侵权行为向法院作出说明,以便法院确信如不采取有关措施将给其合法权益造成难以弥补的损害。

第八,公司领导与侵权人沟通协商,看能否和解:如要求侵权人签订专利实施许可合同或专利转让合同。如和解不成,将采用行政处理或诉讼来解决纠纷。

第九,选择解决方式。

a) 商讨选择交专利管理机关处理或通过法院诉讼解决,必要时可向司法部门报案。

b) 权衡应诉包括:诉讼金额、诉讼成功率、赔偿金额是否能挽回公司损失等。

c) 如果选择民事诉讼，技术部应积极配合专利律师的工作。

三、公司遇到专利侵权指控

由工程技术部核实警告信或起诉状的内容，确认所谓的侵权行为是否发生、是否为公司所为。如果是本公司所为，则做好以下工作。

（一）准备工作

1. 办公室组织聘请本行业经验丰富的专利律师。

2. 由专利律师、公司知识产权主管领导、技术部和专利发明人组成应急小组。

（二）分析该专利侵权是否成立

1. 公司知识产权主管领导组织工程技术部调查对方证据能否证明本公司确已生产了专利产品或使用了专利方法。

2. 技术部调阅侵权涉及的专利文件，确定该专利的保护范围。

3. 技术部核实公司的产品或方法，是否具备专利独立权利要求的全部技术特征，或在某些特征不同的情况下，它们之间是否构成等同；如产品或方法缺少一个或一个以上的独立权利要求中的技术特征，或尽管不缺少，但其中一个或以上特征不构成等同，则侵权不成立。

4. 如果公司的行为是为生产经营目的使用或销售不知道是未经专利权人许可而制造并售出的专利产品或依照专利方法直接获得的产品，能证明其产品合法来源的，不承担赔偿责任，停止侵权行为即可。

如本公司的产品或方法确已构成侵权，则还可进一步对该专利权的有效性进行分析。

（三）分析该专利是否有效

1. 技术部调查涉案的专利权是否仍在保护期内，专利权人是否交纳年费。

2. 由专利律师调查专利是否缺乏新颖性、创造性。

3. 如果根据以上检索结果分析，认为有可能宣告该专利无效，则公司应抓紧时间，在答辩期内，向国家知识产权局专利复审委员会提出宣告该专利无效请求。同时，将宣告专利无效请求书复印件提交法院，请求法院裁定中止诉讼程序。

（四）积极采取和解措施

如果该专利权无法宣告无效，公司应及时停止侵权，并由应急小组积极争取与专利权人达成和解协议，减少损失。

（五）据理力争，应对诉讼

如果公司与对方在赔偿数额上无法达成一致时，就应作好应诉的准备。公司需尽量收集对自己有利的证据和法律依据来支持自己的主张。

产品上市前知识产权保护和风险规避方案

编号：IP/JL-216-08

为保护我公司知识产权，防止别人侵犯我公司知识产权，或公司产品侵犯他人知识产权，特制定产品上市前知识产权保护和风险规避方案。

一、产品销售前做好知识产权工作

第一，在产品构思、设计和研发阶段，进行知识产权的申请和布局。

第二，产品销售前，应具体了解目的地国知识产权相关的法律法规和司法保护形式，尤其是知识产权保护比较严厉的国家和地区。

第三，对产品涉及的所有知识产权进行检索分析，风险排查，了解是否存在知识产权侵权的可能。

第四，跟踪主要竞争对手和行业知识产权发展趋势和保护现状。

第五，如果有必要可以提前聘请知识产权律师出具不侵犯相关知识产权的法律意见。

二、产品上市之前应做的工作

第一，应对销售人员进行知识产权培训，将产品包含的知识产权情况进行说明，并提供所销售商品上标注的商标、使用的装潢图案、包含的专有技术等信息和权属证明。由法律事务部提供公司享有专利权的证据，包括专利证书、专利申请文件等。如果是商标权利的话，提供商标注册证，海关备案证明等。

第二，关注收集主要竞争对手的技术信息和知识产权信息，观察对方是否侵犯自己公司的商标，专利等。若发现潜在专利侵权产品，认真比对分析对方技术与自己的专利技术，看对方的技术特征是否确实落入自己专利的保护范围内，确定专利侵权是否成立。

第三，由销售部收集侵权者情况，包括侵权者确切的名称、地址、企业性质、注册资金、人员数目、经营范围等情况。

第四，由销售部收集侵权事实的证据。包括有侵权物品的实物、照片、产品目录，如果有条件可收集销售发票、购销合同等。

第五，聘请专利律师、利用销售部等部门收集损害赔偿的证据，确定合理的赔偿金额：

a）要求赔偿的金额可以是本公司所受的损失，证据证明因对方的侵权行为，自己专利产品的销售量减少，或销售价格降低，以及其他多付出的费用或少收入的费用等损失。

b）或者是侵权者因侵权行为所得的利润。证据主要是侵权者的销售量、销售时间、销售价格、销售成本及销售利润等。

c）还可以是不低于专利权人与第三人的专利实施许可中的专利许可费。由工程技术部提供已经生效履行的与第三人的专利许可合同。

第六，向对方发出警告函，要求对方停止侵权行为。

警告函的寄送方式应以能够获得寄送凭证的目的为准。警告函中包括以下内容：

a）明确专利权人的身份，包括权利来源：是申请获得授权，还是转让获得授权，或者是经专利权人许可等情况。

b）专利的具体情况，包括专利的名称、类型、获得权利的时间，专利的效力，专利权利的内容，公告授权的专利文件（包括专利证书、权利要求书、说明书、附图）。

c）如果是实用新型，还包括国务院专利行政部门出具的检索报告，以及公司自行检索后的结论。

d）被警告人侵权行为的具体情况（如制造，或销售，或许诺销售、或使用），包括产品的名称、型号、价格等。

e）将被指控的产品的技术特征予以简要归纳，并与专利权利要求进行比对，以明确被控产品落入了专利保护范围。

f）告知被警告人必须立即停止侵犯专利权的行为，并阐明被警告人所将要承担的法律责任，以及所依据的专利法及其实施细则的具体条款、相关司法解释的条款等。

第七，对法院申请"临时禁止令"。

经咨询专利律师，如有证据证明侵权人正在实施侵犯公司专利权的行为，并且如不及时制止将会使其合法权益受到难以弥补的损害的，则在起诉前向法院申请"临时禁止令"责令停止有关施害行为。

申请"临时禁止令"需要准备的材料除了公司享有专利权和侵权事实的证明，还需要提供一份详细、专业的技术分析报告或者由技术鉴定部门出具的专家意见书以及财产担保的证明材料。此外，应急小组需要对侵权人正在实施的侵权行为向法院作出说明，以便法院确信如不采取有关措施将给其合法权益造成难以弥补的损害。

第八，公司领导与侵权人沟通协商，看能否和解：如要求侵权人签订专利实施许可合同或专利转让合同。如和解不成，将采用行政处理或诉讼来解决纠纷。

第九，选择解决方式。

a）商讨选择交知识产权管理机关处理或通过法院诉讼解决，必要时可向司法部门报案。

b）权衡应诉包括：诉讼金额、诉讼成功率、赔偿金额是否能挽回公司损失等。

c）如果选择民事诉讼，技术部部应积极配合知识产权律师的工作。

三、公司遇到知识产权侵权指控

由办公室核实警告信或起诉状的内容，确认所谓的侵权行为是否发生、是否为公司所为。如果是本公司所为，则做好以下工作。

（一）准备工作

1. 办公室组织聘请本业经验丰富的知识产权律师。

2. 由知识产权律师、公司知识产权主管领导、技术部和专利发明人组成应急小组。

（二）分析该知识产权侵权是否成立

1. 公司知识产权主管领导组织技术部调查对方证据能否证明本公司确已生产了专利产品或使用了专利方法。

2. 技术部调阅侵权涉及的专利文件，确定该专利的保护范围。

3. 技术部核实公司的产品或方法，是否具备专利独立权利要求的全部技术特征，或在某些特征不同的情况下，它们之间是否构成等同；如产品或方法缺少一个或一个以上的独立权利要求中的技术特征，或尽管不缺少，但其中一个或以上特征不构成等同，则侵权不成立。

4. 如果公司的行为是为生产经营目的使用或销售不知道是未经专利权人许可而制造并售出的专利产品或依照专利方法直接获得的产品，能证明其产品合法来源的，不承担赔偿责任，停止侵权行为即可。

如本公司的产品或方法确已构成侵权，则还可进一步对该专利权的有效性进行分析。

(三) 分析该专利是否有效

1. 技术部调查涉案的专利权是否仍在保护期内，专利权人是否交纳年费。

2. 由知识产权律师调查专利是否缺乏新颖性、创造性。

3. 如果根据以上检索结果分析，认为有可能宣告该专利无效，则公司应抓紧时间，在答辩期内，向国家知识产权局专利复审委员会提出宣告该专利无效请求。同时，将宣告专利无效请求书复印件提交法院，请求法院裁定中止诉讼程序。

(四) 积极采取和解措施

如果该专利权无法宣告无效，公司应及时停止侵权，并由应急小组积极争取与专利权人达成和解协议，减少损失。

(五) 据理力争，应对诉讼

如果我公司与对方在赔偿数额上无法达成一致时，就应作好应诉的准备。公司需尽量收集对自己有利的证据和法律依据来支持自己的主张。

附录 3.1.18 内部审核控制程序

YLP	北京杨丽萍咨询有限责任公司	编号：	IP/YLP 217-2017
		版本：	A
	内部审核控制程序	修改码：	0
		页码：	1/8

1 目的

通过内部审核检查和评价公司知识产权管理体系的运行情况，以确定公司知识产权管理体系是否符合规范要求，是否得到有效实施、保持和持续改进，为管理评审和有效运行提供依据。

2 范围

本程序适用于公司对知识产权管理体系内部审核活动过程的实施与管理。

3 职责

3.1 管理者代表负责策划、组织知识产权管理体系的内部审核工作，确定审核组组成人员并指定审核组长，批准年度知识产权管理体系的内部审核计划，组织对纠正措施进行有效实施，批准知识产权管理体系内部审核报告。

3.2 办公室负责知识产权管理体系内部审核工作的总体策划和统一管理，统一协调年度内部审核活动的安排。负责内部审核的具体组织与实施，负责制定内部审核计划，编制管理体系审核报告，提出追加或变更审核的要求。对体系的运行情况做出评价，保存内部审核资料和记录，并组织各职能部门对纠正和纠正措施的执行情况进行跟踪验证。

3.3 受审核部门按内部审核计划的要求配合内审员接受审核，对审核中涉及本部门责任的不符合项负责实施纠正，并制定纠正措施，限期整改。

4 工作程序

4.1 知识产权管理体系内部审核人员应具有一定资格，有管理工作经验，熟悉审核工作，并经过培训。审核员应确保审核过程的客观性和公正性（审核员不应审核自己的工作）。

4.2 审核的策划、频次

4.2.1 办公室于每年内审前制定内部审核计划，经管理者代表批准后下发实施。

4.2.2 公司内部知识产权审核一般每年12个月进行一次，对特定部门、过程的审核可根据实际情况而定。当发生严重知识产权管理问题或公司机构出现重大调整或外部要求发生变更时，办公室应随时组织内部审核。

4.2.3 年度内部审核计划的内容包括审核目的、方式、方法，审核范围和重点、审核依据、审核组长、审核员，受审核部门名称、审核条款、预计审核时间等。

4.3 审核准备

4.3.1 审核的组织与实施

办公室组织内部审核人员开展知识产权内部审核活动，管理者代表根据实际需要选择经过培训合格具备知识产权管理体系内审员资格的人员成立审核小组，指定审核组长，其成员选择应与被审核部门无直接责任者担任。

审核组长制定"审核实施计划"明确本次审核的目的、范围、依据、方法、审核日程，在审核前通知受审核方，以做好准备。

审核组长召集内审员召开审核准备会议，明确审核分工和审核重点，内审员分工应避免审核自己所在部门，审核组长指导内审员根据内部审核计划收集相关资料，编写检查表，明确检查内容及检查方法。

4.3.2 办公室负责编制内部审核通知，内容包括：

a) 审核的目的、范围；

b) 审核的依据、标准；

c) 审核人员；

d) 审核日程安排；

e) 受审核部门和涉及的要求、内容。

4.3.3 办公室负责在正式审核前三天将审核通知发放到被审部门。

4.3.4 编制检查表

各审核组按所分配任务，由办公室组织编制《内部审核检查表》，该表要详细列出审核项目要点，按照审核内容不能有缺项。要查什么？如何查？确保符合审核通知的要求。

4.4 审核实施

4.4.1 审核准则、依据、标准。

4.4.1.1 GB/T29490—2013《企业知识产权管理规范》。

4.4.1.2 知识产权管理体系手册、程序文件、第三层次文件。

4.4.1.3 适用于公司的法律、法规、标准和其他要求。

4.4.2 现场审核前,审核组长召开审核首次会议,公司领导和各部门负责人参加,审核组长介绍审核目的、审核范围、审核准则、审核方法、审核日程安排、抽样风险、各部门配合要求,公司领导讲话,首次会议时间一般不超过30分钟。

4.4.3 内审员根据《内部审核计划》和《内部审核检查表》的内容进行审核,可通过交谈、查阅文件、现场检查、调查验证,收集客观证据详细记录在检查表中。

4.4.4 如发现与审核准则不一致,由内审员在《内部审核检查表》中评价栏在"不符合"处打"√",并及时与受审核部门交换意见并得到确认。

4.4.5 审核结束后,由审核组长召集审核组成员开会,讨论审核结果,确认不符合项,并填写《不符合报告》。

4.4.6 《不符合报告》编写完后,一式二份,一份交办公室,一份交被审核部门,通知其纠正并分析原因,制定纠正措施。

4.5 审核报告

4.5.1 办公室根据各审核组开出的《不符合报告》和审核记录编写内部审核报告,内部审核报告经管理者代表批准后发放至公司各级领导、办公室、受审核部门和不符合项所涉及的有关部门。

4.5.2 审核报告内容包括:

a) 审核的目的、范围、依据和日期;

b) 审核组成员及受审核的部门;

c) 审核实施情况总结;

d) 不符合项分布情况分析,不符合的数量及严重程度;

e) 存在的主要问题分析;

f) 知识产权管理体系运行有效性、符合性的结论性意见及今后应改进的地方。

4.6 纠正和纠正措施的跟踪与验证

4.6.1 发生不符合的责任部门组织有关人员对不符合项进行研究,在《不符合报告》上填写不符合项原因分析,提出纠正和纠正措施,并予以实施。

4.6.2 纠正和纠正措施实施完成后,由办公室组织内审员进行跟踪、验证,在《不符合报告》上填写验证结果,经管理者代表审批后归档。

4.6.3 验证有效的纠正措施,涉及文件修改,按照《文件控制程序》执行。如纠正措施达不到预期目标和效果,应重新研究,制定、实施新的纠正措施。

5 相关文件

《文件控制程序》

《记录控制程序》

6 相关记录

《内部审核计划书》

《内部审核检查表》

《不符合报告》

《内部审核报告》

内部审核计划书

编号:IP/JL-217-04

审核目的	
审核范围	
审核依据	
审核组	
审核时间	
报告发布日期及范围	

续表

时 间	部 门	本组组长	审核人员	审核项目

管理者代表：　　　　日期：　　　　总经理：　　　　日期：

内部审核检查表

编号：IP/JL-217-01

受审核部门		编制人/日期		批准人/日期			
审核准则			审核日期		内审员		
管理体系要求		检查内容	参考文件	检查方法			是否符合	检查结果记录
手册条款	标准条款			提问	文件查阅	现场检查		

不符合报告

编号：IP/JL-217-02

被审核部门		编号	
不符合标准条款号			
不符合性质	□一般不符合		□严重不符合

失控或不合格的现象及证据描述：

被审核部门确认签字		年　月　日
审核员	审核组长	

纠正措施	纠正措施要求及期限：		
	被审核部门不合格项原因分析：		
		负责人：	年　月　日
	被审核部门纠正与纠正措施答复：		
		负责人：	年　月　日
验证结果		负责人：	年　月　日
管理者代表意见：		签　名：	年　月　日

内部审核报告

编号：IP/JL-217-03

审核目的	
审核依据	
审核范围	
审核时间	
审核组织	
审核组长及成员	
审核综述	
审核结论	
审核组长/日期	管理者代表/日期

参考文献

[1] 中国合格评定国家认可委员会. 管理体系认证机构要求（CNAS-CC01）[S]. 2015.

[2] 国际标准化组织. ISO9000 [S]. 2015.

[3] 国家知识产权局，中国标准化研究院. 企业知识产权管理规范（GBT 29490—2013）[S]. 2013.

[4] 中知（北京）认证有限公司，山东省知识产权局，山东智宇律师事务所.《企业知识产权管理规范》解析与应用 [M]. 北京：知识产权出版社，2016.